田園回帰がひらく新しい都市農山村関係

●現場から理論まで

筒井一伸 編

A New Frontier of Urban-Rural Relationships in Japan:
“Return to Rural Living” as Field-oriented Approaches and Theories
edited by TSUTSUI Kazunobu

ナカニシヤ出版

はしがき

「移住」の実態から農山村の変容を明らかにし，都市と農山村の新しい関係を展望しよう。

この思いを強くしたきっかけが，本書の執筆者でもある嵩和雄さんにお声かけをいただいた，2011年のNPO法人ふるさと回帰支援センターによる移住者向け起業支援プログラム「農村六起」に私が関わらせていただいた経験であった。

この経験を通して移住者が農山村で起業をする際には，農山村という地域の特徴が影響をしていると感じた一方，農山村への移住を取り上げた書籍や論文の多くが「移住者」という主体に着目をして，個人の“ストーリー”が中心に描かれていたことに違和感を持っていた。そこで，農山村という地域からの視点に重きをおいて2014年に発表したのが『移住者の地域起業による農山村再生』（筑波書房）であった。JC総研（現：日本協同組合連携機構）のブックレットシリーズという出版形態もあり，仮説的要素も含めてチャレンジングに世に問うことができたと自負している。その後も，地方創生の諸政策の後押しもあって都市から農山村への移住トレンドがさらに強まり，本書のタイトルでもある「田園回帰」という言葉が広がっていった。振り返るとこのブックレットは時宜にかなったものでもあった。

私は地域を動かしているものの「源泉」を知りたい，そして次の時代に向けて地域を動かすヒントを得たいという志向が強い。それは行政施策や具体の事業であることもあるし，人々のネットワークであることもあるし，地域固有の資源であることもある。本書は，田園回帰の潮流における農山村の地域づくりの文脈の上でこれらの「源泉」を探り，今後の地域づくりの展開において参照し得る理論的枠組みの提示を試みた研究成果であり，その知見を，地理学分野をはじめ「地域」関連諸分野の研究者などへ届けることを目的としている。

本書のベースとなっている議論の軸は二つある。一つは都市農山村交流の延長線上に移住や田園回帰を位置づけている点である。本書では明示的な都市農山村交流についての言及は少ないが，本書の執筆者である嵩さんと佐久間康富さんとは旧国土庁の「若者の地方体験交流支援事業」，通称「地域づくりインターン」（宮口侗廸ほか編著2010.『若者と地域をつくる』原書房を参照）に参加して以来の旧知の間柄であり，本書の多くの議論では都市農山村交流に関わる知見を常に意識してきた。

そしてもう一つの軸が，読み解くための枠組みとして，島根大学法文学部学生時代の私の指導教員である保母武彦先生が主張されてきた農山村における「内発的発展論」を採用した点である（保母武彦 1996.『内発的発展論と日本の農山村』岩波書店を参照）。本書はこの枠組みを意識しつつ田園回帰という実態を読み解き，「ネオ内発的発展」というこれからの地域づくりのあり方を模索することを目指した。

学部学生時代の財政学から大学院で地理学に転向をした私であるが，この10年ほどは地理学以外の分野の研究者との共同研究が中心であったため，自分の研究が地理学なのか自問することも多々あった。そのなかで幸いにして科学研究費補助金「田園回帰による農山村空間の変容実態に基づく日本型ネオ内発的発展モデルの構築」を得ることができたため，地理学を専門とする研究者を中心に据えた共同研究を2016年度から4年間にわたり行うことができた。

本書の構成は序章で言及するが，このような議論にアプローチできるよう構成するため，前述の科学研究費補助金の研究分担者と研究協力者以外に，折々に私の相談に乗っていただき，月刊『地理』にも「農村空間の商品化と「田園回帰」」を寄稿されている中川秀一さん，三重県鳥羽市の現場で移住者受け入れを積極的に展開されてきた重見昌利さんにも本書の執筆にご参加をいただいた。このお二人に参加いただいたことにより，本書のサブタイトルである「現場から理論まで」に厚みを持たせることができたのは言うまでもない。

なお，本書の各章は書き下ろしのものもあれば，既に公表している成果に加筆修正したものもある。各章の初出は以下の通りである。

序章：書き下ろし

1章：1・2は書き下ろし。3は以下の文献を大幅に加筆修正。

◉筒井一伸・佐久間康富・嵩　和雄 2016. 移住者と農山村の地域づくり―田園回帰における位置づけ―. 地理科学 *71*(3)：156-165.

2章：書き下ろし。ただし，1は以下の文献の第1章を加筆修正。

◉山神達也 2017. 人口減少期突入前後の和歌山県の人口動態. 和歌山大学紀州経済史文化史研究所紀要 *38*：1-19.

3章：以下の文献に新たな分析結果を加えて大幅に加筆修正。

◉山神達也 2018. 市町村単位の人口推移から田園回帰を考える―和歌山県下の旧市町村を事例として―. 地理 *63*(6)：42-47.

4章：1・3・4・5は書き下ろし。2・6は以下の文献を大幅に加筆修正。

◉嵩　和雄 2015. 移住支援団体の果たす役割と重要性. 舞タウン *124*：1–3.

◉嵩　和雄 2019. 地方移住希望者の動向と自治体の対応. 都市問題 *110*（6）：48–56.

5章：以下の文献を加筆修正。

◉佐久間康富 2019. 地方移住希望者の住まいとしての「空き家」の利活用. 都市問題 *110*（6）：66–79.

6章：以下の文献の事例を用いて再構成をした上で，大幅に加筆修正。

◉筒井一伸・嵩　和雄・佐久間康富 2014.『移住者の地域起業による農山村再生』筑波書房.

◉筒井一伸・佐久間康富・嵩　和雄 2015. 都市から農山村への移住と地域再生―移住者の起業・継業の視点から―. 農村計画学会誌 *34*-1：45–50.

◉筒井一伸・尾原浩子 2018.『移住者による継業―農山村をつなぐバトンリレー―』筑波書房.

◉筒井一伸・嵩　和雄・尾原浩子 2018. 田園回帰における継業―「家業」意識への対応として―. 地理 *63*（6）：20–26.

◉筒井一伸 2018. 地域づくりとしての継業―なりわいと農山村を継ぐ挑戦―. 地域開発 *627*：6–10.

◉酒井扶美・立見淳哉・筒井一伸 2020. 農山村における移住起業のサポート実態―兵庫県丹波市を事例として―. E-journal GEO *15*（1）：14–28.

7章：以下の文献をもとに再構成し，加筆修正。

◉中川秀一 2018. 農村空間の商品化と「田園回帰」. 地理 *63*（6）：48–54.

◉中川秀一 2020. 田園回帰とコモン化からみた入会林野の位相. 東日本入会・山村研究会報 *12*：3–12.

8章：以下の文献を加筆修正。

◉立見淳哉 2020. 資本主義，連帯経済，そして「田園回帰」―『資本主義の新たな精神』を縦糸として（特集 資本経済への知的資本）. Iichiko *147*: 110-127.

9章：書き下ろし

本書は前述の通り，科学研究費補助金「田園回帰による農山村空間の変容実態に基づく日本型ネオ内発的発展モデルの構築」（基盤研究（B），研究課題番号：

16H03523，研究代表者：筒井一伸）の研究成果であるが，あわせて一部の章には，各執筆者の以下の研究成果も含まれていることを付記しておく。

3章：平成29～30年度和歌山県データを利活用した公募型研究事業：和歌山県の過疎地域における集落の維持・活性化と再編「小地域人口推計に基づく人口縮減地域での集落再編と賦活力ある地域拠点摘出の提案」（研究代表者：水内俊雄）

5章：平成30～令和4年度科学研究費補助金「住み継ぎの段階性に着目した集落を継承する少人数社会システムの構築に関する研究」（基盤研究（B），研究課題番号：18H01606，研究代表者：佐久間康富）

7章：平成28～令和2年度科学研究費補助金「集落再編の国際比較と生活空間論による再考」（基盤研究（A），研究課題番号：16H01963，研究代表者：小島泰雄）

本書は多くの方々の協力により世に出すことができた。ここでは割愛させていただくが初出の文献で謝辞を書かせていただいた方々に加えて，4章では三重県地域連携部地域支援課の皆さんに，日々の業務で忙しいところ，研究メンバーの視察受け入れだけでなく，資料提供をはじめ各種アドバイスをいただいた。また7章は二つの研究会での議論をもとに執筆された。岡田秀二先生（富士大学学長）をはじめとする東日本入会山村研究会関係の皆さんには，本章のもととなる着想を得る報告のきっかけをいただき，参会者の方々から貴重なご意見をいただいた。秋山道雄先生（滋賀県立大学名誉教授）にお誘いいただいた研究会では，ご参加の方から多くのご教示をいただいた。

新型コロナ禍で出版業界のみならず世の中が大変な中で，出版をお引き受けいただいナカニシヤ出版と同社編集部米谷龍幸さん，校閲作業にご協力いただいた鳥取市地域おこし協力隊（出版社の元編集者）の山川良子さん，そして何よりも最初に紹介をした『移住者の地域起業による農山村再生』の監修を通して私たちの探究を「研究」へと展開する門戸を開いてくださった明治大学農学部の小田切徳美先生に末筆ながら謝意を表したい。

なお本書の出版にあたっては2020年度日本地理学会出版助成をいただいた。

筒井一伸

目　次

序　「田園回帰」への視角
イントロダクション

1 「田園回帰」の誕生

都市から農山村への移住のうねりが大きくなってきている。2014 年に発表された日本創成会議の消滅可能性都市論，通称「増田レポート」をきっかけとして，移住者受け入れに積極的になった農山村側の実態がある一方で，この農山村の動きにあわせて（もしくはそれに先んじて）うまれてきているのが都市の，特に若い世代の農山村への関心の高まりである。このような高まりは新聞において都市から農山村への移住に関する記事が 2013 年以降，急増していることからもわかる。例えば朝日新聞の新聞記事検索システム「聞蔵 II」を用いて 1985 年以降 2019 年までの新聞記事を「農村」+「移住」のキーワードで検索して海外に関するものを除くと 742 件の記事が示された。その数の年次推移をみると 1990 年代半ばまでは年間 10 件程度の記事であったがそれ以降，特に 2000 年代に入り増えはじめ，2012 年には 32 件となった。そして 2013 年と 2014 年はそれぞれ 42 件と 44 件の記事が，2015 年はついに 51 件と 50 件を超える記事が掲載されたことになる。その後も 2016 年 43 件，2017 年 41 件，2018 年 47 件，2019 年 35 件とおおよそ年 40 件ほどの記事が掲載されてきた。

このことからも分かるとおり，農山村への移住に対する関心はごく一部の層にとどまらず，社会的な広がりにもなりつつある。2005 年に内閣府がおこなった世論調査によると，農山漁村に定住願望を持っているのは 50 歳から 59 歳が一番多かったが，「定住願望がある」，「どちらかというとある」と答えた者の合計では 20 歳から 29 歳が一番多くなっていた。実は農山村に関心を持っていたのは団塊世代よりもこの団塊ジュニア世代であったことがわかる（図序 -1）。図序-2 は 2014 年 8 月に発表された同じく内閣府がおこなった世論調査の結果であるが，農山漁村への定住願

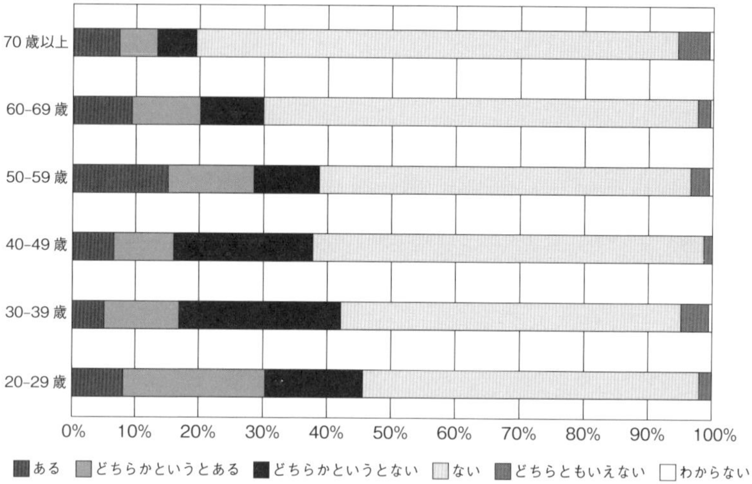

図序 -1　農山漁村への定住願望の有無（世代別：2005 年）

出典：内閣府「都市と農山漁村の共生・対流に関する世論調査（平成 17 年 11 月調査)」より作成。

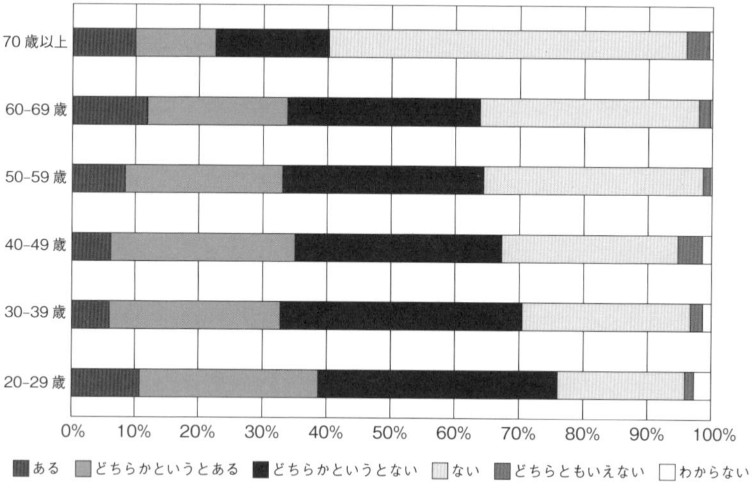

図序 -2　農山漁村への定住願望の有無（世代別：2014 年）

出典：内閣府「農山漁村に関する世論調査（平成 26 年 6 月調査)」より作成。

望について「ある」と答えている人の割合には大きな変化は無いが，「どちらかというとある」と答えている人の割合がほぼ万遍なく増加している。特に20歳代では4割近くが「定住願望がある」，「どちらかというとある」と答えており，若い世代で農山村への移住に対して関心の高まりがあることをうかがわせる。

このような動きを政策的には「田園回帰」の言葉を用いて表現している。『2014年度食料・農業・農村白書』（2015年5月26日閣議決定）の「第1部食料・農業・農村の動向」の特集では田園回帰の動きとして「都市に住む若者を中心に，農村への関心を高め新たな生活スタイルを求めて都市と農村を人々が行き交う「田園回帰」の動きや，定年退職を契機とした農村への定住志向がみられる」と触れられている。また「国土形成計画（全国計画）」（2015年8月14日閣議決定）においても8箇所で田園回帰という言葉を登場させ，特に「国民の価値観の変化」におけるライフスタイルの多様化という文脈や，都市と農山漁村の共生・対流，都市と農山漁村の相互貢献による共生，ヒトの対流を活用した共助社会づくり，といった共生社会を実現する上で注目すべきものとして，田園回帰への期待が高まっている。このような背景から田園回帰に関わる代表的論者の小田切（2016）は2015年を「田園回帰元年」と位置付けている。事実，田園回帰をキーワードとして，2020年4月3日現在で朝日新聞の新聞記事検索システム「聞蔵II」を検索すると52件中2015年以降が46件である。一般紙より農業・農村のテーマを多く扱う日本農業新聞では2015年以降で305件もの記事が検索され，田園回帰という言葉が広がってきたことがわかる。

2014年にはじまった地方創生の中でも農山村への移住は毎年取り上げられてきた。「まち・ひと・しごと創生基本方針」でも移住という言葉は2015年度版では20箇所，2016年度版では2箇所，2017年度版では15箇所，2018年度版では19箇所，2019年度版では31箇所と2016年度を除いて比較的多くの箇所で移住が取り上げられてきた。しかし第1期「まち・ひと・しごと創生総合戦略（2014年12月27日閣議決定）」の基本目標②で「2020年時点で東京圏から地方への転出・転入を均衡」をKPI（Key Performance Indicator，重要業績評価指標）としたこともあり，地方創生の動きのなかで行政が人口減少対策としてこの移住の動きを捉え，移住の意義として“数”的な意味での人口増加を過度に期待する傾向が少なくなかった。

このように関心が高まりつつある農山村への移住の動きであるが，一方で，誤った認識の下での過度な期待に対して，筆者らはたびたび警鐘を鳴らしてきた（筒井ほか2014)。移住によって必ずしも人口増加が成し遂げられているわけではない。

しかしながら確実なことは，人口は増えてはいないが新たな人材の農山村への流入がすすんでいることである。人口流出と少子高齢化がすすんだ農山村にとって，都市から農山村への移住は，既存の住民とは異なる年齢層の，異なる考え方や技術をもつ人材の獲得にほかならず，そこからはじまる新たな地域づくりの萌芽がうまれつつある。

田園回帰という言葉をあえて登場させて議論が進められている理由は，人口の移動ではなく「人材」の移動であるという点を強調する含意がある。学術的な面ではじめて田園回帰を用いたのは佐藤（1998）であるが，その語意には人口という意味が含まれていなかったことからもわかる。本書が田園回帰との用語を用いる意図もそこにある。

2 田園回帰とは何か

田園回帰は農山村への移住者の増加という現象を把握する過程で生まれてきた概念であるが，小田切（2015）によると田園回帰には「狭義の田園回帰」と「広義の田園回帰」の２つがあるとする。前者はUIターン，田舎暮らしなど具体的な農山村への人口移動を伴う「移住」に相当するものであり，後者は「フロンティアとしての農山村」（筒井ほか 2014: 57）に向けられる都市の若者のまなざしとそれに基づく今後の社会における農山村の位置づけなどを包含するものである。つまり田園回帰は多面的に捉える必要があり，前述の通り都市から農山村への人口移動という一つの現象のみに矮小化してとらえるべきものではない。

小田切・筒井編著（2016）ではこの田園回帰を３つの局面に整理している（図序-3）。一つ目は都市から農山村への移住そのものであり，「人口移動論的田園回帰」である。二つ目は人口移動論的田園回帰の結果として生じる田園回帰と地域づくりの相互関係であり，「地域づくり論的田園回帰」である。そして三つ目として，農山村移住の増大は人口移動が従来の農山村から都市へという一方向の流れではなく，双方向の流動化がすすむことを意味しており，都市と農山村の関係自体も変化する。この点に注目した「都市農村関係論田園回帰」である。人口移動論的田園回帰はすでに動き出している「過去」の田園回帰を対象としているのに対して，地域づくり論的田園回帰は「現在」のホットイシュー，さらに，今後予想される田園回帰の持続化傾向のなかで，都市農村関係論的田園回帰は重要な今後の課題であるとする（小田切 2016: 19–21）。

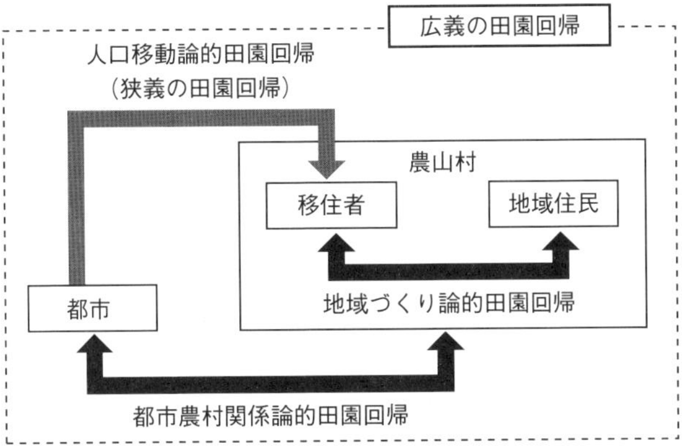

図序-3　田園回帰の3つの局面

出典：小田切・筒井編著（2016: 21）の図を参考に作成。

3　都市と農山村の関係の変化と田園回帰

田園回帰は新しい都市と農山村の関係を示す言葉でもあるが，ではこれまでの都市と農山村との関係とはどのように整理できるのであろうか。戦後の長い間，農山村のとらえ方として代表的なものであった「過疎地域」と「中山間地域」，そして地理学における都市との関係を意図した地域論である「周辺地域」という3つの概念を振り返っておこう。

3-1　過疎地域

「過疎」という言葉は1967年にはじめて公的な文章に登場したが，マスコミなどではこれ以前から使用されてきた。その主たる意味としては「農村や山村，漁村，離島地域，旧産炭地域などで発生している急激な人口減少とそれに伴う諸問題」とされてきた。

政策的には1970年に施行された通称，過疎法[1]によって「過疎地域」が定義されている。過疎法における過疎地域は，人口減少率，高齢者比率，若年者比率を基準とする人口に係る要件および財政力指数を基準とする財政力に係る要件をみたした市町村が過疎地域として指定される[2]。過疎法における過疎地域に指定されると，公共施設整備に際する国庫補助率のかさ上げ，過疎対策事業債の発行など財政上の優遇措置を中心とする，行政政策の特別措置がとられ，過疎に付随する様々な問題に対処できるようになっている。

一方，農山村の地域社会の実態からこの過疎地域を捉えたのが安達生恒である。安達は山陰地方の農山村の調査から，人口だけではなくイエの減少，つまり挙家離村に伴う農家戸数の急激な減少にも着目し，その結果，農林業を中心とする産業が衰退し，同時に地域社会の生活諸機能が失われ，そうした状況の下でムラに残った住民の意識が次第にネガティブとなり，これがさらなる人口，戸数の減少を生み出し，それが相互作用的にからみ合いながら，ムラ社会の崩壊，最終的には集落の消滅に向かっていく悪循環過程が生じている地域として過疎地域を捉えた（安達 1970）（図序-4）。このように過疎とは単なる農山村の人口減少にとどまらず，それを契機とする行財政的問題，生産経済的問題，社会生活的問題を含むものであり，これらの問題があらわれている農山村が過疎地域として捉えられている。

3-2　中山間地域

過疎地域が主として人口減少とそこから発生する諸問題に焦点をあてた地域概

---

1)「過疎法」とは1970年に議員立法で制定，施行された「過疎地域対策緊急措置法」とそれに続く関連法であり，以下の4つの過疎法が制定され，10年間の時限立法である。ただし過疎地域自立促進特別措置法は2010年度に施設・設備整備を中心とするハード事業に加えていわゆるソフト事業の拡充などを目的とした改正が行われて，2009年度末の失効期限も6年間延長され，さらに2012年度には東日本大震災の被災市町村における事業の大幅な遅れに対応するため失効期限の5年間延長をする改正が行われ，2020年度まで延長された。なお2021年度からの新しい過疎法に向けて過疎問題懇談会は「新たな過疎対策に向けて―過疎地域の持続的な発展の実現―」を2020年4月に公表をした。

1970年度から1979年度　過疎地域対策緊急措置法
1980年度から1989年度　過疎地域振興特別措置法
1990年度から1999年度　過疎地域活性化特別措置法
2000年度から2020年度　過疎地域自立促進特別措置法

2)「平成の大合併」と称される市町村合併に伴い，過疎地域指定を受けていた旧市町村を一部に含む新市町村が誕生した。これらの新市町村の中には要件をみたさないため「過疎地域」には指定されなかったが，引き続き過疎対策が必要であるため，市町村合併にかかる特例措置がなされた。この特例措置では「過疎地域とみなされる市町村」と「過疎地域とみなされる区域のある市町村」が設けられ，それぞれ「過疎地域市町村」同様の対策が行われている。

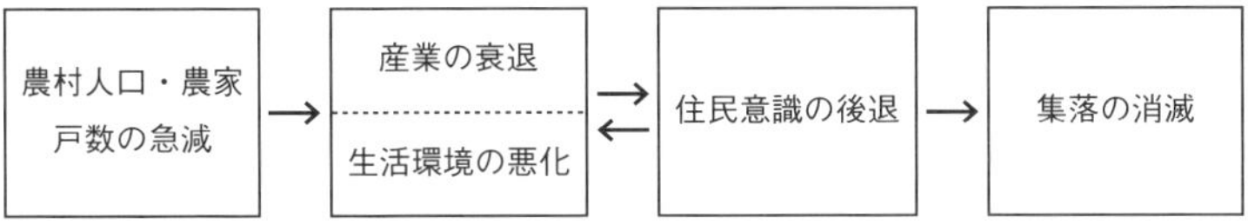

図序-4　安達生恒による過疎化のメカニズム

出典：安達（1970: 23）を参考に作成。

念であるのに対して，中山間地域は農業を行っていくうえでの土地条件が恵まれていない地域を指す概念である。中山間地域という用語は，1988年度の『農業白書』において「平野の周辺部から山間地に至るまとまった平坦な耕地が少ない地域」として取り上げられた農政用語である。具体的には，DID面積・人口，宅地率，耕地率，林野率，傾斜等の基準指標によって区分された農林統計上の農業地域類型である，「都市的地域」，「平地農業地域」，「中間農業地域」，「山間農業地域」のうち中間農業地域，山間農業地域を合わせて「中山間地域」として理解するのが一般的である。山間農業地域は林野率80%以上かつ耕地率10%以下の市町村，中間農業地域は耕地率20%未満で都市的地域及び山間農業地域以外の市町村，もしくは耕地率20%以上で都市的地域及び平地農業地域以外の市町村である。これらの定義から分かるとおり，耕地の条件が主たる要件となっており，このことから中山間地域は農業上の条件不利地域を指し示す言葉として，さらには農山村の一側面の捉え方として頻繁に用いられるようになった。

3-3　周辺地域

戦後日本における地域構造の観点，とりわけ経済的な地域構造から学術的に農山村を捉えると，中心－周辺論における周辺地域として位置づけられてきた。中心－周辺論とは基本的には地域間不平等を問題とする概念であるが，その地域レベルは一市町村内，都市圏，一国そして世界というレベルまでを内包しており，ミクロレベルからマクロレベルまで，様々なレベルでの地域間不平等を理解しようとする共通の概念である。岡橋（1997）によると中心－周辺論とは，中心地域が周辺地域を支配する傾向があるという点で大きな共通項を持っている。中心－周辺論にいたる系譜は3つあり，第一は経済発展にともなう地域的不均等化を述べたミュルダールの地域間不均衡論，第二は，中心－周辺関係が存在するが周辺にサブセンターが出現し，最終的には周辺が発展して周辺地域は解消するとした，新古典派経済学に依拠したフリードマンの開発経済論，第三に地域間の不平等の持続性を理論化したアミンの「周辺資本主義構成体」概念やウォーラーステインの「世界システム論」であるとする。中心－周辺に関する論理は，元来は世界規模であったが国内規模への適応を考え，農山村の構造変化は中心と周辺の関係の中で説明できるとしたのが岡橋秀典の周辺地域論である。

戦後日本の農山村経済の構造変化は周辺地域化のプロセスであったといえる。高度経済成長期以降の農林業の衰退と，それに伴う農村工業化による製造業および建設業の成長は，農山村経済の都市の資本と国家資本への依存を高めていった。つまり農山村に立地する工場の多くは，都市（中心地域）に拠点を持つ大企業の下請工場であり，都市を中心とする地域間分業システムの末端に農山村が位置づけられ，周辺地域として捉えられたのである。また建設業においても，その多くは中央からの補助金に依存する公共事業であり，その意味でも中心地域へ依存する周辺地域として農山村は位置づけられた。

3-4　都市農山村関係の本質的な転換

以上確認をしてきたが，これまでごくあたりまえだった農山村の捉え方が，必ずしも農山村の固有的特徴をいいあらわさなくなっている。例えば過疎地域が主としてあらわしてきた人口減少，高齢化という特徴はすでに日本全体の問題となっている。同様に中山間地域は農業の上での条件不利地域を指し示してきたが，グローバル化の進展のなか，効率的な大規模農業が行われる諸外国に比べると，日本の農地全体が条件不利であり，必ずしも特定の農山村固有の特徴ではなくなっている。このように人口減少，高齢化や条件不利が農山村の“専売特許”でなくなってきたなか，こういった特徴を拠り所に行われてきた地域政策は転換を求められている。

一方，都市を中心地域，農山村を周辺地域として固定的に関係性を把握してきた周辺地域論も改めてその関係性を確認しなおす時期にあるといえよう。「都市のスポンジ化」をはじめ都市空間の縮小の議論（例えば，饗庭 2015）が進む中，都市＝中心，農山村＝周辺という説明が必ずしも十分なものではなくなってきている。人口ベースで考えると逆都市化現象は本格的には発現してこなかった我が国であるが，本書が主要なテーマとする田園回帰という社会潮流の下で新たな都市農山村関係が動き始めている。

4　本書の構成

本書は田園回帰という社会潮流の中で生じている農山村地域の変容実態を，特に都市から農山村への移住を例に明らかにするとともに，その実態把握から生まれてきた新しい考え方やモデル，さらに田園回帰に伴う農山村の地域変容を理解する上で有益な概念を紹介する。「01　田園回帰時代の農山村」では田園回帰の起源を探るところから始まり，既存の調査に基づく地方移住の実態理解，既往の研究からみる地域づくり論的田園回帰の論点の提示を行うことで，本書を読み解く上での前提の情報を提示する。

そして田園回帰の下での農山村の実態把握を行うため，「02　三重県における人口変化の空間的プロセスと田園回帰」と「03　和歌山県下旧市町村の将来人口推計と田園回帰」では，三重県と和歌山県という紀伊半島の2県の平成の市町村合併前の旧市町村単位での人口変化の側面から「田園回帰」の位置づけを検討する。そして「04　移住支援のモノグラフ—NPO・県・市の現場から—」では，東京や大阪を中心に活動をするNPO法人ふるさと回帰支援センター，三重県，鳥羽市の移住支援の実態を紹介するとともに，移住支援における連携の在り方を考察する。

続いて，田園回帰における論点として筆者らがこれまで提示してきた「すまい」，「なりわい」，「コミュニティ」のうち前者2つについて論じる。「05　移住者受け入れによる住まいのつなぎ方—空き家再生と地域社会の受け入れ体制—」はすまいに関わり，移住者受け入れによる空き家再生と地域社会の受け入れ体制づくりの実態を明らかにしつつ，「地域資源としての空き家」という考え方を紹介する。「06　移住者受け入れとなりわいづくり—地域起業と継業—」はなりわいについて，地域起業や継業といった田園回帰の実態把握の中で生まれてきたなりわいづくりのモデルについて紹介をする。

そして「07　農村空間の商品化からコモンの再創造への「田園回帰」」と「08　社会連帯経済と「田園回帰」との接点を探る」はそれぞれ「農村空間の商品化」，「社

3）例えばウッズ（2018）はルーラルな空間を範囲が確定された個々の地理的領域ではなく関係性の観点から捉え，「農村空間の三つ折りモデル」を提示している。このモデルは，生産や消費と結びついて相対的に特徴づけられる「農村の地域性」，立法行為や政策などで規定される「農村の公式の表象」，個人的・社会的な要素が組み入れられた「農村の日々の暮らし」の3つの側面が相互に絡み合うものとしてルーラルな空間を理解する。

会連帯経済」という概念とそこからのアプローチを通して田園回帰の議論を深める。最後の「09　田園回帰とネオ内発的発展」では，田園回帰における3つの論点のうちコミュニティを意識して，ネオ内発的発展の観点から「田園回帰」を捉え直すとともに，地域の社会経済的発展のプロセスにおける内部と外部の相互関係などを検討し，コミュニティベースの地域づくりの重要性を確認する。

本書はこのように田園回帰という社会潮流の実態のみならず，その現実から生み出されてきた新しい考え方やモデル，そして田園回帰を理解するための概念とそのアプローチを一冊にまとめた。それは，地理学の分野をはじめ「地域」をキーワードにする学問を学生や研究者だけではなく，行政担当者やNPO職員など実務家にも，それぞれの現場を改めて俯瞰していただくとともに，地域づくりとしての田園回帰を考えていただく上での一助になる工夫でもある。

田園回帰は現在進行の動きであり本書で紹介する実態はその一側面を切り取ったものに過ぎない。しかし本書で提示をした考え方や概念は，本書出版後に世の中で起こっているであろう“その後の”田園回帰を理解する上で有用である。本書を取っ掛かりに，本書への批判も含めて田園回帰や新しい都市と農山村の関係について議論が盛り上がることを願う。

なお本書を通して「農村」,「農山村」,「農山漁村」といった用語はあえて統一をしなかったが，基本的にはいずれも英語でいうところのルーラル（Rural）といった特徴[3]を持つ地域を想定していると理解していただきたい。

（筒井一伸）

【文　献】

饗庭　伸 2015.『都市をたたむ―人口減少時代をデザインする都市計画―』花伝社.

安達生恒 1970. 過疎の実態―過疎とは何か，そこで何がおきているか―. ジュリスト 455：21–25.

ウッズ, M.／高柳長直・中川秀一監訳 2018.『ルーラル―農村とは何か―』農林統計出版. Woods, M. 2011. *Rural: Key Ideas in Geography*. London: Routledge.

岡橋秀典 1997.『周辺地域の存立構造―現代山村の形成と展開―』大明堂.

小田切徳美 2015. 田園回帰を時代のターニングポイントに. 地域 21：106–107.

小田切徳美 2016. 田園回帰の概況と論点―何を問題とするのか―. 小田切徳美・筒井一伸編著『田園回帰の過去・現在・未来―移住者と創る新しい農山村―』9–22. 農山漁村文化協会.

佐藤　誠 1998. いのちの豊かさと田園回帰—農地の保全と多角利用への市民参加を—. 生活経済政策 18：8-11.
筒井一伸・嵩　和雄・佐久間康富 2014. 『移住者の地域起業による農山村再生』筑波書房.

田園回帰時代の農山村

01

1 田園回帰の起源を探る

序章において，田園回帰元年が2015年であり，世論調査の結果から2010年代に入ってからその潮流がみられ始めたことを確認した。ではこのような社会的潮流を政策展開の軌跡からみてみよう。

田園回帰という社会的潮流をさかのぼると1998年に発表された「21世紀の国土のグランドデザイン」における「多自然居住地域」という概念と，それを提唱した宮口侗廸の一連の研究や政策立案の実践（これらを総称して宮口の「地域づくり論」とする）にたどり着く。多自然居住地域とは「中小都市と中山間地域等を含む農山漁村等の豊かな自然環境に恵まれた地域を，21世紀の新たな生活様式を可能とする国土のフロンティアとして位置づけるとともに，地域内外の連携を進め，都市的なサービスとゆとりある居住環境，豊かな自然を併せて享受できる誇りの持てる自立的な圏域」（宮口2004a: 182）であり，その小都市と農山村が「互いの資源や場がうまく活用される仕組みと関係を築き，さらに小都市の都市的サービスの機能をレベルアップすることによって，そこに一人当たりのレベルの高い経済と安心できる生活のシステム」（宮口2004a: 184）を創造することが目指された。

宮口が国土計画の中で「多自然居住地域」を明確に位置付けたことから，その後に続く様々な政策的な仕掛けが組まれてきたといえる。その経緯については宮口（2004b）で詳述されているが，特に当時の政府での議論においてセンセーショナルであったのは，後に多自然居住地域となる低密度居住地域の提示であった。当時の政府での議論における“常識”は，過疎問題による人口減少の結果，農山村は低密度居住地域になったというものであった。これに対して，宮口は都市的発展から取り残された地域はそもそも低密度居住地域であり，今後国全体として人口減少が進むことを90年代後半に意識させ，低密度居住地域で行われてきた相対的に少数の人々が空間や資源を多面的に利用してきた事実に，21 世紀型国土計画における農山村の社会システムのヒントを求めたのである。

しかしながら，多自然居住地域の創出にむけた具体的な動きは，当初必ずしも大きなものではなかった。それは，同時期にはじまった平成の市町村合併の活発化の影響が原因であった。しかし，2008 年に策定された「国土形成計画」で目指された「複数市町村の連携・相互補完による都市機能の維持増進」を具体化するための定住自立圏構想（2009 年）の動きとともに再び注目を集めることになる。

一方，多自然居住地域の創造という政策目標の登場とほぼ時を同じくして，「農業・農村の多面的機能」への注目が高まった。農業基本法にかわり 1999 年には食料・農業・農村基本法が新たに制定された。この法律の基本理念は，食料の安定供給の確保，農業の持続的な発展，農村の振興ならびに多面的機能の発揮であり，この多面的機能には洪水防止や土壌浸食の防止，水資源の涵養といった国土保全機能，景観や生態系の保全，保健休養といったアメニティ機能，自然教育や伝統文化の継承といった教育文化機能などが含まれている。

2000 年にはその施策として中山間地域等直接支払制度が開始された。中山間地域とは，1988 年度の『農業白書』において「平野の周辺部から山間地に至るまとまった平坦な耕地が少ない地域」として取り上げられた農政の地域概念であり，林野率や耕地率などに基づく農業上の条件不利地域を指し示す。このような中山間地域などの農業生産条件の不利な農用地を持ち，かつ一定条件を満たした農家などへの交付金を支払う制度で，耕作放棄の発生防止や将来に向けた農業生産活動の継続的実施など農業生産の維持を図るとともに，集落機能の活性化や農山村の多面的機能の維持・増進などを目指したものであった。

農山村に多面的な機能を見出すという理解の仕方は，「農山村＝農林業生産の場」と捉える 20 世紀のシステムのもとでの「生産主義」との対比から，「ポスト生産主義」と呼ばれ，今日の農山村理解の基本となっている。表 1-1 は生産主義下の農山村とポスト生産主義下の農山村の特徴をまとめたものである（立川 2005)。農業が，画一的な大量生産を求めた生産主義から少量多品目で環境保全に配慮したポスト生産主義に変化するなか，その競争の源泉も単なる価格だけではなく，安心・安全や生産地，生産者といった非価格情報が重視されるようになってきた。農山村も農業的視点からの条件不利地域ではなく，景観や地域資源を含む空間そのものが商品化することに対応して，個別的・断片的な再編成が進行したモザイク的なものとして捉えられる。

表 1-1　生産主義下とポスト生産主義下における農山村の特徴

	生産主義	ポスト生産主義
農業	画一的，大量生産，効率性	少量多品目，環境保全，持続性
農山村	生産性観点からの地域分化 (条件不利地域の析出)	消費観点からの地域分化 (空間のモザイク化)
影響要因	価格，生産性，土地条件 生産団体を軸とした組織政治	表象，シンボル，アイデンティティ 表象を軸としたネットワーク形成
商品化	農業生産物，農業優良地	農村空間，表象
政府の役割	生産性向上支援など 中央政府の役割大	交流基盤整備支援など 地方自治体の役割大
競争の源泉	価格情報	非価格情報
関係主体	域内の生産者，行政，経済団体	域外へのステークホルダーの拡大
結合原理	市場およびヒエラルキー	ネットワーク

出典：立川（2005: 9）の表を一部改変。

このように，21 世紀に突入する前後に多自然居住地域とポスト生産主義という考え方が世に出てきた背景として，序章でも述べた過疎地域や中山間地域などあたりまえだった農山村の捉え方が，必ずしも農山村の固有的特徴を言いあらわさなくなってきたことが指摘できる。こうしたなか，ポスト生産主義という農山村の新しい機能の捉え方，そして多自然居住地域というこれまでにはない農山村の地域論的把握が注目されるようになってきたのである。

特に多自然居住地域を提唱した宮口の地域づくり論の特徴は，小田切（2013）が指摘する通り，少人口が広大な空間をどのように経営していくべきかという多自然居住地域という地域論的把握に加えて，都市農山村交流の意義を説く点にある。都市農山村交流は単にグリーンツーリズムなど観光的な取り組みにとどまらず，2000 年からはじまった地域づくりインターン事業（宮口ほか 2010）などの政策的実践へと結びついて，その後の社会変化とも合わさって展開をみる。2008 年の集落支援員や田舎で働き隊！，2009 年の地域おこし協力隊など「地域サポート人材」と呼ばれる様々な制度のベースにある考え方には，宮口の地域づくり論がある。この諸制度は，都市の住民が農山村の扉を開けるハードルを低くしたことで都市と農山村のフラット化（松永 2015）を引き起こし，現在の田園回帰の潮流につながっていったのである。

2 地方移住の実態を俯瞰する

2-1 移住希望者と移住者の実態

地方移住に関しては，世論調査などを通して移住希望者の抽出やその特性が明らかにされてきた。特に，農山村へ関心を寄せる都市の人々が増えていることを例示する上で，比較的よく引用されるのが，序章でも紹介した政府の世論調査である「都市と農山漁村の共生・対流に関する世論調査（2005年11月調査）」と「農山漁村に関する世論調査（2014年6月調査）」である。この両者で「農山漁村への定住」について質問をしていることからこの間の国民の意識変化を俯瞰する上で引用されることが多い。具体的には「農山漁村地域への定住願望の有無」について「ある（「どちらかといえばある」を含む）」とする割合は20.6%から31.6%に上昇し，しかも年齢別にみると20歳代で30.3%から38.7%，30歳代で17.0%から32.7%，40歳代で15.9%から35.0%と高い増加がみられる点が注目される。

一方で，「都市住民が農山漁村地域に定住する際の問題点」としては「都市住民が定住するための仕事がない」とする割合が54.0%から63.0%，「買い物，娯楽などの生活施設が少ない」が26.5%から44.3%，「地域内での移動のための交通手段が不便」が22.3%から44.0%，「医療機関（施設）が少ない」が22.8%から37.0%と割合が上昇している。特に仕事の問題が大きい点は，後述する2017年の調査とも関連をさせて確認をしたい。後者の3点については生活インフラの弱体化であり，「限界集落」や「撤退の農村計画」，「消滅可能都市」などといったコミュニティ維持の議論とも関連する。

序章でも述べた通り，小田切・筒井編著（2016）は『平成26年度食料・農業・農村白書』や「国土形成計画（全国計画）」など政府文書で「田園回帰」が取り上げられたこともあり，2015年を「田園回帰元年」としている。また『国土交通白書2015』でも「地方移住等地方へのヒト（定住人口）の流れ」において「足下で見られる地方回帰」として「統計データにより地方への人の流れの傾向を全国的に読み取ることは困難であるが，経済一辺倒の豊かさではなく，自然や地域との触れあいを大切にする生き方も求められており，田園回帰と呼ばれるように，地域を志向し地域を大切にしたいという若者も増えてきている」とされている。

この時期を境に，いくつかの移住に関わる調査が行われるようになった（表1-2）。例えばJOIN（一般社団法人移住・交流推進機構）は人気の移住先や移住に際して気になることなどについてインターネットアンケートを2015年に実施するととも

表 1-2　移住・定住に関わる主な全国調査

調査名	都市と農山漁村の共生・対流に関する世論調査	農山漁村に関する世論調査	東京在住者の今後の移住に関する意向調査	移住するなら何県がいい？	「若者の移住」調査	過疎地域への移住者に対するアンケート調査
調査主体	内閣府	内閣府	内閣官房・内閣府	一般社団法人　移住・交流推進機構（JOIN）	一般社団法人　移住・交流推進機構（JOIN）	総務省
母集団	全国 20 歳以上の者	全国 20 歳以上の日本国籍を有する者	東京都在住 18 ～ 69 歳男女	ニッポン移住交流ナビ（http://www.iju-join.jp/）上で投票可能な者	東京圏（東京都・埼玉県・神奈川県・千葉県）の 20 歳代～ 30 歳代の既婚男女で，地方への移住に興味がある 500 人	過疎地域市町村に転居した人
標本数	3,000 人	3,000 人	***	***	***	4,362 票
調査時期	2005 年 11 月 24 日～ 12 月 4 日	2014 年 6 月 12 日～ 22 日	2014 年 8 月 21 日～ 23 日	2015 年 7 月 16 日～ 31 日	2017 年 1 月 12 日～ 17 日	2017 年 11 月 7 日～ 12 月 5 日
調査方法	調査員による個別面接聴取法	調査員による個別面接聴取法	インターネットアンケート	インターネットアンケート	インターネットアンケート	郵送アンケート
有効回収数（率）	1,746 人（58.2%）	1,880 人（62.7%）	1,200 人	234 件	500 人	1,000 票（22.9%）
URL	https://survey.gov-online.go.jp/h17/h17-city/index.html	https://survey.gov-online.go.jp/h26/h26-nousan/1.html	https://www.kantei.go.jp/jp/singi/sousei/meeting/souseikaigi/h26-09-19-siryou2.pdf	https://www.iju-join.jp/material/files/group/1/result.pdf	https://www.iju-join.jp/material/files/group/1/JOIN_report_201710.pdf	https://www.soumu.go.jp/main_content/000534650.pdf

出典：各ウェブサイトを参考に作成（最終確認日：2020 年 3 月 25 日）。

に，2017年には同じくインターネットアンケートとして「若者の移住」調査を実施している。2017年の調査では，移住に興味を持つ理由として「自然にあふれた魅力的な環境」など環境にまつわる選択肢を選んだのが72.2%に対して，「都会の生活に疲れた」などのネガティブな理由を選んだのは37.4%であった。つまり前向きな農山村への移住は前向きな意向が強い傾向があり，田園回帰という言葉で語られる実態の一側面を表しているといえよう。一方，2014年の政府調査でも問題となった仕事について，移住先で重視する仕事の条件として多かったのは「勤務時間にとらわれない仕事がしたい」（18.8%），「小さな会社でも良いのでやりたい仕事をしたい」（16.0%），「まちづくり会社等の仕事がしたい」（15.6%）が上位であった。ライフスタイルにおける「仕事」の位置づけの変化，会社の規模や仕事の内容など20世紀型日本社会とは異なることがよくわかる結果となっている。

以上の調査は移住前の意向を尋ねるもので，序章図序-3で示した3つの局面において人口移動論的田園回帰を念頭に置く傾向が大きいものであったが，総務省「田園回帰」に関する調査研究会では実際に移住をした移住者を対象に地域づくり論的田園回帰を念頭に置いた「過疎地域への移住者に対するアンケート調査」を2017年に実施している。

ここでは2005年と2014年の世論調査との関係から，特に仕事の面の傾向を確認しておこう。移住前後の職業を確認すると，転居前・転居後ともに「サービス業」が最も多いが，第1次産業の割合は転居後の方が高く，年齢別でみると，「農業」の割合は30歳代以上で転居前より転居後の方が高い。就業形態をみると，転居前・転居後ともに「正規の職員・従業員」が最も多いが，その割合は転居後にやや下がっている。一方，「パート・アルバイト」，「会社などの役員」，「自営業主」，「家族従業者」の割合は転居後の方が高くなっている。特に「自営業主」の割合はすべての年齢で転居後の方が高くなっている。次に過疎地域への転居や地域の選択に，地域の魅力や農山村への関心が影響したと回答した人は全体の27.4%で，男性の方が影響したと回答した割合がやや高い。年齢別でみると，地域の魅力や農山村への関心が影響したと回答した人は，60歳代以上が30.7%で最も高く，次いで30歳代が30.5%となっている。IJUターン別でみると，Iターン者の44.4%，Jターン者の48.5%が，地域の魅力や農山村への関心が転居に影響したと回答している。

地域の魅力や農山村への関心が移住に影響したと回答した人の移住理由をみると，全体では「気候や自然環境に恵まれたところで暮らしたいと思ったから」が47.4%で最も多く，次いで，「それまでの働き方や暮らし方を変えたかったから」が30.3%

で続いている。IJU ターン別でみると，U ターン者は「ふるさと（出身地）で暮らしたいと思ったから」が 71.1%と突出して高く，I ターン者は「それまでの働き方や暮らし方を変えたかったから」，「都会の喧騒を離れて静かなところで暮らしたかったから」，J ターン者は，「ふるさとではないが，なじみのある地域で暮らしたいから」の回答割合が高い。地域の魅力や農山村への関心が移住に影響したと回答した人が実際に移住する際に重視した条件についてみると，「生活が維持できる仕事（収入）があること」が最も多くから挙げられており，29.2%を占めている。IJU ターン別でみると，いずれも第 1 位は「生活が維持できる仕事（収入）があること」で，特に I ターン者で 36.9%と最も高くなっている。

このように地域の魅力が移住の決め手となった移住者がある一定数おり，移住後は一次産業や自営業主（起業）などの実践をする働き方がみられるが，若い世代を中心に当然のごとく「生活が維持できる仕事（収入）があること」が重要な要素になっていることも確認できる。

またこの調査からは，移住と定住の“差異”も読み取れた。すなわち今後の転居の可能性については，年齢別でみると，10・20 歳代は「転居する可能性が大いにある」が最も多くなっている一方，30 歳代と 40 歳代は「転居する可能性はあまりない」が最も多く，50 歳代以上は「転居する可能性は全くない」が最も高い割合となっている。若い世代はライフステージの変化がまだ大きいと予想され，そのことが転居の可能性につながっていると思われる。実際に，例えば鳥取県が 2014 年度に県内に移住した約 1,200 人を対象に調査したところ，現在の住所が分かったのが 390 人，うち県在住がおよそ 70%の 274 人で，30%が県外に流出したという報道もある[1)]。

2-2　移住者数の動向と移住者の定義

つぎに移住者の動向をみてみよう。実は後述する通り，移住や移住者の定義は統一されたものがなく，全国傾向をつかむのは容易ではない。その隘路を潜り抜けたのが明治大学農学部地域ガバナンス論研究室と毎日新聞の 2014 年の共同調査である（阿部・小田切 2015)。市町村を対象とした初めての実態調査であり，①県をまたいで②移住相談窓口や空き家バンクなどの支援策を利用した人ないしは住民票異動時の意識調査で「移住目的」として人を把握した結果，2013 年度には 8,181 人，

1）2019 年 11 月 26 日の NHK ニュース報道による。

2009年度からの4年間で約2.9倍に増えている実態を明らかにした。

一方，2015年には「自立と分散で日本を変えるふるさと知事ネットワーク12県」[2]が「移住者の定義及び把握方法等に関するアンケート」を実施しており，その結果によると，移住者の定義は，「県外から，新たな生活の場所として住み続ける意思をもって移り住む（又は生活の拠点を移す）者」と「移住施策や行政支援などを受けて，県外から転入をした者」の定義に大別でき，比較的前者が多いことがわかる。また把握対象は移住実績の把握をどの範囲まで対象としているかについては「行政の移住担当窓口で把握した移住者」としている県がほとんどのため，窓口を通じない移住者等について十分に把握はできていない実態もわかった。一方，移住後の定住状況については，ほとんどの県で把握されていない状況も明らかになった。

その後，マスコミが都道府県等に独自に取材をして移住状況を把握する動きもあり，例えば日本農業新聞2020年1月5日付の1面には「「田園回帰」着々と 28府県移住最多」の見出しが躍る。取材をしてこの記事を執筆した尾原浩子氏へのインタビューによると，首都圏や愛知県や大阪府，北海道や沖縄県などでは移住者把握をしていない一方，例えば熊本県のように16年から調査しているが，震災などの影響もあり実態と離れているため非公表にしている県もある。

このように実態把握については方法も含めて，必ずしも体制が確立したとは言えない状況である。そこで筆者は2019年12月から2020年2月にかけてNPO法人ふるさと回帰支援センターの会員になっている45道府県の移住担当部局にインターネットアンケート調査を実施した。目的は移住者の動向をどのように把握してい

表1-3　移住者数集計と移住者定義決定の年度別道府県数

年度	2005	2006	2007	2008	2009	2010	2011	2012	2013	2014	2015	2016	2017	2018	2019	不明・無回答
移住者数集計開始の年度	1	4	3	1	1	2	1	1	1	4	7	1	0	0	0	12
移住者定義決定の年度	1	3	3	1	0	2	0	0	0	5	11	1	1	0	1	11

出典：2019年12月から2020年2月に筆者が実施したインターネットアンケート調査より作成。

2）12県は青森県，山形県，石川県，福井県，山梨県，滋賀県，奈良県，鳥取県，島根県，高知県，宮崎県，鹿児島県であり，調査結果は以下のURLを参照。https://www.pref.fukui.lg.jp/doc/seiki/furusatotijinetwork_d/fil/041.pdf（最終確認日：2020年10月26日）。

表 1-4　各府県の移住者の定義

府県名	定義年度	移住者の定義
秋田県	2010	NPO法人秋田移住定住総合支援センターにおいて移住定住登録した方のうち，本県へ移住した人数。
福島県	2006	福島県外の人が継続的（おおむね5年以上）に居住する意思を持って，福島県内に移り住むこと（転勤及び進学による場合は除く）。
茨城県	2015	県が設置した移住相談窓口を経由して移住した人数。
栃木県	2015	県外から転入し，市町住民窓口における任意のアンケート調査に回答した世帯のうち，転入理由が「転勤」「本人の進学」又は「子の進学」であることが判明した世帯を除く全ての世帯の人数の合計。
群馬県	2014	群馬県外から定住の意思を持って転入した者（二地域居住者を含む）とし，具体的には以下のとおりとする（群馬県内の他市町村からの転入者を除く）。転入者のうち，次に該当する者を除く者（転勤，進学による転入・県外からの学生のUターン就職）。
新潟県	2014	新潟県外から定住の意思を持って転居した者（新潟県内の他市町村からの転居は除く）。二地域居住者（国土交通省の定義による）も含む。
富山県	2008	県・市町村の相談窓口等を通した県外からの転入者。
石川県	2005	県・市町の相談窓口・定住促進施策等を活用して県外から転入してきた者。
福井県	2007	行政（県・市町）の支援により移住した方。
長野県	2006	長野県外から新たな生活の場所を求めて，自らの意思により県内に転入した者（ただし，Uターン就職者，配偶者が県内の結婚転入，転出の予定がある者を除く）。
岐阜県	2010	移住相談窓口を通じて移住した人，もしくは，移住支援制度を利用して移住した人。
静岡県	2015	県及び市町の移住相談窓口等を利用した県外からの移住者数。
三重県	2015	県及び市町の移住施策を利用した県外からの移住者。
滋賀県	2015	移住施策利用者，移住相談実績，市町の住民課窓口アンケートの結果等により定義。
京都府	2016	京都府内の市町村の区域内に新たに住所を定めた者（Uターン者を含む）。※市町村内の移動は対象外
兵庫県	2015	カムバックひょうごセンター（兵庫県の設置する移住相談窓口）への相談を通じて移住された方。
奈良県	2015	「移住」とは，「自らの意思により，市町村を選んで移り住み，定住することを目的に転入された」場合をさす。転勤（人事異動），進学，新規学卒者のUターン就職など，定住先として選んで移り住むものではない場合や，各市町村での暮らしが一時的なものである場合は含まない。
和歌山県	2006	市町村の移住担当者を介して県外から移住した方。
鳥取県	2007	県外からの転入者（転勤による転入（前任者のいるもの），進学による転入，一時的な出産による帰郷「等」を除く）。窓口への相談等を通して，移住定住に結びついた方，住民基本台帳担当部署において，移住者と確認できた方等について，市町村等により聞取り又はアンケートを実施し，把握している。
岡山県	2015	県外から実際にIJUターンした方。ただし通常の転勤，進学，結婚（夫または妻の居住地への転入）など，定住先として，選んで移り住むものではない場合や当該市町村での暮らしが一時的なものである場合は除く。
広島県	2014	ふるさと回帰支援センターに設置した相談窓口を経由した上で移住をした世帯と県内市町移住担当課から提示された移住世帯数を合算して集計。
徳島県	2015	各市町村の転入窓口で「転入状況アンケート」を実施し，会社都合による転勤，進学，施設入所以外の理由での転入者を移住者として集計。
香川県	2014	県外からの転入者のうち，進学や転勤等による一時的な転入を 除いたもの。

表 1-4　各府県の移住者の定義（つづき）

府県名	定義年度	移住者の定義
愛媛県	2007	転勤，結婚，進学などのやむを得ない理由からではなく，田舎暮らしなどがしたいなどの理由で，自らの意思によって愛媛県外から転入した人で，各市町が，行政の移住相談を経由した移住者数，市町への転入手続き時のアンケート調査による移住者数（全市町実施）をカウント。
高知県	2014	住み続ける（＝定住する）意志を持って県外から高知県内に生活の拠点を移すこと（転勤や進学は移住に含めない）。
佐賀県	2015	県や市町の移住支援を受けて移住した人の数。
長崎県	2006	ながさき移住サポートセンター・市町の相談窓口を介した移住者数。
熊本県	2015	定住を目的として生活拠点を移動した者。

出典：2019 年 12 月から 2020 年 2 月に筆者が実施したアンケート調査結果より作成。

表 1-5　移住者数をインターネット上で公表しない理由

・全国で統一した定義がなく，移住者数の単純な比較は困難なため。
・県が把握し計上した数値であり，実際の移住者数とは異なる可能性が高いため。
・「移住者」の定義が統一されていない状況で公表することにより，他県と比較等した際の誤解を招くおそれがあるため。
・県内市町村においても「移住者」の定義を統一しておらず，移住者数を県の定義とともに公表することにより，市町村にも県の定義による集計を求めることになりかねないため。
・取材等に応じて公表しているため。
・自治体ごとで移住者の定義が異なり，他自治体と比較される数値として適当でないと考えられるため（ただし，移住者数は府の事業目標の実績としてインターネット掲載されているものもあり，全くの非公表というわけではない）。
・本県では，東京・有楽町のふるさと回帰支援センター内に開設している移住相談窓口を通じて移住した方で把握できたもののみを移住者数としてカウント（実際はこの数値よりも多くの方が移住していると思われるが）しており，マスコミには上記の説明を行った上で数値を公表しているが，インターネット上で公表する場合には数値が独り歩きし，県全体としての移住者数と捉えられかねないため。
・県内全体の移住者数ではなく，一部地域市町村における移住者アンケートであり，情報の誤解を生じさせないため。
・移住者の定義が全国的に統一されていないため。
・市町村担当課において把握が可能な移住者数をアンケートとして集計したものであり全数調査でないことから，精度について市町村や年度ごとに差が生じることを懸念したため（今後継続的に調査することで精度向上が図られれば公表について検討する）。

出典：2019 年 12 月から 2020 年 2 月に筆者が実施したアンケート調査結果より作成。

るのか，また移住者の定義はどうなのかについて把握するためであり 39 道府県から回答を得た。

まず道府県として移住者数を毎年集計しているのは 35 府県，集計をしていないのは千葉県，神奈川県，埼玉県，北海道であった。集計を開始したのは 2014 年以前が 19，2015 年度以降が 8 で，不明や無回答は 12 であった（表 1-3）。また移住者の定義があるのは 28 府県でその半数が 2015 年度以降に定められている，定義は表 1-4 にある通りであり，県や市町村など行政の移住相談窓口を通した県外からの転入者とするものが多い一方，定住などの「意思」を定義に入れるものもある。また特徴的な点として，U ターンを移住者として入れる県と入れない県とに分かれ，そのことからもそもそも移住者数という“数字”であるにもかかわらず，比較可能なものとはいえない特徴が見いだせる。そのため移住者数をインターネット上で公表しているのは 15 に対して，公表していないのは 13 とおおよそ半分であり，公表しない理由としても統一した定義がない中での数字の一人歩きや無意味な比較，また市町村を通した移住者数そのものの定義のばらつきなどを挙げている（表 1-5）。

このように移住者「数」への関心の高まりはあるものの，その定義や把握方法については田園回帰元年の 2015 年から 5 年が経過しても確立されてきているわけではない。もちろん確立が絶対に必要であるというわけではなく，都道府県ごとに状況は異なるため今のままがむしろ正しい姿なのかもしれない。

一方で，地方創生の取り組みの中で KPI に移住者数を挙げる自治体も少なくない。しかし確認した通り定まった定義がない中での KPI の意義に疑問を持たざるを得ない。筆者は早くから数的なとらえ方“だけ”に偏ることへの警鐘を鳴らしてきた。筒井ほか（2014）では，西村（2010）の「若い世代の移住で人口を維持できる農山村は非常に少数にとどまる」との指摘を踏まえて，農山村への移住を「移住者数」という“数的”な結果ではなく，移住者が農山村に住むことの“質的”な意味の重要性を提示した。また筒井ほか（2015）では，それまで住んでいた住民とは異なる考え方や発想，スキルをもつ新たな人材の増加に結びついており，とりわけ高齢世代が中心の農山村にとって現役世代の移住者の増加は，多世代型コミュニティへの転換という意義も大きいと指摘した。

これらをうけて改めて考えたいのが「狭義の田園回帰」と「広義の田園回帰」である。移住が前者だとすると，後者である都市の特に若者を中心に広がる農山村志向は必ずしも移住には限らない。先述の 2014 年 6 月の農山漁村に関する世論調査において，過疎化・高齢化などにより活力が低下した農山村に対して「積極的にそのような地域に行って，農作業や環境保全活動・お祭りなどの伝統文化の維持活動に協力したい（「機会があれば協力してみたい」を含む）」と答えている割合は 72.8% に上り，20 歳代に限定すると 82.6%にもなる。つまり「田園回帰」には農山村に向けられる都市の若者のまなざしとそれに基づく農山村の位置づけの変化も包含され，単なる「都市から農山村への人口移動」という現象のみに矮小化して捉えるべきものではないのである。

3　地域づくり論的田園回帰の論点と既往の研究

3-1　地域づくり論的田園回帰の論点

さて前節で確認をした通り，移住者の定義や移住者数という数字の把握方法は確立されたわけではなく，またその中での KPI のあり方についても疑義が生じている。にもかかわらず田園回帰が注目されるのは，図序-3 で示した地域づくり論的田園回帰として把握される地域づくりの観点からの意義が見いだせるからである。

筒井ほか (2016) を参考に本書では図 1-1 のようにその論点を 9 つに整理した。人口移動論的田園回帰（狭義の田園回帰）である都市から農山村への移住は人の移動が伴うものであるので，①広域的な視点からの移住政策を検討する論点と，移住者という「主体」にまつわる論点について，②移住前の移住希望者という都市住民の移住ニーズやその志向性などに関するトピックスや，③農山村への移住後の移住者に着目したその価値観や満足度などに関する議論がある。また④農山村側の視点から都市との関係について農山村住民の受け入れ意識などの議論がある。地域づくり論的田園回帰は，このような価値観や受け入れ意識などの上にたち，移住者が農山

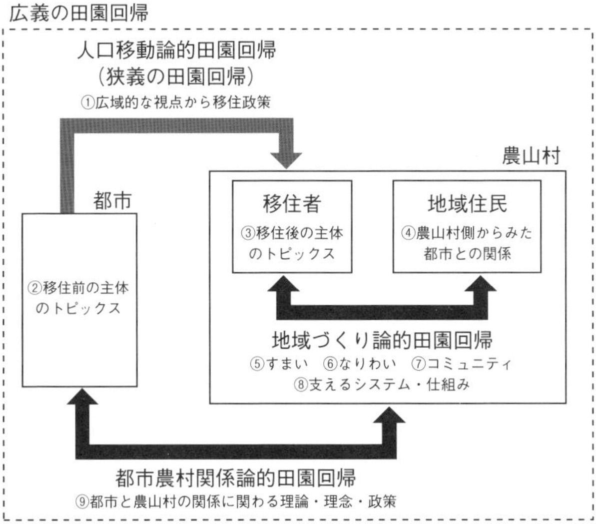

図 1-1　田園回帰における論点

出典：筒井ほか（2016）を一部修正して作成。

村住民との相互関係のなかで暮らしを成り立たせていく点に注目する。そこには⑤暮らしの拠点たるすまい，⑥経済的基盤となるなりわい，そして⑦コミュニティとの関係が3つのハードルとして横たわっており，そのハードルを下げるための諸課題の検討がなされている。さらに⑧移住者と農山村住民の相互関係を円滑にすすめ，実践的に支える仕組みづくりの検討が近年，急速になされてきている。都市農村関係論的田園回帰では，⑨都市と農山村の関係で移住の枠組みの検討し，移住を促進する都市農山村交流の再評価やそしてそれを下支えする理念と理論の検討がある。

このように田園回帰に関する議論は多岐にわたっており，既往の研究においても田園回帰という言葉は用いてはいないものの個別の論点についての議論は相応になされてきた。次項では①から⑨の論点に沿いながらこれらの研究を繙き，農山村への移住や田園回帰に関わる研究動向を確認したい。

3-2 「田園回帰」の誕生以前の研究動向

田園回帰という用語は，例えば小田切ほか（2015）でも取り上げられたNPO法人中山間地域フォーラム主催の「はじまった田園回帰―「市町村消滅論」を批判する―」（2014年7月）など，2014年ころから積極的に使用されるようになってきた。また，新聞などでも2013年ころから急激な記事の増加がみられるなど，2013年あたりから都市から農山村への移住が社会的に注目されはじめたといえる。その一方で，学術的には1990年代から注目され，散発的にではあるがその成果が生まれてきた。筒井ほか（2015）は，それらを現在の田園回帰の議論に接続するべく，田園回帰元年と称される2015年の前年の2014年までの既存の研究の潮流を整理している。このなかでは，農山村への移住に関する学術研究が，①広域的な視点から移住政策をあつかったものと，個別の移住者や地域の視点に立って，②移住前の都市住民を対象にしたもの，③移住後の移住者を対象にしたもの，④農山村側の視点から農山村住民と都市との関係を検討したものに大別できるとした。

①広域的な視点から移住政策を扱った研究として，藤本ほか（2000），中村ほか（2013），牧山ほか（2014）による自治体へのアンケート等を通じて移住政策の特徴を明らかにしたもの，住田ほか（2001）による自治体の政策と移住者ニーズの関係を明らかにしたもの，山田（2011）による移住者を受け入れる農山村の取り組みを振り返りながら地域づくり戦略の必要を説いた論考がある。地域づくり戦略の必要性が問われていながらも，住田ほか（2001），中村ほか（2013）によって移住者ニーズに対応した取り組みは不十分であることが明らかになっている。さらに2014年，

日本創成会議の「増田レポート」によって「消滅可能性都市」の警鐘と対策が提案されたが，冒頭にも掲げたような「田園回帰」を尊重する立場からの小田切（2014），藤山（2014）による政策論的批判がある。

一方，都市側の視点から個々の移住者や地域について②移住前の都市住民のトピックスをあつかったものは，小林（2003）や佐藤ほか（2014）の一般層と関心や移住可能な層との比較から移住可能性を明らかにした研究や，藤井ほか（2009）による移住希望者の意向を把握した研究がある。佐藤ほか（2014）によって移住可能層は暮らしの質だけでなく，やりがいのある仕事といった働き方の質が問われていることが明らかになっている。また，③移住後の移住者を対象にした研究では，垂水ほか（2000），岡崎ほか（2004），藤原ほか（2005）による移住者を類型化し転入や転出要因を明らかにしたもの，尹ほか（1990）による転出者と移住者の比較から適切な住宅供給の必要性を明らかにしたもの，近江屋ほか（2010），日野（2013）による余暇活動，家計収支から移住者の生活状況を分析したもの，前田ほか（2004），松村（2014）による山村留学や観光など地域づくりに移住者が果たす役割を明らかにした研究がある。前田ほか（2004）や松村（2014）の指摘にあるように，移住者でも一人の担い手として地域から期待され活躍している実態がうかがえる。

④農山村側の視点から農山村住民と都市との関係を検討した研究では，1990年代に行われた井口ほか（1995），立花ほか（1998）による農山村住民と都市住民，他出子の意識を比較した研究，2010年代の藤崎（2010）による山村留学の留学生と里親の関係を明らかにしたもの，塚井ほか（2010）による農山村住民の地域内の移住を分析したもの，また昨今の「田舎暮らし」などの活況を念頭に置いて，移住者による地域資源を活用したなりわいづくり（起業や継業）を農山村の地域づくりの上でどのように位置づけるかを検討した筒井ほか（2014）の研究がある。

1990年代から2000年代前半にかけては，移住希望者や移住者への意識調査，自治体の政策の分析を通じて移住者を「理解」することが主要な関心であった一方，2000年代後半から近年にかけての一連の研究では，移住可能層の働き方への関心，移住者の生活状況，地域づくりの担い手としての役割を明らかにする研究が見受けられ，地域における移住者を「検証」することへ関心が移ってきていることを指摘している。現在の田園回帰に関する議論は，その流れに位置づけられるものである。

3-3　地域づくり論的田園回帰と研究動向

さて，移住から田園回帰というとらえ方の変化の背景には，移住を個人課題から地域課題の研究へと転換する意図があるといえる。それは先に述べた移住希望者の増加への地域対応という社会的要請もさることながら，2014 年にはじまった政府の地方創生にかかわる一連の動向などとも関連している。2015 年に閣議決定された『平成 26 年度 食料・農業・農村白書』や「国土形成計画（全国計画)」で田園回帰が取り上げられたこともあり，農村計画学会誌においても「地方をめぐる昨今の議論と農村計画学研究」の特集が組まれ，その中では地理学からも政策論，計画論の議論へのコミットを試みている（筒井ほか 2015)。

地方創生と農山村のヴィヴィットな動きをいち早く世に出してきた書籍としては，『JC 総研ブックレット』の農山村再生シリーズがある。移住者をはじめ地域おこし協力隊や大学生など外部人材の意義を論じた図司（2014)，中塚・内平（2014)，筒井ほか（2014)，西山（2015)，筒井・尾原（2018)，図司（2019）とその延長線上での「関係人口」の議論（田中 2017)，またその関係づくりとしての廃校利用や地域運営組織と拠点の意味とワークショップの意義を論じた岸上（2015)，山浦（2017)，中塚（2018)，平井（2017）などでホットイシューが取り上げられてきた。そして 2019 年 6 月 2 日に閣議決定された「まち・ひと・しごと創生基本方針 2019」のなかでは「(さまざまな事業を）横展開するに当たっては，事業の結果だけではなく，取組のプロセス等に応じたより丁寧な情報提供に取り組む」と明記された「プロセス」に注目した小田切ほか（2019）が刊行されてきた。加えて，多田ほか（2017）や多田・NPO 法人地域おこし（2018)，佐藤（2019）など実際に移住者が現場から発信をするものも世に出されてきた。

一方，田園回帰については『シリーズ田園回帰』(藤山 2015,『季刊地域』編集部編 2015, 小田切・筒井編著 2016, 沼尾編著 2016, 松永・尾野編著 2016, 佐藤 2016,『季刊地域』編集部編 2017, 大森ほか編著 2017）がまとまった研究成果を世に出している。特に藤山（2015）の「移住 1%戦略」は着眼点のユニークさと明快な説明からマスコミなどでも取り上げられるなど社会への影響も大きく，その続編ともいうべき，藤山編著（2018a, 2018b, 2019）なども世に出ている。これらに対して，1%は実現可能か，どこでも起こりえるのかという点から疑義もある（例えば市川 2015, 中藤 2016)。

また「田園回帰」という概念の登場とその整理が進んだ結果，2015 年を境に地方移住や田園回帰を取り上げる学術研究論文も増加傾向にある。たとえば CiNii を検索すると 2015 年から 2019 年までの間に 150 を超える論文が公表されていた（2020 年 3 月 26 日検索)。先に述べた論点に沿ってみると，①広域的な視点から移住政策を扱った研究として，移住支援政策の現場にいる嵩の一連の報告（嵩 2018a，2018b，2019）や消滅自治体や限界集落への反論を意識した報告（筒井 2018a，谷垣 2018），人口の観点からその推移や反都市化の議論（磯田 2018，山神 2017，山神 2018），そして少極集中から多極集中へと主張する広井の報告（広井 2019）などがある。一方，②移住前の都市住民のトピックスをあつかったものはアンケート調査に基づくものとして包ほか（2017）や川崎ほか（2018）などがあり，移住意向による移住希望者の情報収集行動の差異やSociety5.0が移住政策として導入された際に，都市部の子育て世代の移住意識の変化などに迫る。

③移住後の移住者を対象にした研究や④農山村側の視点から農山村住民と都市との関係については多くの研究成果が世に出された。それらは，地域づくり論的田園回帰の観点から移住者が農山村住民との相互関係のなかで暮らしを成り立たせていく点に注目し，⑤暮らしの拠点たるすまい，⑥経済的基盤となるなりわい，⑦コミュニティとの関係という「移住の3つのハードル」に関する研究に分けられ，さらに⑧移住者と農山村住民の相互関係を円滑にすすめ，実践的に支える仕組みづくりの検討がなされてきている（筒井ほか 2016）。⑤すまいについては佐久間ほか（2017），佐久間・嵩（2019），佐久間（2019）などの空き家をどのように地域としてマネジメントをしていくかという問題提起とその方策の検討が行われてきた。

⑥なりわいについては，前述した筆者らの筒井ほか（2014）や筒井・尾原（2018）のほか，農林業との関係を議論した福島（2015），地域起業や継業について議論をした佐久間ほか（2015），筒井ほか（2015），筒井（2018b），筒井ほか（2018），尾原（2019），酒井ほか（2020）などがある。また葉っぱビジネスなどなりわいに関わり先行して確立した地域ブランドと移住者意識との関係（石川 2015），移住と連動したサテライトオフィス誘致の地域経済効果（谷垣・加藤 2017），移住政策と六次産業化政策との関連性の検討（衛藤 2017）など新しいトピックスでの研究成果も生まれてきている。

一方，⑦コミュニティとの関係として，移住者との地元住民の関係づくりに関する研究（西村ほか 2015）やコミュニティ特性や移住者受け入れに対する地元住民の意識に関する研究（辻・植田 2018，高橋 2018，中條 2018，黒川ほか 2019）などがある。また，移住者の意識に着目して定住志向の検討（霜島・大江 2016）やリゾート就業目的の移住者が地域づくり主体へ変容した事例の考察（佐藤ほか 2016），移住者のコミュニティの「成員」と「ヨソ者」との二面性に関する研究（佐藤 2018），移住者とジェンダーに関する問題に着目（久島 2019）といった興味深い研究成果が生まれてきている。さらにコミュニティの問題とも関連するが，⑧移住者と農山村住民の相互関係を円滑にすすめて実践的に支える仕組みづくりの検討に関連して具体の政策に関する検討（多田 2016）やいち早く中間支援組織が展開した和歌山県を事例にした意義の検討（阪井・藤田 2015）などがある。

さらにいくつかの新しいキーワードが注目をされている。一つは「ライフスタイル移住」であり，長友（2015）や石川（2018）のレビューに加えて，谷垣（2017）などの実証研究も見られ始めている。加えて「連帯経済」（立見・筒井 2018）や「農村空間の商品化」（中川 2018），「住み継がれる集落」（佐久間 2018，佐久間・山﨑 2018）などの議論が生まれ始めている。また，これらに通底する議論として「ネオ内発的発展論」がある。イギリスでの農村研究の議論を受容した安藤・ロウ編（2012）が議論の端緒と位置付けられ，地理学においては中川ほか（2013）や杉山（2015）などにおいてネオ内発的発展論の検討がなされてきた。日本の農山村に目を向けてこの点を考えると，都市農山村交流をはじめとする都市と農山村との関係を基盤に 2000 年前後から農山村へ外部人材（都市住民など）が移入し，農山村住民と協働して内発性を高めていっている実態がクローズアップされ，さらに田園回帰の高まりを起点にした農山村空間の変容における内発力へのフォーカスとしてネオ内発的発展論にも注目が集まる。

このようなライフスタイル移住，連帯経済，農村空間の商品化，住み継がれる集落とネオ内発的発展論の議論は図 1-1 における⑨都市と農山村の関係に関わる理論・理念・政策に関わるものである。すなわち，都市農村関係論的田園回帰を洞察するために重要な論点であり，本書においてもこの議論をすすめてみたい。

（筒井一伸）

【文　献】

阿部亮介・小田切徳美 2015．地方移住の現状―毎日新聞・明治大学合同調査より―．月刊ガバナンス 168：103–105.

安藤光義・ロウ，P．編 2012．『英国農村における新たな知の地平―Centre for Rural Economy の軌跡―』農林統計出版.

井口隆史・伊藤勝久・北川　泉 1995．中山間地域における農林業生産と定住促進政策に関する意向調査の分析（I）―中山間地域への移住の可能性に関して―．日本林學會誌 77(5)：421–428.

石川菜央 2015．徳島県上勝町における地域ブランドの確立と移住者による認知．広島大学総合博物館研究報告 7：1–14.

石川菜央 2018. ライフスタイル移住の観点から見た日本の田園回帰. 広島大学総合博物館研究報告 10：1–11.

磯田　弦 2018. 田園回帰は反都市化のさきがけか？. 地理 63(6)：35–41.

市川虎彦 2015.「田園回帰 1％論」の功罪. 松山大学論集 27(4-3)：7–33.

衛藤彬史 2017. 移住・定住促進と 6 次産業化推進の相補関係―職と住の一体的な支援を担う地域活動団体を事例に―. 農村計画学会誌 36 論文特集号：217–222.

近江屋一朗・齋藤雪彦・橋本早苗 2010. 移住背景別に見た農村移住者の余暇活動に関する研究. 環境情報科学論文集 24：369–374.

大森　彌・小田切徳美・藤山　浩編著 2017.『世界の田園回帰―11 ヵ国の動向と日本の展望―』農山漁村文化協会.

岡崎京子・後藤春彦・山崎義人 2004. U ターン者増加の過程における転入要因の変遷―宮崎県西米良村を事例として―. 都市計画論文集 39：25–30.

小田切徳美 2013. 地域づくりと地域サポート人材―山村における内発的発展論の具体化―. 農村計画学会誌 32：384–387.

小田切徳美 2014.「農村たたみ」に抗する田園回帰―「増田レポート」批判―. 世界 860：188–200.

小田切徳美・筒井一伸編著 2016.『田園回帰の過去・現在・未来―移住者と創る新しい農山村―』農山漁村文化協会.

小田切徳美・平井太郎・図司直也・筒井一伸 2019.『プロセス重視の地方創生―農山村からの展望―』筑波書房.

小田切徳美・藤山　浩・石橋良治・土屋紀子 2015.『はじまった田園回帰―現場からの報告―』農山漁村文化協会.

尾原浩子 2019. 田園回帰時代に広がる「仕事」の多様性. 都市問題 110(6)：57–65.

嵩　和雄 2018a. 地方移住を巡る現状と移住者ニーズの変化. 日本不動産学会誌 32(2)：91–97.

嵩　和雄 2018b.『イナカをツクル―わくわくを見つけるヒント―』コモンズ.

嵩　和雄 2019. 地方移住希望者の動向と自治体の対応. 都市問題 110(6)：57–65.

川崎　薫・片山　茜・谷口　守 2018. 農村部におけるICT・IoT 活用が子育て世代の移住意識に及ぼす影響―Society5.0 を見すえた新しい移住施策の検討―. 土木学会論文集 D3（土木計画学）74(5)：I_409–I_417.

『季刊地域』編集部編 2015.『総力取材 人口減少に立ち向かう市町村』農山漁村文化協会.

『季刊地域』編集部編 2017.『新規就農・就林への道―担い手が育つノウハウと支援―』農山漁村文化協会.

岸上光克 2015.『廃校利活用による農山村再生』筑波書房.

久島桃代 2019. 農山村に移住する女性たちの経験と場所感覚―福島県昭和村「織姫」を事例として―. 地理学評論 92(4)：224–240.

黒川真由・河合美歩・藤井真奈美・本木彩未・中西一矢・橋本実紅・細川　瞬・林　琢也 2019. 郡上市和良町における移住者と地域住民の交流に伴う意識の変化―共生社会を考える―. 地域生活学研究 10：22–37.

小林昭裕 2003. 都市住民の田園移住に対する意識構造に関する基礎的研究—北海道を事例として—. 農村計画学会誌 22 別冊：37–42.

阪井加寿子・藤田武弘 2015. 都市から農村への移住促進における中間支援組織の役割と意義—和歌山県における取組を事例として—. 農業市場研究 24(2)：64–70.

酒井扶美・立見淳哉・筒井一伸 2020. 農山村における移住起業のサポート実態—兵庫県丹波市を事例として—. E-journal GEO15(1)：14–28.

佐久間康富 2018.「住み継がれる」概念と「縮み方のシナリオ」—建築学における議論—. 地理 63(6)：62–67.

佐久間康富 2019. 地方移住希望者の住まいとしての「空き家」の利活用. 都市問題 110(6)：66–79.

佐久間康富・嵩　和雄 2019. 田園回帰における空き家利活用の課題と可能性. 統計 70(2)：29–35.

佐久間康富・山﨑義人 2018. 住み継がれる集落をつくる営みのなかの「農村協働力」—『住み継がれる集落をつくる　交流・移住・通いで生き抜く地域』の再読—. 農村計画学会誌 36(4)：500–503.

佐久間康富・筒井一伸・嵩　和雄 2015. 農山村移住となりわいづくり—起業と継業の可能性と課題—. 住宅会議 94：18–21.

佐久間康富・筒井一伸・嵩　和雄・遊佐敏彦 2017. 農山村の空き家再生に地域社会が果たす役割に関する研究—「新たらしいコミュニティ」に着目して—. 住総研研究論文集 43：103–114.

佐藤一子 2016.『地域文化が若者を育てる—民俗・芸能・食文化のまちづくり—』農山漁村文化協会.

佐藤可奈子 2019.『きぼうしゅうらく—移住女子の里山ぐらし—』新潟日報事業社.

佐藤志穂・敷田麻実・山中康裕 2016. 農村における移住者のリゾート従業員コミュニティの地域づくり主体への変容とその要因. 農村計画学会誌 35(3)：414–423.

佐藤真弓 2018. 農山村における新規居住者の地域人材としての「二面性」—長野県飯田市の地域住民組織を事例とした活用可能性—. 農林水産政策研究 28：1–24.

佐藤　遼・城所哲夫・瀬田史彦 2014. 地方への移住関心層と移住可能層との間での地方移住生活イメージに対する選好パターンの違い—移住先地域での暮らし方・働き方の質に関するイメージに着目して—. 都市計画論文集 49(3)：945–950.

霜島小夜子・大江靖雄 2016. 離島移住者の定住志向とその要因. 農林業問題研究 52(3)：105–110.

杉山武志 2015.「創造農村」に関する概念的検討に向けて—地理学的視点からの提起—. 人文地理 67(1)：20–40.

図司直也 2014.『地域サポート人材による農山村再生』筑波書房.

図司直也 2019.『就村からなりわい就農へ—田園回帰時代の新規就農アプローチ—』筑波書房.

住田和則・渡邉貴介・羽生冬佳 2001. 地方自治体におけるUIターン施策に関する研究. 都市計画論文集 36：355–360.

高橋昂輝 2018. 奄美大島におけるIターン者の選別・受入を通じた集落の維持—瀬戸内町

嘉鉄にみる「限界集落論」の反証―. E-journal GEO13(1)：50–67.
多田忠義 2016. 移住促進政策の変遷と課題―鳥取県鳥取市の事例を踏まえて―. 農林金融 69(5)：258–275.
多田朋孔・NPO 法人地域おこし 2018.『奇跡の集落―廃村寸前「限界集落」からの再生―』農山漁村文化協会.
多田朋孔・嵩　和雄・筒井一伸 2017. 田園回帰の現場・動向・研究論点. 農村計画学会誌 36(1)：119–124.
立川雅司 2005. ポスト生産主義への移行と農村に対する「まなざし」の変容. 日本村落研究学会編『消費される農村―ポスト生産主義下の「新たな農村問題」―』7–40. 農山漁村文化協会.
立花　敏・井上　真・安村直樹・奥田裕規・山本伸幸・久保山裕史 1998. 人的繋がりからみた首都圏近郊山村の現状と展望―埼玉県大滝村を事例に―. 林業経済研究 44(2)：67–72.
立見淳哉・筒井一伸 2018. 田園回帰と連帯経済の接点をさぐる. 地理 63(6)：55–61.
田中輝美 2017.『よそ者と創る新しい農山村』筑波書房.
谷垣雅之 2017. 農村地域への移住動機・心理特性に関する考察―北海道清里町・小清水町を事例として―. 農村計画学会誌 36(1)：86–94.
谷垣雅之 2018. 消滅可能性自治体への移住者誘因に関する定量分析. 農村計画学会誌 36(4)：554–561.
谷垣雅之・加藤真也 2017. サテライトオフィス誘致による地域経済効果に関する考察―徳島県神山町を事例として―. 農村計画学会誌 36(3)：457–464.
垂水亜紀・藤原三夫・泉　英二 2000. 徳島県山城町における定住促進政策の展開と成果. 林業経済研究 46(1)：57–62.
塚井誠人・桑野将司 2010. 中山間地域住民の移住意向と移住要件に関する分析. 都市計画論文集 45(3)：277–282.
辻　和良・植田淳子 2018. 中山間地域における移住者の受け入れに対する農家意識―和歌山県紀美野町農家アンケート結果を中心に―. 農業市場研究 27(2)：16–22.
筒井一伸 2018a. 田園回帰の潮流にみる農山村の未来. 農業と経済 84(9)：25–34.
筒井一伸 2018b. 地域づくりとしての継業―なりわいと農山村を継ぐ挑戦―. 地域開発 627：6–10.
筒井一伸・尾原浩子 2018.『移住者による継業―農山村をつなぐバトンリレー―』筑波書房.
筒井一伸・嵩　和雄・尾原浩子 2018. 田園回帰における継業―「家業」意識への対応として―. 地理 63(6)：20–26.
筒井一伸・嵩　和雄・佐久間康富 2014.『移住者の地域起業による農山村再生』筑波書房.
筒井一伸・佐久間康富・嵩　和雄 2015. 都市から農山村への移住と地域再生―移住者の起業・継業の視点から―. 農村計画学会誌 34(1)：45–50.
筒井一伸・佐久間康富・嵩　和雄 2016. 移住者と農山村の地域づくり―田園回帰における位置づけ―. 地理科学 71(3)：156–165.
中川秀一 2018. 農村空間の商品化と「田園回帰」. 地理 63(6)：48–54.

中川秀一・宮地忠幸・高柳長直 2013．日本における内発的発展論と農村分野の課題—その系譜と農村地理学分野の実証研究を踏まえて—．農村計画学会誌 32(3)：380–383.
中條曉仁 2018．農山村の高齢社会化と田園回帰の可能性．地理 63(6)：20–26.
中塚雅也 2018．『拠点づくりからの農山村再生』筑波書房.
中塚雅也・内平隆之 2014．『大学・大学生と農山村再生』筑波書房.
中藤康俊 2016．『過疎地域再生の戦略—地方創生から地方再生へ—』大学教育出版.
長友　淳 2015．ライフスタイル移住の概念と先行研究の動向—移住研究における理論的動向および日本人移民研究の文脈を通して—．国際学研究 4(1)：23–32.
中村賢佑・十代田朗・津々見崇 2013．移住者支援に向けた主体間連携に関する一考察—長野県を事例として—．日本観光研究学会全国大会学術論文集 28：309–312.
西村俊昭 2010．若い世帯の農村移住は簡単ではない．林　直樹・齋藤　晋編著『撤退の農村計画—過疎地域からはじまる戦略的再編—』60–65．学芸出版社.
西村亮介・嘉名光市・佐久間康富 2015．過疎地域の地区運営活動における地元住民と移住者の関係の変遷に関する研究—和歌山県那智勝浦町色川地区を事例に—．都市計画論文集 50(3)：1303–1309.
西山未真 2015．『農村と都市を結ぶソーシャルビジネスによる農山村再生』筑波書房.
沼尾波子編著 2016．『交響する都市と農山村—対流型社会が生まれる—』農山漁村文化協会.
包　薩日娜・服部俊宏 2017．首都圏在住の移住希望者の移住情報収集行動—移住希望者へのweb アンケートに基づいて—．農村計画学会誌 36 論文特集号：209–216.
日野正基 2013．中山間地域における移住者の現状と課題—移住者の家計収支の観点から—．農村計画学会誌 32(3)：360–363.
平井太郎 2017．『ふだん着の地域づくりワークショップ—根をもつことと翼をもつこと—』筑波書房.
広井良典 2019．人口減少社会における地方移住の意義．都市問題 110(6)：48–56.
福島万紀 2015．山村移住者はどのような暮らしと農林業を志向しているか—島根県浜田市弥栄町における事例から—．林業経済研究 61(1)：51–62.
藤井多起・岡田麻由・藤原三夫 2009．農山村移住・農林業就業希望者の属性と意向．林業経済研究 55(1)：87–98.
藤崎浩幸 2010．山村留学後の留学生と里親の交流実態—秋田県旧A 町M 学園における事例調査—．農村計画学会誌 29 論文特集号：167–172.
藤本信義・楠本侑司・三橋伸夫 2000．田園移住を促進する住環境整備の公的支援策に関する研究．農村計画学会誌 19 別冊：115–120.
藤山　浩 2014．田園回帰時代が始まった—「規模の経済」を超える定住促進の道筋—．季刊地域 19：92–99.
藤山　浩 2015．『田園回帰 1%戦略—地元に人と仕事を取り戻す—』農山漁村文化協会.
藤山　浩編著 2018a．『図解でわかる田園回帰 1%戦略　「地域人口ビジョン」をつくる』農山漁村文化協会.
藤山　浩編著 2018b．『図解でわかる田園回帰 1%戦略　「循環型経済」をつくる』農山漁村文化協会.

藤山　浩編著 2019.『図解でわかる田園回帰 1%戦略 「小さな拠点」をつくる』農山漁村文化協会.

藤原三夫・垂水亜紀 2005. 林業新規就業者の類型と転出者の特性―愛媛県の第 3 セクター林業会社を対象にして―. 林業経済研究 51(2)：67–74.

前田真子・西村一朗 2004. 山村留学を契機とした都市住民の農山村地域への移住と移住家族の山村留学における役割. 農村計画学会誌 23(1)：8–15.

牧山正男・平林　藍・細谷典史 2014. 東日本における市町村主体の移住促進を目指した取組―悉皆的なホームページ検索を通じた現状把握と傾向分析―. 農村計画学会誌 33 論文特集号：227–232.

松永桂子 2015.『ローカル志向の時代―働き方，産業，経済を考えるヒント―』光文社.

松永桂子・尾野寛明編著 2016.『ローカルに生きるソーシャルに働く』農山漁村文化協会.

松村　武 2014. 過疎・人口激減地へ移住者主導による観光の意義と課題. 日本観光学会誌 55：73–83.

宮口侗廸 2004a. 21 世紀の地域社会の創造. 中俣　均編『国土空間と地域社会』165–198. 朝倉書店.

宮口侗廸 2004b. 国土計画における多自然居住地域の提唱と散村・小都市群地域. 金田章裕・藤井　正編『散村・小都市群地域の動態と構造』279–297. 京都大学学術出版会.

宮口侗廸・木下　勇・佐久間康富・筒井一伸編著 2010.『若者と地域をつくる―地域づくりインターンに学ぶ学生と農山村の協働―』原書房.

山浦陽一 2017.『地域運営組織の課題と模索』筑波書房.

山神達也 2017. 人口減少期突入前後の和歌山県の人口動態. 和歌山大学機種経済史文化史研究所紀要 38：1–19.

山神達也 2018. 市町村単位の人口推移から田園回帰を考える―和歌山県下の旧市町村を事例として―. 地理 63(6)：42–47.

山田晴義 2011. 農村移住による農村再生のための計画的課題と展望. 農村計画学会誌 29(4)：414–417.

尹　孝鎮・三村浩史・リム ボン 1990. 転出時期別に類型化された地方都市出身者の“ふるさと回帰意識”構造―津山市地域住宅計画にみるUターン世帯向け住宅施策の課題―. 都市計画論文集 25：745–750.

三重県における人口変化の空間的プロセスと田園回帰

02

1 地域人口の動向を把握する

1-1 人口変化の空間性

日本社会が人口減少期に突入し，人口にかかわる諸問題に関心が集まってきた。少子高齢化の進展やそれに伴う人口減少は様々な問題を引き起し，なかでも「社会保障と財政への負荷」と「地域社会に与える影響」の問題が深刻化するとされる（吉川 2016: 52–53）。このうち，後者と関連する地域人口の動向に対する関心が高まったのは，「消滅可能性都市」が提示されてからである（増田編著 2014）。高度経済成長期以降，国土周辺部の農村で過疎化が進展し，その一部は「限界集落」として注目されたが（大野 2005，山下 2012），市町村レベルでも，「消滅」の可能性が議論され始めたのである。

「消滅可能性都市」が提示された後，内閣総理大臣を本部長とする「まち・ひと・しごと創生本部」が設置され，地方創生に向けた法制化や各種施策が推し進められており[1]，「まち・ひと・しごと創生総合戦略」において，地方自治体は中長期を見通した「地方人口ビジョン」と「地方版総合戦略」の策定と実行が求められている。こうして，地域人口の動向の把握とそれへの対応が地方自治体の重要な政策的課題となった。日本社会が人口減少期に突入したことで，地域社会を考えるさいの基礎として，地域人口の動向を検討することの重要性が高まったのである。

このような動向を踏まえ，『地学雑誌』第 125 巻第 4 号では人口減少の進む地方

1）地方創生に関する各種情報は，内閣官房・内閣府の総合サイト「地方創生―みんなで育てる地域のチカラ―」で広報されている。https://www.kantei.go.jp/jp/singi/sousei/（最終確認日：2020 年 10 月 26 日）。

都市について（梶田ほか 2016 など），『地理』第 63 巻第 6 号では農村の変化と田園回帰について（小島 2018 など），特集が組まれた。また，田園回帰に関する書籍がシリーズ化（小田切・筒井編著 2016 など）されるなど，人口減少の大きい地域の人口に関する研究が進展した。そのなかで，江崎（2016）や小池・山内（2016）は，近年の地方部における人口減少では自然減少の拡大の影響が大きく，人口流出は拡大していないことを明らかにした。また，磯田（2018）は，2015 年時点で農村の人口増加や人口流入は数量的には現れていないものの，田園回帰を反都市化[2]のさきがけと評価し，将来的には農村で転入超過が顕在化すると予想した。

これらの研究で多くの市町村を対象とする場合，人口規模などの特性に応じて分析するものが多数を占める。また，特定の市町村や集落を対象とする場合，その地域の人口のみが議論される傾向にある。しかし，地域人口の変化は空間的なまとまりをもって展開してきた（山神 2017, 2018）。また，大都市圏では，郊外への人口流出や都心回帰の動きなど，都市中心部からの距離と市区町村の人口変化との間に一定の関係がある（山神 2003, 2013）。加えて，近畿地方では，京阪神大都市圏外の地域から大都市圏外縁部へと人口減少の波が押し寄せつつあることが示された（Yamagami 2015）。このように，地域人口が変化する過程では，その地域の空間的位置や周辺地域の影響を受けている。したがって，地域人口の動向を一連の空間的プロセスと捉え，より広域の地域的文脈に即して検討する必要がある。

以上を踏まえ，本章では，三重県を事例として，人口変化の空間的プロセスを検討する。そのさい，平成の大合併前の旧市町村を分析単位とすることで，人口変化の空間的プロセスをより細かく検討し，田園回帰を検討するさいの基礎とする。対象とした三重県は，北部が名古屋大都市圏の一角をなす一方，南部に過疎化の著しい地域が広がることから，都市部から農村部までの多様な動向を検討できる。なお，本章で使用する人口データはすべて国勢調査の結果である[3]。

2）反都市化とは，人口分布が都市への集中傾向から農村への分散傾向に転じることであり，都市の人口増加が農村のそれを下回り都市人口比率が減少する，ないしは人口移動において都市が転出超過で農村が転入超過にある状況を指す（磯田 2018）。

3）総務省統計局のポータルサイト e-Stat では，年齢別人口など一部のデータについて，旧市町村単位でデータが表章されている。

1-2　地域人口をみる視点

分析を進める前に，地域人口の基本的な捉え方を整理する。人口とはある時点で一地域に居住する人の数をいう。人口の変化は出生・死亡・人口移動に伴う転入・転出の 4 つの要素に分けられ，以下の式が成り立つ。

人口変化＝出生者数－死亡者数＋転入者数－転出者数
　　　　＝自然増減＋純移動

ここで，転入・転出は居住地の変化を伴う人口移動を指す。また，自然増減とは出生者数から死亡者数を引いた値で，プラスであれば出生者数が死亡者数より多い自然増加を，マイナスであればその逆の自然減少を示す。一方，純移動とは転入者数から転出者数を引いた値で，プラスであれば転入者数が転出者数を上回る純流入を，マイナスであればその逆の純流出を示す。

地域人口を考えるさい，年齢構成に着目すると様々なことを検討できる。まず，人口増加に寄与する出生者数は出産期の人口の多さに左右され，実際の出生の動向は乳幼児期の人口で確認できる。一方，死亡率は若い人々で低く高齢になるほど高くなることから，高齢者が多いほど死亡者数が多くなる。

次に，人口移動は進学や就職に伴う移動が多いため，高校進学率が低い時代は 15 歳の中学校卒業時に，高校進学率が高い近年では 18 歳の高校卒業時に，人口移動が生じやすい。この時，進学や雇用の機会が多い地域では人口が流入し，これらが限られる地域では人口が流出する。また，結婚や出産，子供の成長などに伴う転居が発生する 20 歳代後半から 40 歳代でも人口移動が生じやすい。この場合，住宅に対する需要が大きくかつその供給が豊富な地域に人口が流入する。このように，人口移動しやすい年齢層があり，その増減から，地域の社会経済情勢を推察することができる。

最後に，年齢構成を検討するさい，基本的だが重要なことがある。それは，人は生まれた時が 0 歳で，時の経過とともに年齢を重ねることである。例えば，1994 年生まれの人は，2000 年に 6 歳，2015 年に 21 歳となる。また，死亡率の低い 20 歳人口が 50 人であり，5 年後の 25 歳人口が 30 人であれば，その 5 年間で当該年齢の純流出が 20 人であったとみなすことができる。一方，高齢層では死亡率が高くなることから，上述の変化があった場合，20 人の減少には純流出に加えて死亡も多く含まれる。

1-3　分析単位としての旧市町村

三重県での人口変化の空間的プロセスを分析するさい，平成の大合併前の旧市町村（2000年の境域）を分析単位とする。三重県の市町村数は，平成の大合併前の2000年では69（13市47町9村）であったが，平成の大合併後の2010年には29（14市15町）に減少した。図2-1は，平成の大合併前の旧市町村と合併後の市町村とを単位として，2010年から2015年の5年間での人口変化を地図化したものである。合併後の地図を見ると，市町域が広域化し，人口変化にみられる三重県内の南北の差が明瞭になる一方，市町内にある差がみえなくなった。

平成の大合併で周辺の10旧市町村を市域に抱えることになった津市を例にすると，旧津市に隣接する旧市町村には人口が増加するものがあり，旧津市の人口減少も小さいが，内陸部には人口減少の大きい旧市町村がある。市町村合併で広域化した津市の人口変化では，人口規模の大きい旧津市の動向が強く現れ，旧市町村間にあった人口変化の差がみえなくなった。以上の結果とデータの利用可能性を考慮し，本章では，平成の大合併が行われる前の2000年時点の市町村を分析単位とする。

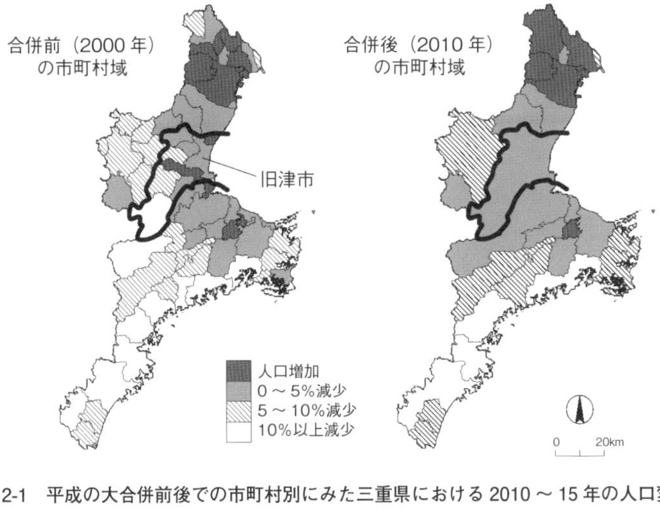

図2-1　平成の大合併前後での市町村別にみた三重県における2010～15年の人口変化率

注：太線は平成の大合併後の津市の行政界を示す。

出典：国勢調査の結果をもとに作成。

2 日本の人口変化の空間的プロセスと三重県の人口

2-1 日本の人口変化の空間的プロセス

三重県の分析を進める前に，都道府県を単位として，日本全体の人口分布の変化を検討する。まず，近代以降の日本では，都市部への人口集中が継続してきたことから，その時間的な推移を検討すべく，人口集中指数を計算する。ある地域の人口に占める部分地域 i の人口割合（百分比）を P_i，ある地域の面積に占める部分地域 i の面積割合（百分比）を A_i とすると，人口集中指数 C は次の式で求められる。

$$C=\frac{1}{2}\sum_{i}|P_i-A_i|$$

人口集中指数は，人口の集中度が高まるほど値が大きくなる。式に示されるように，すべての部分地域で人口割合と面積割合が等しいときに 0 となり，ある部分地域に全人口が集中するときに 100 に近い値をとる（山内 2018）。

都道府県を部分地域としたときの日本の人口集中指数の推移を示した図 2-2 をみると，1920 年から 1940 年までは指数が上昇し，人口の集中度が高まった。1940 年代は，戦中・戦後の混乱のなかで大都市圏から人口が分散し，指数は低下した。しかし，1950 年代から 1960 年代の戦後復興や高度経済成長のなかで大都市圏への人口集中が一気に進展し，指数も急上昇した。1970 年代以降も指数は上昇し続け，大

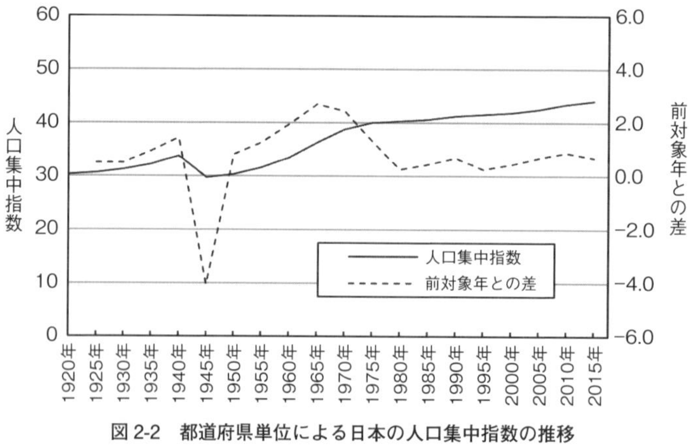

図 2-2 都道府県単位による日本の人口集中指数の推移

出典：国勢調査の結果をもとに作成。

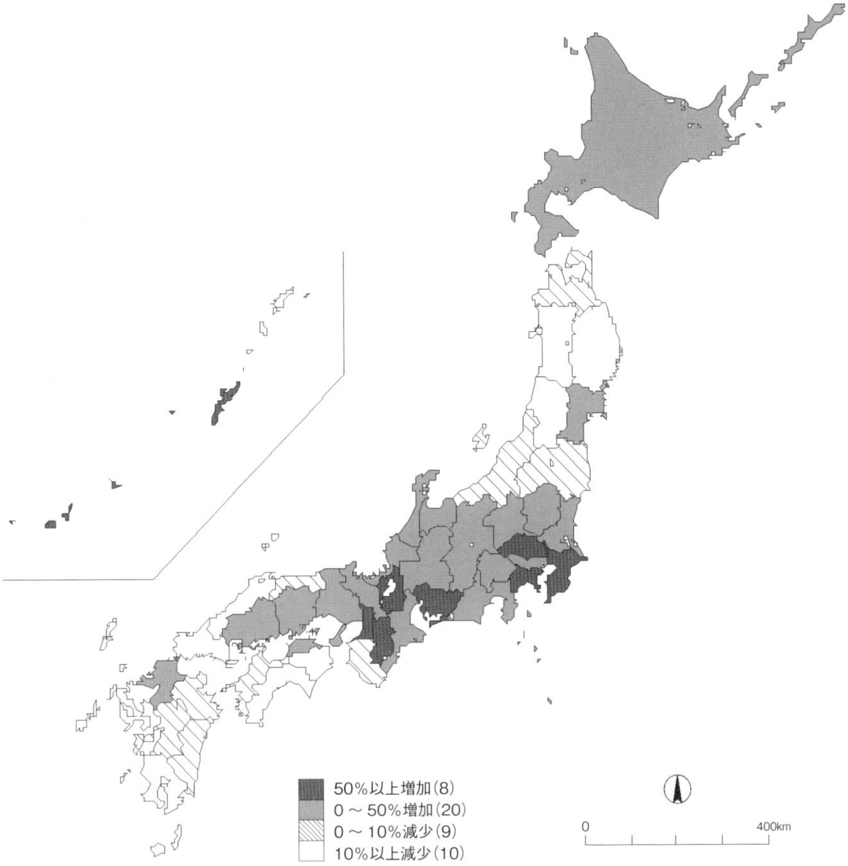

図 2-3　各都道府県の 1960 ～ 2015 年の人口変化

注：凡例中の（　）内の数値は当該区分に含まれる都道府県数を示す。

出典：国勢調査の結果をもとに作成。

都市圏への人口集中は継続するが，その集中の速度は大幅に低下した。2000 年代に入り，大都市圏への人口集中が再加速したが，2010 年代には再び集中の速度が低下した。

この人口集中の空間パターンを確認する。都道府県別に 1960 年と 2015 年の人口を比較した図 2-3 をみると，この期間に 50%以上増加したのは 3 大都市圏の府県と沖縄県に限られ，0 ～ 50%の増加を示すのは，国土中心部の都府県と各地方の中心的な都市を有する北海道・宮城県・福岡県である。一方，人口が減少したのは，東北や山陰，四国，九州の各地方に目立つ。この55年での人口変化は一貫したものではないが，図2-3に示す人口変化の空間パターンは，戦後の基本的な動向を示す。

以上のように，近代以降の日本では，人口は大都市圏をはじめとする国土中心部に集中してきた。このなかで，三重県の1960年と2015年の人口を比較すると22.3%の増加を示し，図2-3の「0～50%増加」に含まれる。三重県は三大都市圏の一角をなす名古屋圏に含まれ，全国的にみて人口増加の大きい県である。

2-2　三重県の人口の動向

三重県内での人口変化の空間的プロセスを検討する前に，県全体の人口の動向を確認する（図2-4）。1920年以降，三重県の人口は増加が継続したが，1990年以降は増加幅が縮小し，2005年に人口のピークを記録したのちに減少に転じた。

以上の動向について，1960年代以降に絞って，男女別年齢階級別人口を人口ピラミッドとして図化して検討する（図2-4）。1960年からみると，人口規模が最大の年齢階級は10–14歳であり，それより年齢が高くなるにつれて人口規模が小さくなる。これは，明治・大正期には，乳幼児を中心として死亡率が高く，平均寿命が短かったことを示唆する。一方，1960年の10–14歳は1946～50年生まれであり，1947～49年生まれの第1次ベビーブーム世代を含み，これ以降も人口規模が最大の世代となる。また，10歳未満が少ないのは，第1次ベビーブーム以降，出生数が減少したことによる。

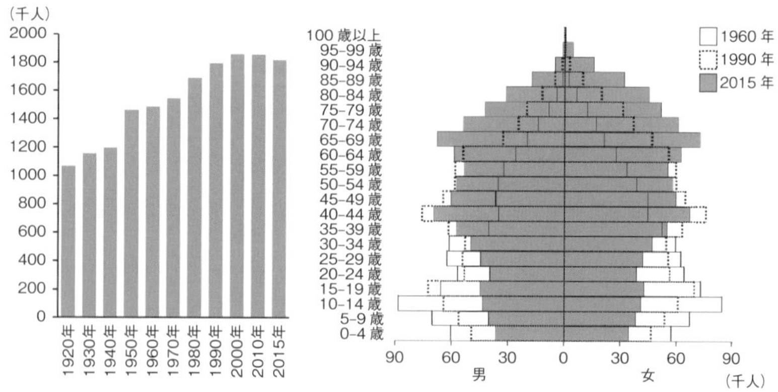

総人口　　男女別年齢階級別人口

図2-4　三重県の総人口と男女別年齢階級別人口の変化

出典：国勢調査の結果をもとに作成。

1990年になると，人口規模が最大の年齢階級は1946～50年生まれの40-44歳である。この世代より高齢側では，年齢が上がるにつれて人口規模が縮小し，1960年の人口ピラミッドを上下に圧縮したような形状を示す。また，1971～75年生まれの15-19歳も多いが，これは1971～74年生まれの第2次ベビーブーム世代を含む。この世代より若年側では，年齢が下がるにつれて人口規模が縮小しており，第2次ベビーブーム以降，出生数が次第に減少したことを示す。1960年と1990年を比較すると，35歳以上で増加したのに対し，35歳未満で減少した。このなかで，前者の増加幅が大きく，この期間の人口総数の大幅な増加は，平均寿命が延びたことに伴うものといえる。

2015年になると，人口規模が大きいのは1946～50年生まれの65-69歳と1971～75年生まれの40-44歳であり，いずれもベビーブーム世代を含む。この両世代間の状況に大きな変化はないが，40-44歳より若い世代では年齢が下がるにつれて人口規模が縮小する一方，65-69歳以上では，1990年の40歳以上の部分を上下に圧縮したような形状を示す。1990年と2015年を比較すると，両年の人口総数はほぼ同等であるなか，2015年では60歳以上が増加したのに対して60歳未満で減少しており，高齢化の進展を読み取ることができる。

以上の結果をもとに，2015年から20年経過した2035年の人口の年齢構成を簡単に予想する。2015年の人口ピラミッドを20歳分上方に移動した様子を考えると，2015年に最大の人口規模を持つ65-69歳は85-89歳となり，平均寿命を超えることから，人口規模が縮小するであろう。一方，2015年の40-44歳が60-64歳となり，最大の人口規模を示すことになる。それより若い世代になると，出生数が減少し続けていることから，年齢が下がるにつれて人口規模が縮小するであろう。

また，人口規模が縮小した世代で出生「率」が高まっても，出生「数」は小さいものにとどまる。したがって，高齢者層の死亡に伴う人口減少を補うほどの出生数は望めず，人口の減少傾向が続くことになる。人口が安定化するのは，合計特殊出生率が2.0まで回復するとともに，第2次ベビーブーム世代など人口規模の大きい世代がこの世を去ってからのことになる。

3　三重県における人口分布の変動過程

3-1　三重県の概要

三重県は日本のほぼ中央に位置する。紀伊半島東部で南北に細長く，東は伊勢湾，

図 2-5　三重県の地形概観図

出典：地理院地図をもとに作成。

南は太平洋（熊野灘）に臨む。県の地形は南北での違いが大きい。県北部は西に鈴鹿山脈と布引山地が連なり，東の伊勢湾沿いに平野が広がる。また，布引山地の西側に上野盆地が広がる。一方，県南部は熊野灘に紀伊山地が迫って複雑なリアス海岸をなし，平地に乏しい（図 2-5)。

三重県の移住・交流ポータルサイト「ええとこやんか三重」[4] では，三重県を北勢，中勢，伊勢志摩，伊賀，東紀州の 5 つのエリアに分割している。また，平成の大合併前の旧市町村間の結びつきを確認すべく，旧市町村間の通勤流動を確認した。

---

4)「ええとこやんか三重」http://www.ijyu.pref.mie.lg.jp/（最終確認日：2020 年 1 月 30 日)。

図 2-6　平成の大合併前の三重県の旧市町村（2000 年時点）

注：市町村名を四角で囲ったものは本章で人口の推移を検討することを示す。
出典：国勢調査の結果をもとに作成。

図 2-6 は平成の大合併前の 2000 年時点の旧市町村の分布を示したものであり，図 2-7 は，上記の 5 つのエリアと 2000 年の旧市町村で通勤流出先が最多の市町村について，通勤率が 5%以上のものを矢印で示したものである。以下，上記サイトの記述を踏まえて各エリアの概要を整理する。

北勢エリアは名古屋市へのアクセスが良く，三重県の産業・経済の中心である。また，市街地から足を延ばせば自然豊かなエリアが広がり，都市暮らしと田舎暮らしの両立が可能な地域である。四日市市と旧桑名市が中心地で，旧桑名市など北東

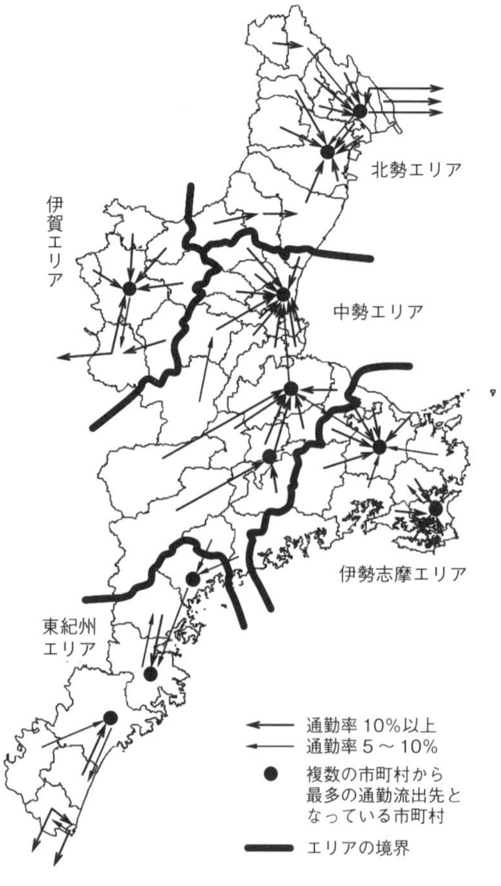

図 2-7　三重県の旧市町村の地域区分と通勤流動（2000 年）

注：エリア区分は三重県の移住・交流ポータルサイト「ええとこやんか三重」に従った。通勤流動は最多の流出先への通勤率で区分した。最多の通勤先が県外の市の場合は，県内の最多の通勤流出先（10%以上のみ）を示した。

出典：国勢調査の結果をもとに作成。

部の地域では名古屋市への通勤者が多い。

中勢エリアは県庁所在地の津市が立地する行政上の中心地であり，名古屋市や関西圏へのアクセスも良い。一方，山間部には美しい自然景観が残り，農業や林業，畜産業が盛んである。旧津市と旧松阪市が中心地であり，南西側に広がる山間部を含む周辺市町村から両市への通勤流動が多い。

伊勢志摩エリアは，伊勢神宮やリアス海岸が続く伊勢志摩国立公園など，県有数の観光スポットが集まる。海の幸に恵まれ，漁業や水産業，農業などが盛んである。旧伊勢市と旧阿児町が中心地となるが，南西部の熊野灘沿いの地域では通勤流動が少なく，地域の隔絶性が強い。

伊賀エリアは関西圏との結びつきが強く，大阪のベッドタウンでもある。名阪国道や新名神高速道路が通り，企業の進出も多い。忍術の「伊賀流」が有名で，盆地地形を利用した米や酒造りも盛んである。旧上野市と名張市が中心地で，大阪市をはじめとする関西地方への通勤者が多い。

東紀州エリアは山と海に囲まれ，自然豊かな地域である。漁業やミカン栽培が盛んであり，林業や木材業も営まれ，「尾鷲ヒノキ林業」は日本農業遺産に認定されている。尾鷲市と旧熊野市が中心地で，県北部に比べて通勤流動が少ない。また，南端部では和歌山県新宮市への通勤者が多い。

3-2　人口分布の変動過程

三重県の旧市町村別に，1920 年からの各 20 年間（2000 ～ 15 年のみ 15 年間）の人口変化率および 1960 年と 2015 年の人口を比較したものを地図化した図 2-8 をもとに，三重県における人口分布の変動過程を検討する。

まず，1920 ～ 40 年は，日本全体で人口増加が大きく，都市化が進展した時期である。三重県でも同様であり，伊勢湾沿いの旧津市や四日市市をはじめとする市部で大きい人口増加を示し，内陸部では人口が減少した。また，県南部の熊野灘沿いでは，北部では増加したが，南部では減少した。

1940 ～ 60 年は，日本全体では戦中期に人口が微減したものの，戦後，第 1 次ベビーブームが起こるなどして大きな人口増加を記録した。また，戦中期の混乱で一度は分散した人口が再び集中し始めた時期でもある。この期間の三重県では，ほぼ全市町村で人口が増加した。ただし，海岸沿いで 10％以上の増加を示す一方，内陸部では増加幅が小さく，旧紀和町と旧阿山町では人口が減少した。

1960 ～ 80 年について，1960 年代は高度経済成長期を迎えて都市への人口集中が加速し，過疎過密が問題化した。1970 年代はオイルショックの影響もあり都市への人口集中は鈍化したものの，人口が分散したわけではない。三重県では，北勢と中勢の都市部で人口増加が大きいのに対し，内陸部や県南部は大きな人口減少を示し，全国的な動向と同様，都市部への人口集中と過疎地域での人口減少の対比が顕在化した。

図 2-8　平成の大合併前の旧市町村の人口変化率

出典：国勢調査の結果をもとに作成。

1980～2000年は，日本全体の人口増加が縮小する。この期間の半ばはバブル経済期にあたり，地価が高騰したことから，大都市圏では購入可能な住宅を求めての郊外への人口分散が都心部から最も遠隔地に及んだ。三重県では，北勢エリアで大きい人口増加を示す。中勢エリアでは，旧津市とその周辺市町村で人口増加が大き

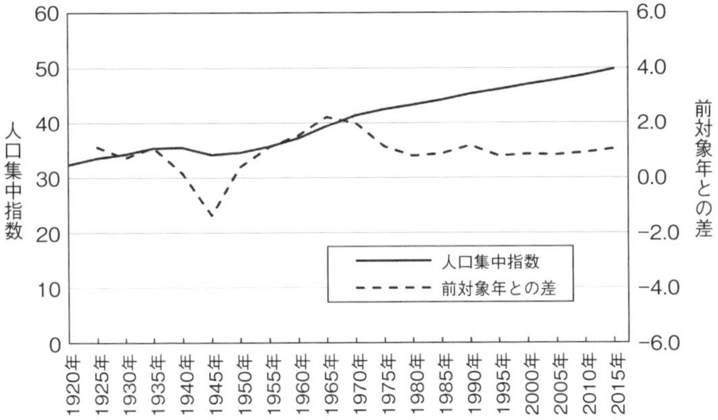

図 2-9　旧市町村単位による三重県の人口集中指数の推移

出典：国勢調査の結果をもとに作成。

い。また，伊賀エリアも概して人口増加が高く，大阪のベッドタウンとしての性格を強めた。一方，中勢エリアの内陸部や県南部では人口減少が大きい。

2000 ～ 15 年になると，日本の人口増加はほぼ止まり，2010 年代に入ってからは人口減少に転じた。三重県が人口減少に転じたのは 2005 ～ 10 年の期間である。この時期の三重県では，四日市市周辺や旧桑名市周辺，旧津市や旧伊勢市の郊外にあたる市町で人口増加が継続するものの，その他の多くは人口が減少した。特に中勢エリアとそれ以南の内陸部で減少幅が大きい。

以上の状況について，日本全体での人口変化の空間的プロセスを検討した時と同様，旧市町村を部分地域として，三重県における人口集中指数の推移を検討する（図 2-9）。日本全体と同様，三重県でも，戦中・戦後の混乱期に人口が分散したものの，その他の期間は人口の集中傾向が継続している。また，日本全体では 2010 年代に人口集中の速度が低下していたが，三重県でそうした傾向はみられない。

以上を踏まえ，全県的に人口増加を記録したあとの 1960 年と 2015 年の人口を比較して旧市町村を分類する（図 2-8 の右下図）。まず，人口が 50%以上増加したのは，北勢エリアの四日市市とその周辺である。また，旧津市周辺で宅地開発が盛んであった地域や大阪市の通勤圏となった名張市でも大きく増加した。次に，0 ～ 50%の増加を示した旧市町村は，北勢の内陸部や，中勢の旧津市・旧松阪市とその周辺に多い。一方，0 ～ 40%の減少を記録した地域は，名張市と旧青山町を除いた伊賀エリアや旧伊勢市とその周辺，そして県南端部である。最後に，40%以上の大きな減少を示した地域は，中勢エリア南西側の内陸部や伊勢志摩エリアの南西側から東紀州エリアに広がる。

4 旧市町村の人口変化のプロセス

三重県下の旧市町村について，1960 年と 2015 年の人口を比較すると，大きく増加（50%以上増加），増加（0 ～ 50%増加），減少（0 ～ 40%減少），激減（40%以上減少）の 4 つに分類できる。本節では，この 4 分類のなかから事例となる旧市町村を取り上げ，人口変化のプロセスを整理する。

4-1 鈴鹿市

1960 ～ 2015 年に人口が 50%以上増加した旧市町村は 18 ある。ここでは鈴鹿市を例にとり，人口の推移を検討する（図 2-10）。

北勢エリアの伊勢湾沿いに位置する鈴鹿市は，1942 年に市制を施行した[5)]。戦後，旧軍用地を転用して工場を誘致し，工業都市の性格を強めた。また，四日市市への通勤者が多く，郊外住宅地としての性格も併せ持つ。人口は 1940 年代に急増した。1950 年代の増加率は低いものの 1960 年以降に急増し，2010 年まで増加が継続した。

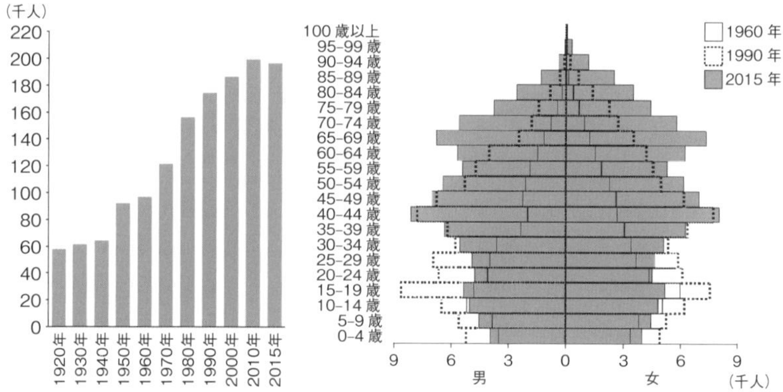

総人口　　　　男女別年齢階級別人口

図 2-10　人口が大きく増加した鈴鹿市の人口の推移と男女別年齢階級別人口の変化
出典：国勢調査の結果をもとに作成。

5）鈴鹿市をはじめとする各旧市町村の概要は，「角川日本地名大辞典」編纂委員会編（1983）を参照した。

ただし，2010 ～ 15 年に人口減少に転じた。

年齢構成をみると，1960 年は 1946 ～ 50 年生まれの 10-14 歳が最多であり，それより高齢側，低年齢側いずれへも次第に人口規模が小さくなる。1990 年では，1946 ～ 50 年生まれの 40-44 歳と 1971 ～ 75 年生まれの 15-19 歳が多い。この両世代間は緩やかな谷間を作り，40-44 歳より高齢側と 15-19 歳より低年齢側の年齢層は次第に人口規模が縮小する。1960 年からはすべての年齢層で増加し，鈴鹿市の経済成長と四日市市の郊外としての宅地開発の進展により，多くの人々が流入してきたことが分かる。

2015 年でも，1946 ～ 50 年生まれの 65-69 歳と 1971 ～ 75 年生まれの 40-44 歳が多く，1990 年の人口ピラミッドを 25 年分加齢したような形状を取る。1990 年と比較すると，30 歳未満は減少したが，40 歳以上は増加した。2015 年では，20-24 歳の年齢層のへこみが小さい。これは，進学・就職に伴う流出と流入のバランスが比較的とれていることを意味する。

4-2　旧津市

1960 ～ 2015 年に人口が 0 ～ 50%の増加を示した旧市町村は 18 ある。ここでは旧津市を例にとり，人口の推移を検討する（図 2-11）。

中勢エリアの伊勢湾沿いに位置する旧津市は県庁所在地であり，市制施行も 1889 年と古い。古代より安濃津の良港として栄え，江戸期は津藩の城下町であった。

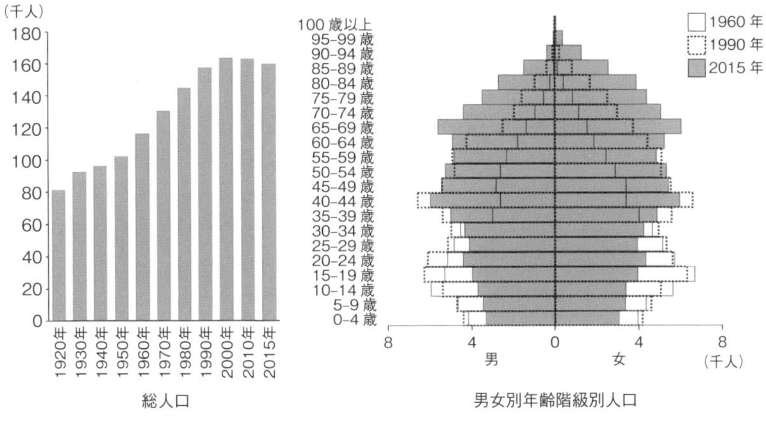

図 2-11　人口が増加した旧津市の人口の推移と男女別年齢階級別人口の変化
出典：国勢調査の結果をもとに作成。

三重県の行政・文化の中心地として，行政機関や各種施設が多く立地する。人口は順調に増加してきたが，2005 年以降は減少に転じた。

年齢構成をみると，1960 年は鈴鹿市に類似する。まず，1946 ～ 50 年生まれの 10-14 歳が最多であり，それより高齢側，低年齢側いずれへも次第に人口規模が小さくなる。1990 年も鈴鹿市と同様，1946 ～ 50 年生まれの 40–44 歳と 1971 ～ 75 年生まれの 15–19 歳が多い。この両世代間は緩やかな谷間を作り，40–44 歳より高齢側と 15–19 歳より低年齢側の年齢層は次第に人口規模が縮小する。ただし，旧津市の場合，1960 年より人口が多いのは 20 歳以上に限られ，増加幅も鈴鹿市より小さい。

2015 年でも鈴鹿市と同様，1946 ～ 50 年生まれの 65–69 歳と 1971 ～ 75 年生まれの 40–44 歳が多く，1990 年の人口ピラミッドを 25 年分加齢したような形状を取る。1990 年と比較すると，45 歳未満の年齢層で減少し 50 歳以上の年齢層で増加した。また，20–24 歳の年齢層のへこみが小さいのも鈴鹿市と同様であり，進学・就職に伴う流出と流入は比較的バランスがとれている。

4-3　旧白山町

1960 ～ 2015 年に人口が 0 ～ 40%の減少を示した旧市町村は 20 ある。ここでは旧白山町を例にとり，人口の推移を検討する（図 2-12）。

中勢エリアの内陸部に位置する旧白山町は，1955 年に成立した。布引山地の東

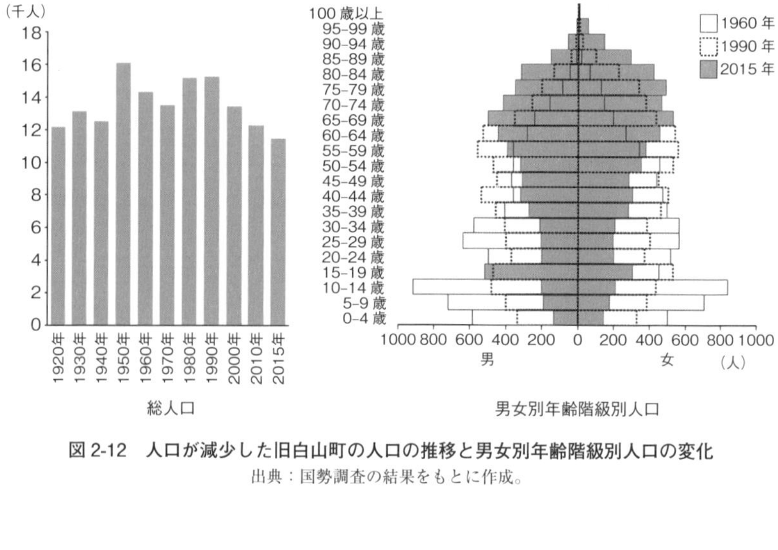

図 2-12　人口が減少した旧白山町の人口の推移と男女別年齢階級別人口の変化

出典：国勢調査の結果をもとに作成。

斜面の丘陵性山地が町の大部分を占め，河川流域の沖積低地やその段丘上などに集落や農地が広がる。人口の推移をみると，戦前期の変化は小さいものの，戦後すぐは人口が多かった。1950 年以降は減少が続いたが，1970 年代になると増加に転じた。しかし，1990 年以降は再び減少に転じている。

年齢構成をみると，1960 年では，1946 ～ 50 年生まれの 10–14 歳が最多であり，それより高齢側，低年齢側いずれへも次第に人口規模が小さくなる。ただし，15–24 歳が少なく，1950 年代に中学を卒業した人々が都市部に流出した状況が読み取れる。1990 年になると，1960 年に比べ 35 歳以上が多くなり，それ未満では少なくなった。年齢層別では 1945 ～ 49 年生まれの 40–44 歳も多いが，50 歳代後半と 60 歳代前半も多いのに対し，1971 ～ 75 年生まれの 15–19 歳はそれほど多くない。この点について，1970 年代での人口増加を考慮すると，1970 年代に造成された団地に住宅取得層である当時の 40 歳前後の世代が入居し，その後に加齢したものと推察される。旧白山町からは旧津市への通勤者が多く，郊外の宅地開発が活性化したのであろう。

しかし，バブル経済が崩壊すると人口は継続して減少するようになり，2015 年では，65 歳以上が増加する一方で 65 歳未満が減少し，高齢化の進展が著しい。なお，15–19 歳の男性が多いのは，全寮制の高校が立地することによる。

4-4　鳥羽市

1960 ～ 2015 年に人口が 0 ～ 40%の減少を示した 20 旧市町村のうち，ここでは中小都市の事例として鳥羽市を取り上げる（図 2-13）。

伊勢志摩エリアの伊勢湾口に位置する鳥羽市は，1954 年に市制を施行した。市域の大部分は紀伊山地の延長である丘陵性山地でリアス海岸が続き，平地に乏しい。海産資源が豊かで，真珠の養殖や海女による漁業が有名である。人口は 1960 年にピークを記録して以降は減少が継続し，1990 年以降に人口減少が加速した。

年齢構成をみると，1960 年では，1946 ～ 50 年生まれの 10–14 歳が最多で，それより高齢側，低年齢側いずれへも次第に人口規模が小さくなる。ただし，旧白山町と同様，15–24 歳が少なく，1950 年代に中学を卒業した人々の流出が読み取れる。また，1926 ～ 35 年生まれの 25–34 歳が多い。これは，終戦から 1950 年代前半に職を得たであろう人々が，都市部へ流出せずにこの地にとどまった割合が高いことを示唆する。

1990 年になると，旧白山町と同様，1960 年に比べて 35 歳以上で増加し，35 歳未満で減少した。年齢層別では 1946 ～ 50 年生まれの 40–44 歳と 1971 ～ 75 年生まれ

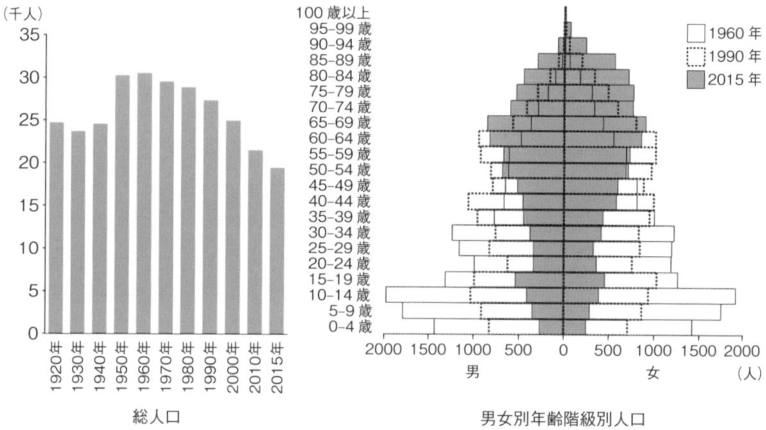

図 2-13　人口が減少した鳥羽市の人口の推移と男女別年齢階級別人口の変化
出典：国勢調査の結果をもとに作成。

の15-19歳，そして1926～35年生まれの55-64歳も多い。この頃までは鳥羽市でも一定の雇用があり，人口は減少傾向にあったとはいえ，青壮年層の流出を抑えていたのであろう。

2015年になると，旧白山町と同様，65歳以上が増加する一方で65歳未満が減少し，高齢化が進展した。特に20歳代から40歳代の人口減少が激しく，1990年以降に地域経済が弱体化して雇用が失われたことが示唆される。また，この年齢層の減少は出生数の減少を招き，15歳未満が少ない。

4-5　旧美杉村

1960～2015年に人口が40%以上の激しい減少を示した旧市町村は17ある。ここでは旧美杉村を例にとり，人口の推移を検討する（図2-14）。

中勢エリアの内陸部に位置する旧美杉村は1955年に成立し，村域の9割を山林や原野が占める。集落の多くは河川の形成する段丘や谷底低地，山の緩傾斜地に立地する。人口をみると，1950年にピークを記録して以降は減少が継続した。人口が大きく減少したのは高度経済成長期であり，典型的な過疎の村である。

年齢構成をみると，1960年では，1946～50年生まれの10-14歳が最多であり，それより高齢側，低年齢側いずれへも次第に人口規模が小さくなる。ただし，旧白山町などと同様，15-24歳が少なく，1950年代に中学を卒業した人々の都市部への

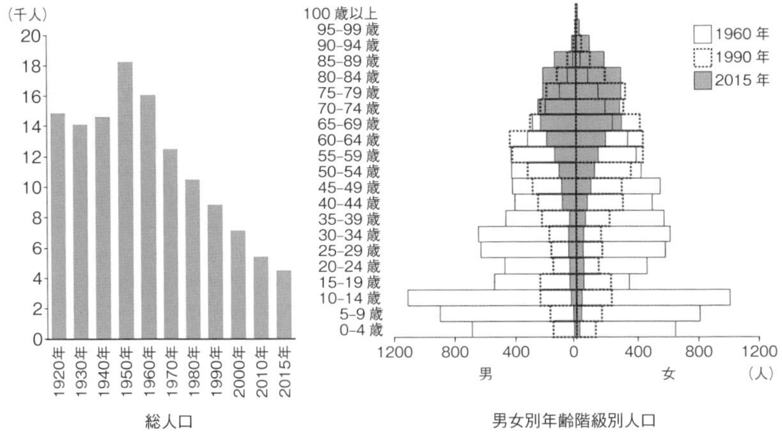

図 2-14　人口が激減した旧美杉村の人口の推移と男女別年齢階級別人口の変化
出典：国勢調査の結果をもとに作成。

流出が読み取れる。また，1926 ～ 35 年生まれの 25-34 歳が多い。これは，終戦から 1950 年代前半に職を得たであろう人々がこの地にとどまった割合が高いことを示唆する。

1990 年になると，1926 ～ 35 年生まれの 55-64 歳が最多である。1960 年に比べて 55 歳以上が増加し，55 歳未満は減少した。とりわけ 40 歳未満の減少が激しく，青壮年層の流出とそれに伴う出生数の減少が著しい。2015 年になると，最多の年齢層は 65 歳から 84 歳となり，高齢化が著しい。1990 年に最多であった 1926 ～ 35 年生まれの世代は 80 歳を超え，平均寿命近くの年齢となった。また，青壮年層の流出とそれに伴う出生数の減少がさらに進展し，年齢構成を示すグラフは，細長いロウソクの芯の上で燃え広がる炎のような形状である。

4-6　旧紀和町

旧紀和町は，この 55 年間で人口減少が最も著しい旧市町村である。東紀州エリアの内陸部にあり，三重県のほぼ南端に位置する旧紀和町は，1955 年に成立した。町域の 9 割近くを山林が占め，集落は河谷のわずかな平地に分散する。農業や林業を中心とするが，かつては銅鉱・硫化鉄鉱を産する紀州鉱山があり，たいへん賑わった。

図 2-15 で人口の推移をみると，1934 年の紀州鉱山の稼働後に急増し，1947 年には 1 万を超えた。しかし，紀州鉱山は 1950 年代に入ると次第に採鉱量が衰微し，オ

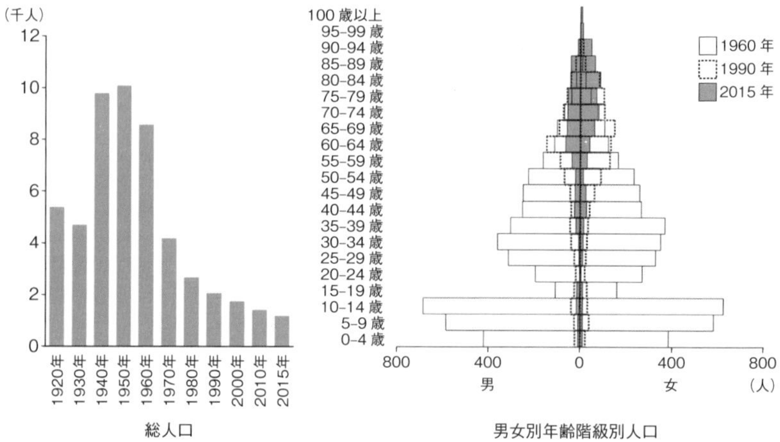

図 2-15　三重県下で最も過疎化の進展した旧紀和町の人口の推移と男女別年齢階級別人口の変化

出典：国勢調査の結果をもとに作成。

イルショックの打撃を受けて，1978年に閉山した。それに伴い人口も著しく減少し，三重県下の旧市町村で最も激しい人口減少を記録した。

年齢構成をみると，1960年は1946～50年生まれの10–14歳が最多であり，1921～35年生まれの25–39歳も多い。後者は紀州鉱山の活況期にこの町で職を得た人々が多いのであろう。しかし，15–24歳が少なく，1950年代に中学を卒業した人々が大量に流出した。紀州鉱山閉山後の1990年になると，60歳未満が大幅に減少し，60歳以上の増加も小さい。2015年になると人口が増加したのは80歳以上に限られ，年齢構成を示すグラフが，細長いロウソクの芯の上で細く燃える炎のような形状である。

4-7　分類別にみた人口変化のプロセス

本節の内容を整理する。1960年と2015年を比較して，人口が50%以上増加したのは，北勢エリアの四日市市とその周辺である。また，旧津市周辺の一部の旧市町村や大阪市の通勤圏となった名張市でも大きく増加した。これらの地域では，雇用機会が多いことや郊外住宅地として成長したことで，大きな人口増加を記録した。鈴鹿市の事例にみられるように，生産年齢人口の流入が継続し，少子高齢化の進展はみられるものの，2010～15年でも増加を記録した市町村が多い（図2-1）。

次に，0～50%の人口増加を示した旧市町村は，北勢エリアの内陸部や，中勢エリアの旧津市・旧松阪市とその周辺に多い。これらの地域では，一定の雇用機会が確保されていることや郊外住宅地として成長したことで人口が増加したが，前述の地域に比べ増加幅は小さい。また，少子高齢化が進展した結果，これらの旧市町村の多くは，近年，人口減少に転じた（図 2-1）。

以上の人口が増加した旧市町村では，年齢構成は比較的バランスが取れていたのに対し，人口が減少した地域では，少子高齢化の進展が著しい。これは，高度経済成長期頃までは中学校卒業生の，近年では高校卒業生の，進学や就職を契機とする流出を中心として，生産年齢人口が減少するとともに，その地に定着した人々が加齢したことによる。こうして，人口減少が大きい旧市町村ほど高齢人口割合が高い，歪な年齢構成を示すようになった。このような地域は，40%以上の大きな人口減少を示した中勢エリア南西側の内陸部や伊勢志摩エリアの南西側から東紀州エリアに多い。

また，0 ～ 40%の人口減少を記録した地域でも少子高齢化の進展が著しい。こうした地域として，名張市と旧青山町を除いた伊賀エリアとその隣接地域，伊勢市とその周辺地域，そして県南端部の地域が挙げられる。これらの地域では，高度経済成長期に人口が流出したが，その流出幅は小さく，また 1990 年前後に宅地開発が進展して一度は人口が回復した。しかし，バブル経済の崩壊とともに人口が再び減少し始めた。また，旧伊勢市や旧上野市などの中規模の都市では，1990 年代までは人口を維持してきたものの，2000 年代に人口減少が大きくなった。また，鳥羽市などの小都市では，人口減少が継続し，2000 年代になって人口減少が加速した。

5　三重県の人口変化の空間的プロセスと田園回帰

本章では，三重県を対象として，平成の大合併前の旧市町村を単位として人口分布の変動過程を検討した。その結果を踏まえると，三重県における人口変化の空間的プロセスは，以下のように整理できる。まず，三重県では人口の集中傾向が継続していた。人口が集中した地域として，①北勢エリアの四日市市とその周辺と，②北勢エリアの内陸部や中勢エリアの旧津市・旧松阪市とその周辺が挙げられる。そのなかで，①の人口増加が大きい。これらの地域では，生産年齢人口の流入が継続し，比較的バランスの取れた年齢構成を示す。一方，人口流出の大きい地域として，③名張市と旧青山町を除いた伊賀エリアとその隣接地域，旧伊勢市とその周辺地域，そして県南端部の地域と，④中勢エリア南西側の内陸部や伊勢志摩エリアの南西側から東紀州エリアが挙げられ，特に④の人口減少が大きい。これらの地域では，高度経済成長期以降，若年層を中心として生産年齢人口の流出が継続し，そこに定着した人々の加齢も含めて，高齢化が著しく進展した。

以上の流れのなかで，人口減少の大きい旧市町村では，1926 ～ 35 年生まれ，すなわち昭和一桁生まれが多かった。1950 年代前半までに中学校などを卒業した人々は，当該市町村で職を得て，その後もそこにとどまり続ける割合が高かったと考えられる。一方，それ以降に生まれた世代は，1950 年代半ばから続く都市への人口集中の主体となり，日本全体でみれば，1970 年代までの三大都市圏への人口集中とそれ以降の東京一極集中が生じ，三重県でみれば，産業・経済の中心である県北部の伊勢湾沿いの四日市市を中心とする地域や，県の行政上の中心である旧津市を中心とする地域への人口集中が進展した。

以上のように，農村部から都市部への若年層の人口移動は，農村部の人口減少と少子高齢化を招いた。こうした状況は，都道府県を単位として 3 大都市圏と非大都市圏に区分したときでも確認できる。このような人口変化の空間的プロセスは，都市からの農山村への移住という田園回帰についての理解を深めるための，基本的な情報となる。

また，磯田（2018）が指摘するように，田園回帰が反都市化のさきがけであり，将来的に農山村で転入超過が顕在化するのであれば，日本社会の近代化以降に継続してきた都市への人口集中という人口変化の空間的プロセスが逆転することになる。先進諸国で確認されながらも日本では生じることのなかった反都市化の顕在化という現象は，日本社会の歴史的な転換となる。その要因には，社会・文化・経済・制度といった様々なものの変化が考えられる。どのようなプロセスを経て田園回帰が顕在化するのか，その結果が都市部や日本社会全体にどのように影響するのか，たいへん興味深い。

農山村への移住者が増加する田園回帰は，人口減少が進んできた日本の農山村において，地域社会の担い手が増加するという点で重要であると同時に，日本社会の大きな変化を示唆するものとして，今後の動向から目が離せない。

（山神達也）

【文　献】

磯田　弦 2018．田園回帰は反都市化のさきがけか？．地理 63(6)：35–41.
江崎雄治 2016．日本の地方都市における人口変化．地学雑誌 125(4)：443–456.
大野　晃 2005．『山村環境社会学序説―現代山村の限界集落化と流域共同管理―』農山漁村文化協会.
小田切徳美・筒井一伸編著 2016．『田園回帰の過去・現在・未来―移住者と創る新しい農山村―』農山漁村文化協会.
梶田　真・江崎雄治・小池司朗・山内昌和 2016．巻頭言「地方都市の現在」．地学雑誌 125(4)：437–441.
「角川日本地名大辞典」編纂委員会編 1983．『角川日本地名大辞典 24 三重県』角川書店.
小池司朗・山内昌和 2016．「平成の大合併」前後における旧市町村別の自然増減と社会増減の変化―東北地方と中国地方の比較分析―．地学雑誌 125(4)：457–474.
小島泰雄 2018．田園回帰といかに向き合うか．地理 63(6)：14–19.
増田寛也編著 2014．『地方消滅―東京一極集中が招く人口急減―』中央公論新社.
山内昌和 2018．人口の集中度の測定．日本人口学会編『人口学事典』562–563．丸善出版.
山神達也 2003．日本の大都市圏における人口増加の時空間構造．地理学評論 76(4)：187–210.
山神達也 2013．京阪神大都市圏の空間的縮小に関する一試論―通勤流動と人口密度分布の分析をもとに―．都市地理学 8：40–51.
山神達也 2017．人口減少期突入前後の和歌山県の人口動態．和歌山大学紀州経済史文化史研究所紀要 38：1–19.
山神達也 2018．市町村単位の人口推移から田園回帰を考える―和歌山県下の旧市町村を事例として―．地理 63(6)：42–47.
山下祐介 2012．『限界集落の真実―過疎の村は消えるか？―』筑摩書房.
吉川　洋 2016．『人口と日本経済―長寿，イノベーション，経済成長―』中央公論新社.
YAMAGAMI Tatsuya 2015. Urban shrinkage of the Keihanshin metropolitan area in Japan: changes in population distribution and commuting flows. In *Urban Geography of Post-Growth Society*, eds Hino, M. and Tsutsumi, J., 45–59. Sendai: Tohoku University Press.

和歌山県下旧市町村の将来人口推計と田園回帰

03

1 地域別の将来人口推計への着目

2014年5月に公表された日本創成会議・人口減少問題検討分科会（2014）による「ストップ少子化・地方元気戦略」は，2040年までの30年間に若年女性（20～39歳の女性人口）が5割以上減少する市区町村が896（全体の49.8%）に達すると推計し，これらの市区町村は将来的には消滅するおそれが高いとした。この「消滅可能性都市」に関わる種々の検討結果は『地方消滅』（増田編著2014）として書籍化され，人口急減社会に警鐘を鳴らした。

「ストップ少子化・地方元気戦略」公表後の2014年9月，まち・ひと・しごと創生法（平成26年法律第136号）が制定され，内閣にまち・ひと・しごと創生本部が設置された。同年12月には「まち・ひと・しごと創生長期ビジョン」とともに第1期「まち・ひと・しごと創生総合戦略」（2015年度～2019年度）が策定され，地方創生に向けた様々な取り組みが進められた。2019年12月には，第1期の施策の検証をもとに，2020年度を初年度とする第2期総合戦略が策定され，地方創生の動きを加速させることが図られている[1)]。

このなかで，地方自治体でも，国の長期ビジョン及び総合戦略を勘案して，地域人口の現状と将来の展望を提示する「地方人口ビジョン」と地域の実情に応じた施策の方向を提示する「地方版総合戦略」が策定された。「地方人口ビジョン」は，「地方版総合戦略」で各種の施策を企画立案するさいの基礎とされ，2019年6月には「地方人口ビジョンの策定のための手引き」が改訂された（内閣府地方創生推進

1）第2期「まち・ひと・しごと創生総合戦略」https://www.kantei.go.jp/jp/singi/sousei/info/pdf/r1-12-20-senryaku.pdf（最終確認日：2020年5月14日）。

室 2019)。

このように，日本社会が人口減少期に突入した今，地域社会の実態を示すものとして人口に着目することの重要性が高まった。とりわけ，地域人口の将来推計は，各種の社会的・経済的対応を検討するうえでの基礎資料として重視されている。しかし，地域別の将来推計人口は国立社会保障・人口問題研究所（2013, 2018）や各自治体の人口ビジョンなどで提示されているものの，その推計法を解説する箇所は，数式が多用されて専門性が高いものや，推計での仮定値の説明や推計結果だけが示されて推計の過程がわかりにくいものが多い[2)]。

以上を踏まえ，本章では，人口減少が進む和歌山県下の旧市町村を対象として，簡便な方法で将来人口の推計過程を示すとともに，その推計結果を図示することで，地域人口がこれまでどのように変化し，今後どのように変化すると見込まれるのかを検討し，農山村地域への移住を中心とする田園回帰に期待されることを整理する。また，和歌山県の人口の動向について，前章の三重県の事例と比較する。

本章の構成は以下の通りである。まず，和歌山県の人口の推移について，三重県と比較しながら検討する。次いで，人口が減少しつつも移住者の受け入れ実績のある旧美里町を事例として，人口の推移を整理したのちに将来人口の推計を行い，今後の人口推移を検討する。そのさい，簡略化した方法により，人口の将来推計の計算過程を具体的に示す。その後，和歌山県下旧市町村すべてで人口の将来推計の結果を示す。最後に，以上を踏まえて，地域人口の変化という観点から，田園回帰に期待されることを整理する。なお，本章で使用する人口データはすべて国勢調査の結果である[3)]。

2 和歌山県における人口の推移

2-1 県全体の人口の推移

和歌山県は紀伊半島の南西部を占める。和歌山平野など県北部の紀ノ川沿いに人口が集中する一方，県の中南部では紀伊山地が海沿いに迫り，河川の河口近くや海沿いの狭小な平地に人口が集まる（図 3-1）。大阪府に隣接するものの，大阪市へ

2）地域人口の将来推計について基礎から応用まで幅広く整理・議論しているものに西岡ほか編（2020）があるので，参照されたい。

3）総務省統計局のポータルサイト e-Stat では，年齢別人口など一部のデータについて，旧市町村単位でデータが表章されている。

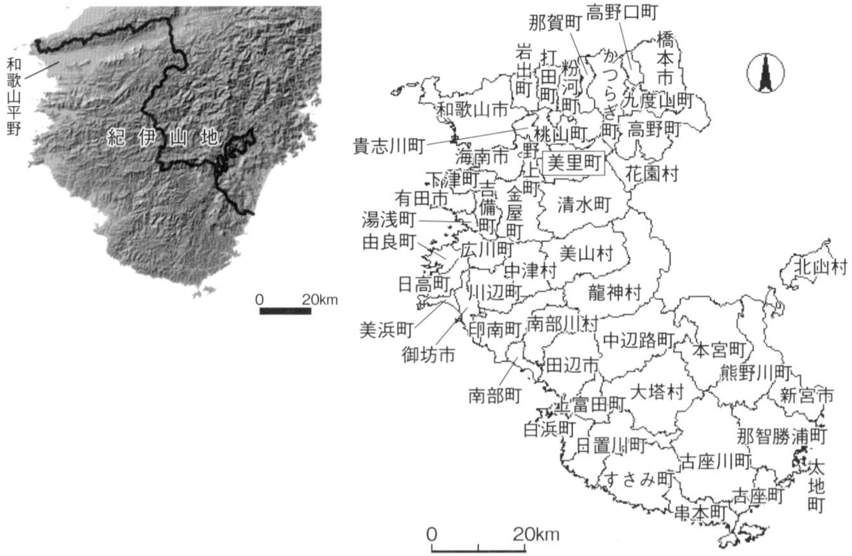

図 3-1　和歌山県の地形の概観と平成の大合併前（2000 年時点）の旧市町村

注：本章で人口の推移を検討する美里町を四角で囲った。

出典：地理院地図などをもとに作成。

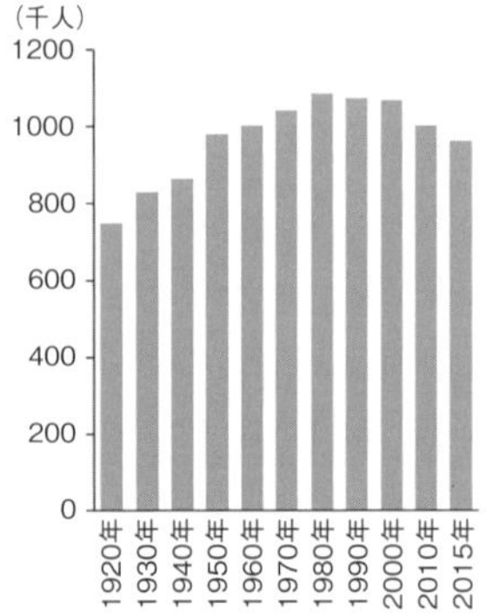

図 3-2　和歌山県の総人口の推移

出典：国勢調査の結果をもとに作成。

の通勤流出が 10%を超えるのは，旧橋本市と旧高野口町のみである。また，大阪市や堺市を含む大阪府全体でみても，通勤率が 10%を超えるのは，前述の 2 市町のほかは旧岩出町と九度山町のみであり，和歌山県では，県内で通勤流動がほぼ完結する（山神 2016）。

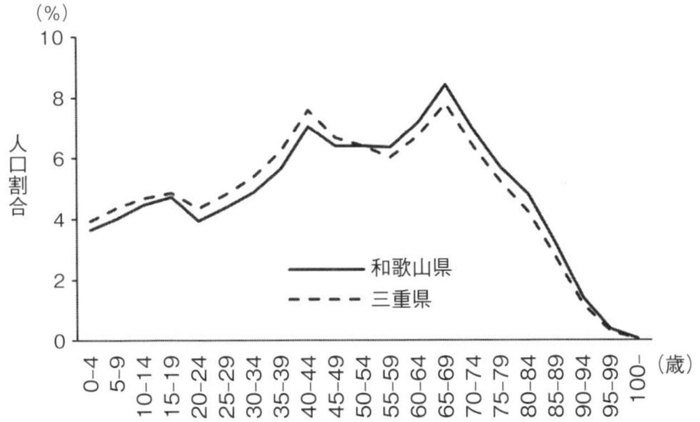

図 3-3　和歌山県と三重県における人口の年齢構成（2015 年）

出典：国勢調査の結果をもとに作成。

和歌山県全体の人口推移を確認すると（図 3-2），1920 年以降，継続して増加した。特に 1940 年代後半の第 1 次ベビーブーム期の増加が大きく，1950 年代に 100 万台に達した。その後も増加が継続したが，1985 年にピークを記録したのちに減少に転じた。2000 年代には人口減少が加速し，2015 年に 100 万人を切るに至った。

前章と同様，1960 年と 2015 年の人口を比較すると（前章の図 2-3），和歌山県はこの 55 年間で 3.85%減少し，近畿地方においてこの両年の比較で人口が減少した唯一の県である。上記期間に人口が減少した県の多くは，東北や山陰，四国，九州の各地方など，国土周辺部に位置する。また，和歌山県で継続的な人口の自然減少が始まったのが 1997 年であり，全国で 7 番目の早さであった（山神 2017）。以上の点から，和歌山県は京阪神大都市圏に隣接するものの，人口推移としては国土周辺部の特性を有し，県北部が名古屋大都市圏に含まれて人口が増加した三重県とは異なる。

2015 年の和歌山県における人口の年齢構成を確認すると（図 3-3），40 歳代以上の人口割合が高いのに対し，それより若い世代の割合が低く，少子高齢化が進展している。最大の割合を示すのは第 1 次ベビーブーム世代を含む 1946 〜 50 年生まれの 65–69 歳であり，次に高いのが第 2 次ベビーブーム世代を含む 1971 〜 75 年生まれの 40–44 歳である。また，15–19 歳で小さなピークを示すのに対して 20 歳代が少ないのは，進学や就職を契機として流出する人々が多いことによる。

三重県と比較すると，50 歳代半ばを境として，それより高齢側で和歌山県が高く，若年側で三重県が高い。両県ともに進学や就職を契機とする人口流出を確認できるものの，和歌山県の流出幅が大きい。和歌山県では，20歳代から40歳代，そしてその子ども世代にあたる19歳以下の割合が低く，50歳代以上の割合が高い。和歌山県の人口減少は，人口流出による20歳代から40歳代人口の割合の低さとそれに伴う出生数の少なさ，そして高齢化の進展に現れている。

2-2　旧市町村の人口変化と年齢構成

平成の大合併前の旧市町村を単位として，1960年と2015年の人口を比較した図3-4をみると，50%以上増加したのは，和歌山市や旧田辺市の郊外住宅地として人口が流入した地域と大阪市への通勤者が多い旧橋本市の4市町である。0～50%の増加を示したのは和歌山市，旧田辺市，旧白浜町という，地域の中心となる都市や観光地として雇用機会の多い市町とその郊外の一部，および高速道路の開通後に工場誘致が進むとともに宅地開発が進展した旧吉備町の5市町に過ぎない。

一方，上記以外の旧市町村では人口が減少した。そのなかで，和歌山市と旧橋本市の間の紀ノ川沿いの町や，和歌山市と旧田辺市の間の海岸線に沿う市町，および旧新宮市と那智勝浦町の22市町では，0～40%の減少であったのに対し，内陸の山

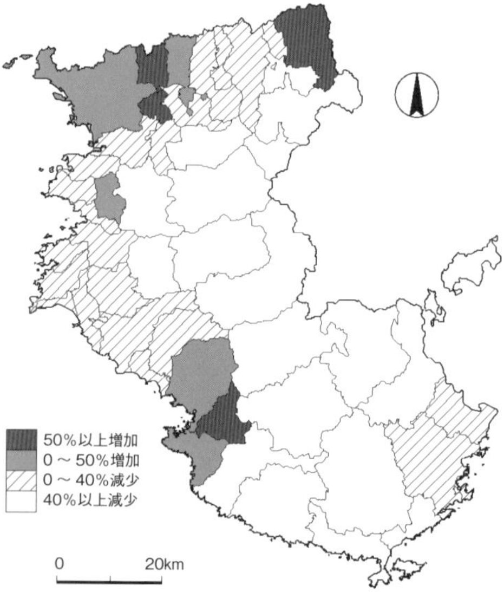

図3-4　和歌山県の旧市町村別の人口変化率（1960～2015年）
出典：国勢調査の結果をもとに作成。

間部や県南部に位置する 19 の旧町村では 40%以上の減少を記録した。

同様の区分を行った三重県と比較すると（前章の図 2-8 の右下図），三重県では上記の 4 区分に含まれる市町村数の偏りが小さいのに対し，和歌山県では増加した旧市町村が 9（18%）にとどまる。県全体で人口が減少した和歌山県では，人口減少を記録した旧市町村が多いのである。

次いで，図 3-4 で同じ区分に含まれる旧市町村について，2015 年の年齢階級別人口割合の平均値を求めた図 3-5 をみると，人口減少が大きい旧市町村ほど高齢化が著しい。特に「40%以上減少の市町村」では 80–84 歳の割合が非常に高い一方，その他では，第 1 次ベビーブーム世代を含む 65–69 歳の割合が最大であり，減少幅が小さい，さらには増加した旧市町で生産年齢人口と年少人口の割合が高い。ただし，全グループで 20 歳代の割合が低く，進学や就職を契機として人口が流出している。

以上のように，高度経済成長期以降に人口が大きく減少した山間部や県南部の旧町村では，高齢化が著しい。2015 年の 80–84 歳は戦前生まれである。過疎化が進展した市町村では，この世代の多くが地元にとどまり，地域社会を支えてきた。しかし，この世代はすでに平均寿命に達している。人口の自然減少に伴う地域社会の担い手の大幅な減少は喫緊の課題である。

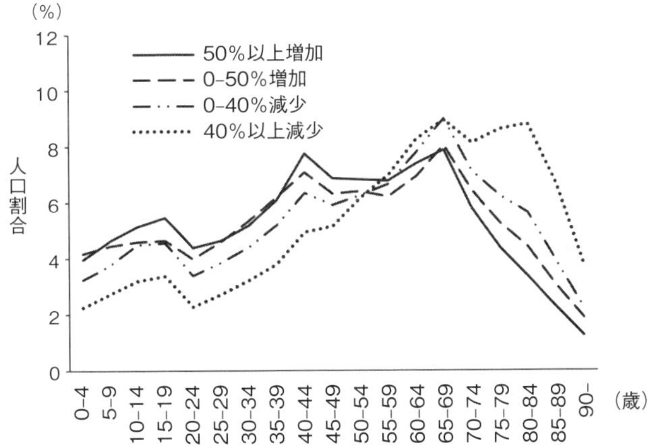

図 3-5　和歌山県下旧市町村のグループ別の年齢構成（2015 年）

注：図 3-4 に示した 1960 ～ 2015 年の人口変化率で同じ分類に含まれる旧市町村の平均値を示した。

出典：国勢調査の結果をもとに作成。

3 旧美里町の人口の推移

3-1 旧美里町の概要

和歌山県下の旧市町村では人口が減少したものが多い。ここでは，上記の区分で「40％以上減少の市町村」に含まれる旧美里町を事例に，これまでの人口の推移を整理するとともに，簡便な方法を用いて人口の将来予測を行う。将来人口推計ではいくつかのシナリオを用意し，田園回帰を考える材料とする。

旧美里町は旧野上町と合併して紀美野町となった。旧野上町は和歌山市や海南市に近く，一部で都市化が進行したのに対し，旧美里町は旧野上町より山間部に位置する。紀美野町では，1990年代後半に，現在に続くＩターン移住が始まった。和歌山県が移住定住支援を開始するのは2006年だが，その時点で移住定住支援の実績のあった紀美野町がモデル市町村に選定された。移住定住支援は，役場のまちづくり課と定住支援組織「NPO法人きみの定住を支援する会」が主力となって進めており，移住者が100名を超え，町全体の人口の1％を突破した[4)]（平田 2017）。移住定住で実績のある紀美野町の山間部に位置する旧美里町は，田園回帰で注目される地域といえる。

3-2 旧美里町の人口の推移

旧美里町の人口総数と男女別年齢階級別人口の推移を図3-6に示した。人口総数をみると，1950年代までは1万以上の人口を有したが，1960年に1万を下回って以降は急激に人口が減少し，2015年には約2,800となった。

男女別年齢階級別人口をみると，1947～49年生まれの第1次ベビーブーム世代が進学・就職する前の1960年では，当該世代（10–14歳）を中心に年少人口が多い。また，20歳代男性は少ないものの，20歳代女性や30歳代から50歳代までが多い。しかし，高度経済成長期以降，進学・就職を契機とした流出が増加するとともにＵターンなどの移住者が少ない状況が継続した。その結果，1990年では，戦前生まれ，とくに昭和一桁生まれ世代（55–64歳）が多いのに対し，54歳以下が激減した。1960年から1990年の30年間で人口はほぼ半減したが，減少したのは60歳未満に限られる。

4）本文中の数値は，「NPO法人きみの定住を支援する会」を経由した移住者数であり，当該組織を経由しない移住者も含めれば，実数はさらに多くなる（平田 2017）。

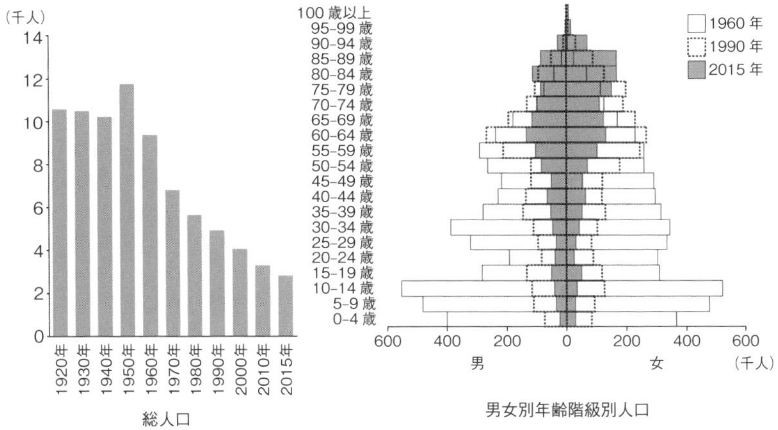

図3-6　旧美里町の総人口と男女別年齢階級別人口の変化

出典：国勢調査の結果をもとに作成。

2015年になると，80歳以上が増加する一方で他の年齢層は減少した。とくに女性では，昭和一桁生まれ世代（80–89歳）が多い。全体として，戦前生まれの世代は流出が少なく，加齢に伴い人口が緩やかに減少したのに対し，第1次ベビーブーム世代以降は若年層の流出が継続したことで，人口が大幅に減少し，少子高齢化が進展した。

旧美里町の人口の大幅な減少とそれに伴う著しい高齢化は旧美里町に特有のものではなく，図3-4に示した「40%以上減少の市町村」に共通し，それは図3-5で確認できる。程度は低いものの，「0～40%減少市町村」でも高齢化が著しい。

4　旧美里町の将来人口の推計

4-1　将来人口の推計方法

旧美里町では，人口の大幅な減少と著しい高齢化が進展した。こうした状況が今後も継続した場合，旧美里町の人口がどう変化するのか，将来人口を推計して検討する。将来人口の推計方法には様々なものがあるが，本章では，5年間隔の2時点で5歳間隔の年齢階級別人口があれば将来人口を推計できるコーホート変化率法を簡略化して推計する。コーホートとは同じ時期に同じ人口事象を経験した集団のことで，出生について扱われることが多く（人口学研究会編 2010），ここでは，5歳間隔の各年齢階級別人口を指す。

コーホート変化率法では，直近の人口変化の動向が今後も継続すると仮定して将来人口を推計する。本章では，2010 ～ 15 年の人口変化が将来にわたって継続すると仮定する。通常，将来人口推計では男女別に計算するが，本章では，推計方法をわかりやすく提示すべく，年齢階級別人口の男女合計値を用いる[5)]。したがって，本章の推計は粗いものである。以下，表 3-1 をもとに，男女合計値によるコーホート変化率法での将来人口の推計方法を説明する。

まず，2010 年と 2015 年の 2 時点について，年齢階級別の人口を整理する。次に，2010 ～ 15 年の年齢階級別人口の変化率（コーホート変化率）を求める。2010 年の 0-4 歳は 2015 年には加齢して 5-9 歳になる（0-4 → 5-9）ことから，2015 年の 5-9 歳人口を 2000 年の 0-4 歳人口で割る。同様の計算を，5-9 → 10-14，10-14 → 15-19，…，90-94 → 95-99 と続ける。ここで，2015 年の 100 歳以上は 2010 年には 95 歳以上であることから，95- → 100- では，2015 年の 100- 歳人口を 2010 年の 95-99 歳人口と 100- 歳以上人口の和で割る必要がある。

次いで，求めたコーホート変化率を用い，2020 年の年齢階級別人口を推計する。その際，2010 ～ 15 年のコーホート変化率が 2015 年以降も変わらないと仮定し，2020 年の 5-9 歳人口は，2015 年の 0-4 歳人口に 2010 ～ 15 年の 0-4 → 5-9 のコーホート変化率を乗じて推計する。2020 年の 10-14 歳人口，15-19 歳人口，…，95-99 歳人口も，同様に推計する。ただし，2020 年の 100- 歳人口は，2015 年の 95-99 歳人口と 100- 歳人口の和を求めたのちに 95- → 100- のコーホート変化率を乗じる。

以上において，2015 年に生まれていない 2020 年の 0-4 歳人口は推計できない。0-4 歳人口の推計では，通常，子ども女性比（出産期の女性に対する子どもの比率）を用いるが，男女合計値で推計する本章では，子ども出産期人口比を用いる。具体的には，2015 年の 15-19 歳から 40-44 歳までの人口の和に対する 0-4 歳人口の比率（子ども出産期人口比）を求め，推計された 2020 年の 15-19 歳から 40-44 歳の人口の和に 2015 年の子ども出産期人口比を乗じて 2020 年の 0-4 歳人口を推計する[6)]。

最後に，以上の年齢階級別人口をすべて足し合わせることで，2020 年の人口総数

5）男女別に行う通常のコーホート変化率法については，藤山編著（2018）や江崎・小池（2020）で詳細な解説があるので，参照されたい。

6）厚生労働省の website で「母の年齢（5 歳階級）・出生順位別にみた出生数」をみると，出生数は 40 歳代前半で 5 万を超えるのに対し，40 歳代後半で 1591 と非常に少ないため，出産期を 15 歳から 44 歳までとした。https://www.mhlw.go.jp/toukei/saikin/hw/jinkou/kakutei18/dl/08_h4.pdf（最終確認日：2020 年 10 月 26 日）。

表 3-1　旧美里町を事例にした将来人口の推計方法

人口			コーホート変化率（2010 → 2015 年）			2020 年人口の推計	
年齢階級	2010	2015	年齢階級の変化	求め方	変化率	求め方	推計値
0–4	54	52	子ども出産期人口比＊1	52 ÷ 550	0.0945	409 × 0.0945＊2	39
5–9	88	64	0–4 → 5–9	64 ÷ 54	1.1852	52 × 1.1852	62
10–14	110	75	5–9 → 10–14	75 ÷ 88	0.8523	64 × 0.8523	55
15–19	112	101	10–14 → 15–19	101 ÷ 110	0.9182	75 × 0.9182	69
20–24	102	64	15–19 → 20–24	64 ÷ 112	0.5714	101 × 0.5714	58
25–29	100	66	20–24 → 25–29	66 ÷ 102	0.6471	64 × 0.6471	41
30–34	112	88	25–29 → 30–34	88 ÷ 100	0.8800	66 × 0.8800	58
35–39	129	103	30–34 → 35–39	103 ÷ 112	0.9196	88 × 0.9196	81
40–44	109	128	35–39 → 40–44	128 ÷ 129	0.9922	103 × 0.9922	102
45–49	154	105	40–44 → 45–49	105 ÷ 109	0.9633	128 × 0.9633	123
50–54	202	153	45–49 → 50–54	153 ÷ 154	0.9935	105 × 0.9935	104
55–59	272	205	50–54 → 55–59	205 ÷ 202	1.0149	153 × 1.0149	155
60–64	251	266	55–59 → 60–64	266 ÷ 272	0.9779	205 × 0.9779	200
65–69	216	239	60-64 → 65–69	239 ÷ 251	0.9522	266 × 0.9522	253
70–74	262	207	65–69 → 70–74	207 ÷ 216	0.9583	239 × 0.9583	229
75–79	352	236	70–74 → 75–79	236 ÷ 262	0.9008	207 × 0.9008	186
80–84	356	280	75–79 → 80–84	280 ÷ 352	0.7955	236 × 0.7955	188
85–89	188	253	80–84 → 85–89	253 ÷ 356	0.7107	280 × 0.7107	199
90–94	76	99	85–89 → 90–94	99 ÷ 188	0.5266	253 × 0.5266	133
95–99	32	16	90–94 → 95–99	16 ÷ 76	0.2105	99 × 0.2105	21
100–	1	7	95– → 100–	7 ÷ (32+1)	0.2188	(16+7) × 0.2188	5
総　数	3,278	2,807					2,362

注：本章では，将来人口の推計手順をわかりやすく示すため，男女合計値によるコーホート変化率法を用いた。2010 年の 0–4 歳は 2015 年には 5–9 歳，2020 年には 10–14 歳になることを示すべく，太枠で囲んである。他の年齢階級でも同様である。ただし，2015 年の 100 歳以上は 2010 年には 95 歳以上である点に注意が必要であり，当該箇所も太枠で囲んだ。また，0–4 歳人口の推計では，2015 年の 0–4 歳人口の 15–19 歳～ 40–44 歳人口の和（表の網掛け部分）に対する比を求めて「子ども出産期人口比」(＊1) とし，推計された 2020 年人口の 15–19 歳～ 40–44 歳の人口の和（表の網掛け部分）に 2015 年の子ども出産期人口比を乗じること (＊2) で求めた。詳細は本文を参照のこと。

出典：国勢調査の結果をもとに作成。

が推計される。なお，近年の国勢調査の各項目では「不詳」が増えており，種々の検討が進められているが（埴淵・村中編 2018），旧美里町で年齢不詳は発生していないため，計算に含めていない。

2020 年以降の将来人口推計では，5 年間隔で，5 歳以上の年齢階級別人口を推計したのちに 0-4 歳人口を計算し，それらを足し合わせて人口総数を求めるという計算を繰り返す。具体的には，はじめに以下の手順で 2025 年の人口を推計する。まず，5 歳以上人口について，2020 年の年齢階級別推計人口に 2010 ～ 15 年のコーホート変化率を乗じて，2025 年の年齢階級別人口を推計する。次に，2025 年の出産期人口の推計値に 2015 年のこども出産期人口比を乗じて，2025 年の 0-4 歳人口を推計する。こうして推計した各年齢階級別人口の合計値が 2025 年の推計人口総数となる。その後，同じ手続きを 2030 年，2035 年…と順に繰り返し，将来人口を推計する。

4-2　旧美里町の将来推計人口の推移

コーホート変化率法による人口推計では，直近の人口変化の動向が将来にわたって継続すると仮定する。そこで，2010 ～ 15 年の人口変化を整理する。その後，コーホート変化率法で推計した 2050 年までの将来人口の推移を検討する。

地域人口の変化は，出生・死亡・転入・転出のいずれかに分けられる。このうち，出生は 0-4 歳に現れるのに対し，他の年齢階級別人口の変化は，死亡・転入・転出のいずれかによるものである。死亡率（人口当たりの死亡者数）は 60 歳前後から次第に高くなることから，60 歳までの人口変化では転入・転出という人口移動が高い割合を占めるのに対し，60 歳を超えると，死亡に伴う減少が多くなる。以上を踏まえ，旧美里町における 2010 ～ 15 年の人口変化を整理する（表 3-1）。

コーホート変化率をみると，15–19 → 20–24 が 0.5714，20–24 → 24–29 が 0.6471 と非常に低い。これは，2010 年からの 5 年間に，10–15 歳人口が 43%ほど，20–24 歳人口が 35%ほど減少したことを示す。この世代は死亡率が低いことから，この減少のほとんどは転出に伴うものであり，15–19 → 20–24 は高校卒業後の進学・就職に伴う流出，20–24 → 25–29 は雇用機会を求めての流出と考えられる。また，30 歳前後の人口も 10%ほど減少したことから，2010 年代前半の旧美里町では雇用環境が悪かったと推察される。一方，35–39 → 40–44 から 65–69 → 70–74 は変化が小さい。しかし，70–74 → 75–79 より高齢側では高齢になるほど値が小さく，死亡に伴う減少が示される。

次に，出生の動向として 0–4 歳人口を検討する[7]。表 3-1 の子ども出産期人口比における出産期人口は男女合計値であることから，この世代の男女を同数と仮定すると，子ども出産期人口比を2倍にした値は，通常のコーホート変化率法で使われる子ども女性比とみなすことができる。本章では15歳から44歳を出産期人口としたことから，子ども女性比とみなした値を6倍すると，出産期全体にあたる30年の合計値となり，これは合計特殊出生率に近い値となる。旧美里町の場合，この値が1.13であり，出産期女性の出生率が極めて低い。前述した20歳代から30歳代の流出に伴う出産期人口の少なさと合わせ，旧美里町では少子化が著しい。

以上において，0-4→5-9の変化率が1.1852と1を上回ることに注目される。0-4歳が自らの意思で転居することは少ないことから，その親世代の転入があったと考えられる。前述したように，旧美里町と旧野上町が合併した紀美野町は移住定住で実績があることから（平田2017），出産期世代は，雇用機会を求めて流出する人々がいる一方で，子育て期の世帯が一定の割合で流入していることが示唆される。

コーホート変化率法では，上述した人口変化の動向が今後も継続すると仮定して将来人口を推計する。こうした推計結果をわかりやすく提示するため，年齢階級別人口について，2010年と2015年の実際の値，および2020年の推計値を図3-7に示した。コーホート変化率が1に近い30歳から74歳では，グラフが5歳分だけ右に動いた形状となる一方，それより高齢側では死亡に伴う減少が大きい。例えば2010年に最大の人口規模を持つ1926～35年（昭和一桁）生まれ世代は，2010年に75-84歳，2015年に80歳代，2020年に85-94歳であり，平均寿命を超えて人口規模が縮小し，人口総数の減少につながる。また，コーホート変化率が1より小さく転出が多い20歳代は，2015年以降も転出が継続すると仮定しているため，人口が大きく減少する。こうした出産期人口の流出は出生数の減少につながる。以上の結果，2020年の人口は2,362人と推計され，2015年からの5年間で約16%減少すると見込まれる。

図3-8は2050年までの将来人口を推計した結果である。2020年のグラフが10年分右側へ移るに伴い，高齢側で減少が大きくなり，若い世代も減少する。2020年に人口規模が最大の65-69歳は1950～54年生まれ世代であり，この世代が加齢するにつれて人口規模が縮小し，人口総数が大きく減少すると推計される。また，2050年に人口規模が最大となる75-79歳は，1970～74年生まれの第2次ベビーブ

7）厳密には0-4歳人口でも死亡や転出入による人口変化は生じており，あくまで出生の動向とみなしたものである点は注意が必要である。

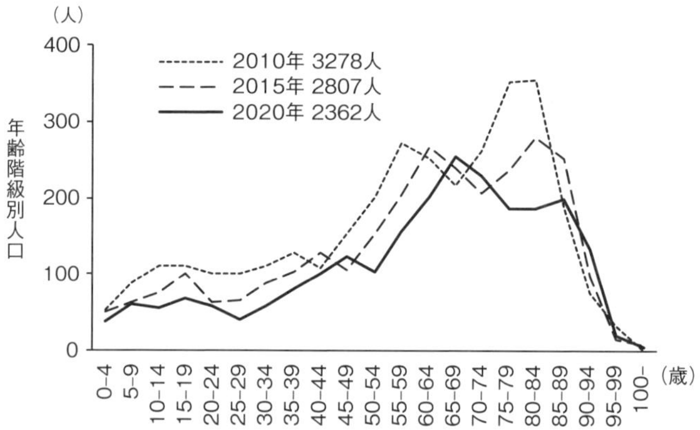

図 3-7　旧美里町の年齢構成（2010 年～ 2020 年）

注：年次の右の数値は 2010 年と 2015 年は実測値，2020 年は推計値である。推計方法は本文を参照のこと。
出典：国勢調査の結果をもとに作成。

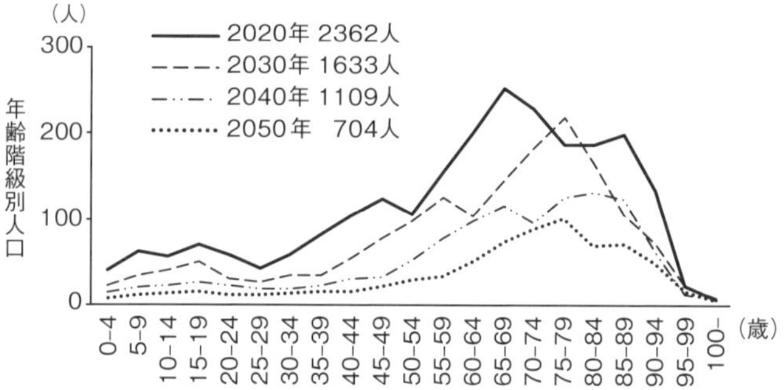

図 3-8　旧美里町の年齢階級別の将来推計人口

注：推計方法は本文を参照のこと。
出典：国勢調査の結果をもとに作成。

ーム世代である。2050 年はこの世代を頂点とする三角形のグラフを描き，50 歳未満が極めて少ない。

以上のように，人口規模の大きい世代が加齢するに伴い死亡者数が増加して減少することと，若い世代の流出が継続して出産期人口と出産数が減少することで，2050 年の旧美里町の人口は，2015 年の 4 分の 1 程度に落ち込むと推計される。

4-3　シナリオ別にみた旧美里町の 2050 年の推計人口

旧美里町では，1950 年代後半以降に人口流出が継続したことで人口が大幅に減少し，少子高齢化が著しい。また，2010 ～ 15 年の人口変化が継続すると仮定した場合の将来人口の推計では，少子高齢化がますます進展し，2050 年の人口は 2015 年の 4 分の 1 程度に減少すると推計された。そこで，人口減少を小さくできないかという観点から，いくつかの単純なシナリオを立て，2050 年の推計人口がどうなるかを検討する。具体的には，男女合計値によるコーホート変化率法を適用するさい，子ども出産期人口比やコーホート変化率の値を以下のように変更し，その条件が 2050 年まで継続すると仮定して，将来人口を推計する。

シナリオ A：現状維持。2010 ～ 15 年の人口変化の動向が 2050 年まで継続すると仮定する。前節と同じ推計で，他のシナリオとの比較材料とする。

シナリオ B：出生率の上昇。2015 年以降に出生率が上昇したと想定する。推計では，2020 年以降の子ども出産期人口比を 1.8 倍とし，その他は A と同条件とする。

シナリオ C：地元定着者と移住者の増加。20 歳前後の地元定着率が上昇するとともに移住者が増加すると想定する。2015 ～ 20 年以降のコーホート変化率について，15-19 → 20-24 と 20-24 → 25-29 を 1.3 倍，25-29 → 30-34 から 40-44 → 45-49 を 1.1 倍とし，その他は A と同条件で推計する。

シナリオ D：出生率の上昇（B）と地元定着者と移住者の増加（C）がともに生じる状況を想定する。

以上のシナリオの根拠を整理する。まず，2015 年のこども出産期人口比は 0.0945 であり，合計特殊出生率に換算すると 1.13 になる。そこで，合計特殊出生率が人口置換水準の 2.07 に近い値となるよう，子ども出産期人口比を 2015 年の 1.8 倍となる 1.1345 に設定した。次に，地元定着率は，2010 ～ 15 年のコーホート変化率が 15 -19 → 20-24 が 0.5714，20-24 → 25-29 が 0.6471 であり，これらを 1.3 倍して，順に 0.7429，0.8412 に設定した。これは，それぞれの流出率が 25%，15%程度であり，大学がなく雇用機会が限られている状況を踏まえ，一定の流出は不可避と想定した。また，移住者の増加は，2015 年以降の 25-29 → 30-34 から 40-44 → 45-49 のコーホート変化率を 2010 ～ 15 年の 1.1 倍にした。年齢階級順に設定したコーホート変化率は，0.9680，1.0116，1.0915，1.0596 となる。この年齢層では，流出が継続しつつも移住者が増加することで，全体として 3%ほどの転入超過になると想定した。以上のシナリオによる 2050 年の年齢階級別推計人口を図 3-9 に示し，基本的な指標

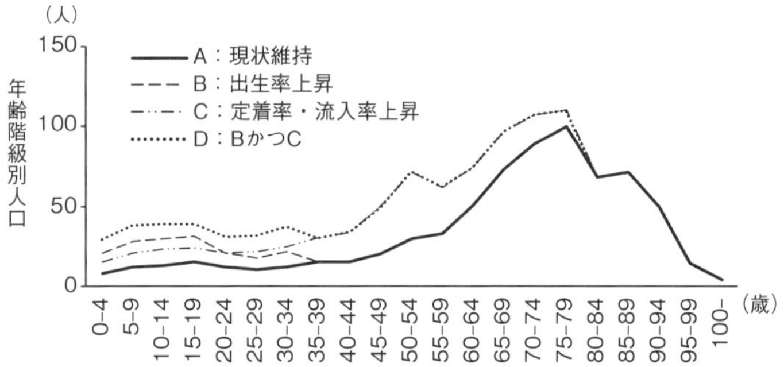

図 3-9　シナリオ別にみた旧美里町の 2050 年の年齢階級別推計人口

注：A：現状維持…2010 ～ 15 年の人口変化の動向が 2050 年まで継続。B：出生率上昇…2015 年以降の出生率を 1.8 倍とし，その他は A と同条件。C：地元定着率と移住者の増加…2015 年以降，20 歳前後の地元定着率を 1.3 倍，30–40 歳代のコーホート変化率を 1.1 倍とし，その他は A と同条件。D：出生率上昇（B）及び地元定着率と移住者の増加（C）がともに生じると仮定。図 3-8 から縦軸を 2 倍に強調していることに注意されたい。推計方法は本文を参照のこと。

出典：国勢調査の結果をもとに作成。

表 3-2　シナリオ別にみた旧美里町の 2050 年推計人口の基本指標

	2015 年	A	B	C	D
人口（人）	2,807	704	792	983	1,076
対 2015 年人口比	1.00	0.25	0.28	0.35	0.38
0–14 歳人口（人）	191	31	77	57	104
15–64 歳人口（人）	1,279	207	250	407	454
65 歳以上人口（人）	1,337	466	466	518	518
0–14 歳人口割合	6.8%	4.4%	9.7%	5.8%	9.6%
15–64 歳人口割合	45.6%	29.5%	31.5%	41.4%	42.2%
65 歳以上人口割合	47.6%	66.1%	58.8%	52.7%	48.2%

注：各シナリオについては図 3-9 を，推計方法は本文を参照のこと。
出典：国勢調査の結果をもとに作成。

を表 3-2 に整理した。

出生率が上昇したと仮定するシナリオ B をみると，2015 年から 35 年後の 2050 年では，シナリオ A との差は 35 歳未満にしか現れない。出生率が高まったことで，0–4 歳から 15–19 歳は多くなるが，地元定着率が低い状況が継続することで，20 歳代の人口規模はそれより若い年齢より小さい。結果として，推計人口の総数は，対 2015 年比で 0.28 にとどまるとともに，65 歳以上人口割合が 58.8% と高い。

次に，出生率に変化はないものの地元定着者と移住者の増加を想定したシナリオ C をみると，シナリオ A に比して，85 歳未満が全体として増加し，20 歳代での人口規模の落ち込みが小さい。また，出生率に変化がない状況でも，出産期人口が増加することで出生数が増加している。結果として，推計人口の総数が対 2015 年比で 0.35 とシナリオＢより高く，65 歳以上人口割合も 52.7％と，シナリオＢより低い。

次いで，出生率の上昇とともに地元定着者と移住者の増加を想定したシナリオＤをみると，35 歳以上ではシナリオＣと同じ結果だが，それより若い年代では人口規模の厚みが増した。これは，出生率の上昇とともに，地元定着者や移住者の増加による出産期人口の増加に伴うものである。結果として，推計人口の総数が対 2015 年比で 0.38 となり，人口減少を最も小さく抑えている。また，65 歳以上人口割合も 48.2％で 2015 年とほぼ同水準に収まり，年齢構成のバランスが保たれている。

以上のシナリオに従うのであれば，人口減少を食い止めるには，出生率を高めるよりも，若年層の地元定着率を高めることと子育て期にある年齢層の移住を推し進めることのほうが高い効果を得られることがわかる。若年層の流出が継続して出産期人口が減少する場合，出生率の上昇だけでは出生数の増加は限定的なものとなり，人口減少を抑える効果が小さくなるのである。

以上のように，いくつかのシナリオを用意して，将来推計人口にどのような差がみられるかを検討し，地元定着者や移住者を増やすことのほうが，出生率の上昇よりも人口減少を小さなものにとどめる効果が高いという結果を得た。現実には，その双方の方策がとられているし，今回は転出・移住に関わる年齢層を 20 歳代から 40 歳代に限定したが，一定数の退職後の移住もみられる。したがって，ここに示した以外のシナリオを用意して将来人口を推計することが必要であろう。また，本章で使用したコーホート変化率法は，直近の人口変化の影響を強く受けるという特徴がある。藤山編著（2018）が指摘するように，直近の動向をもとに将来人口を推計する点でわかりやすい反面，直近の動向が長期的な趨勢から乖離していると，非現実的な推計結果が得られるという問題がある（小池 2020）。将来推計人口を用いて議論する際には，どういう方法を用い，どのような仮定を設定したかを確認する必要がある。

ただし，本章で示したように，高齢化が著しい地域では，人口減少は不可避であり，高齢化した年齢構成が一気に若返ることはない。人口変化は少しずつ生じるものであり，人口変化に即効薬は存在しない。即効薬にみえる対策は，効果は短期間のものにとどまり，それはまた別の人口問題を引き起こす。人口変化への各種対策は，遠い将来を見据えた息の長いものとしなければならず，そのとき，様々なシナリオに基づく将来推計人口を議論の基盤に据えることが必要であろう。

5 和歌山県下旧市町村の 2050 年の推計人口

前節では，旧美里町を対象として，簡便な方法で将来人口を推計した。本節では，2010 ～ 15 年の人口変化の動向が 2050 年まで継続すると仮定して，和歌山県下旧市町村のすべてで 2050 年の人口推計を行い，その結果について議論する。将来人口の推計では，前節のシナリオ A と同様の方法をとる。ただし，旧美里町ではみられなかった年齢不詳人口について，年齢階級別人口に按分することはせず，年齢不詳の発生率は 2015 年と変わらないと仮定し，年齢階級別人口の総和を求めたのちに年齢不詳発生率を乗じて年齢不詳人口を求め，それを当該市町村の人口総数に加えた。こうして得られた和歌山県下の旧市町村の 2050 年の推計人口について，対 2015 年人口比を求めて地図化したものが図 3-10 である。

図に示すように，県下の多くの旧市町村で人口が大きく減少すると推計された。

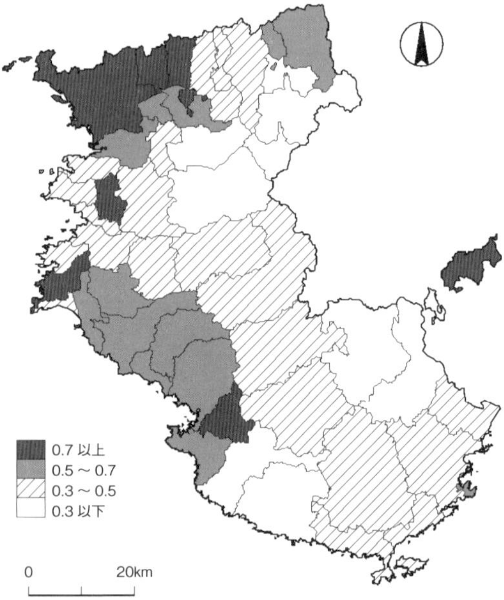

図 3-10　和歌山県下旧市町村の 2015 年人口に対する 2050 年推計人口の比率

注：推計方法は本文を参照のこと。

出典：国勢調査の結果をもとに作成。

7割以上の人口を維持する旧市町村は7つのみで，増加する市町村は旧岩出町，旧吉備町，日高町，北山村の4町村である。このうち3つの町は，2010～15年に宅地開発が継続し，出産子育て世代が流入していた。こうした動向が今後も継続すると人口増加が続くが，全県的に人口減少が大きくなると，郊外型の宅地開発は停滞するであろう。その結果，これら3つの町での宅地開発は継続せず，人口流入が止まり，人口減少に転じるであろう。ただし，2015年の高齢人口割合は低く，人口の減少幅は小さいと予想される。一方，北山村では20歳代から30歳代が流入し，子ども世代も増加した。人口規模が小さいため，少数の流入が推計に大きく影響した面はあるが，こうした世代の流入により，人口が安定的に推移していくことになる。

次に，2050年の推計人口が2015年の0.5～0.7倍に収まるのは，和歌山市周辺の旧市町，旧橋本市と旧高野口町，御坊市から旧白浜町までの海沿いの地域である。これらの地域では1960年から2015年の人口変化が小さく（図3-4），2015年の年齢構成は65–69歳が最多で（図3-5），高齢化の進展は相対的に遅い。和歌山県下では相対的に人口が安定的に推移した地域でも，2050年までに人口が30～50%減少すると推計された。

以上に整理した地域以外，具体的には山間部や県南部を中心とする旧市町村では，2050年までに人口が50%未満に減少すると推計された。これらの旧市町村の多くは，1960年から2015年までに人口が40%以上減少しており（図3-4），高度経済成長期以降，若年層を中心とする人口流出が激しい地域であった。また，少子高齢化が著しく，2015年の年齢構成では，70歳以上，とりわけ戦前生まれの80–84歳が多かった（図3-5）。過疎化が進展して高度に少子高齢化した地域では，今後も大きな人口減少が継続し，2050年までに人口が半分以下に落ち込むと見込まれる。

6　田園回帰に対する期待

本章では，人口減少が進む和歌山県下の旧市町村を対象として，簡便な方法による将来人口の推計過程を示しながら，地域人口が変化していく過程を検討してきた。以上の結果をもとに，田園回帰に期待することを整理したい。

田園回帰の概況と論点を整理した小田切・筒井編著（2016）は，田園回帰を都市から農山村への移住としてだけではなく，複眼的にアプローチすることが求められるとして，農山村への移住そのものである「人口移動論的田園回帰」に加えて，「地域づくり論的田園回帰」と「都市農村関係論的田園回帰」という重層的な局面を経て，新たな都市と農山村の共生社会を創造することを課題としている。

本章で取り上げた旧美里町では，人口が大きく減少した他の市町村と同様，少子高齢化が著しく，昭和一桁生まれ世代の人口が最多であった。これまで地域社会を支えてきたこの世代はすでに平均寿命に達しており，死亡者数の増加に伴う地域社会の担い手の大幅な減少は喫緊の課題である。そうしたなか，旧美里町はＩターン移住の受入れで実績を積み上げてきたが，町全体の人口減少を食い止めるほどの量的インパクトはなく，進学・就職を契機とする若年層の流出が継続した。以上の動向は，旧美里町に限られた話ではなく，人口減少に苦しむ多くの市町村に共通する。

こうした状況で田園回帰に期待されることとして，まず，農山村への移住で地域人口が増加することである。人口が減少するなかで地域社会の担い手が増えることへの期待は大きい。加えて，農山村に何らかの価値を見出して移住した人々による起業が，地域社会にインパクトを与えている。旧美里町を含む紀美野町では，移住者によるカフェやレストラン，パン屋などが開業し，都市部からの訪問者が増加した（平田 2017）。地域社会に新たな風を起こす移住者の役割は大きく，移住者と地域社会がかかわりを深めながら，新たな価値を創造しうる環境をつくることが重要である。

また，こうした移住者との交流を通した地域社会の変化が，若年層の定着及びＵターンの促進につながることを期待したい。現時点で旧美里町では若年層の流出が継続するが，移住者の増加に伴う地域社会の変化を通して，地元の良さに気付く，ないしは地元で生活の糧を得る新たな手段を見出すことができれば，他出することなく地元にとどまる，もしくは他出後もＵターンしてくることにつながるであろう。近年では都市部でも労働力不足が顕在化しつつあり，都市部からの移住者が無尽蔵にあるわけではなく，また，人口減少が継続すると推計される市町村が多いことを踏まえると，限りある移住者をめぐって地域間競争が激化することが危惧される。そうした状況において，若年層の定着及びＵターン促進の重要性は高い。

以上の内容は，いくつかのシナリオを立てて得られた人口の将来推計の結果とも符合する。少子高齢化が顕著な地域では，高齢化した人口が一気に若返ることはなく，人口減少は不可避であるものの，若年層の地元定着者や移住者を増やすことのほうが，出生率の上昇よりも人口減少を小さなものにとどめる効果が高い。人口流出に歯止めをかけることができなかった農山村において，「地域づくり論的田園回帰」や「都市農村関係論的田園回帰」を含む広義の田園回帰を通して，新たな都市と農山村の共生社会を創造していくことは，新たな動きとして期待すべきものであろう。

そのさいに注意すべきは，移住者の数という量的インパクトを求めるのではなく，移住者と地域社会が互いにかかわりを深めながら，新たな価値を創造しうる環境を整えることであろう。多くの市町村で人口減少が進むと見込まれるなかで田園回帰を推し進めるには，農山村への移住という狭義の田園回帰だけではなく，田園回帰を地域づくりと結びつけ，さらに都市－農村間の双方向の流動化が進むという，広義の田園回帰の観点が必要である。新たな都市と農山村の共生社会を創造することで，農山村社会に関わる人の数が増え，その結果として地元定着者や移住者が増加していくことが，農山村社会を持続可能なものにしていくであろう。

（山神達也）

【文　献】

江崎雄治・小池司朗 2020．地域推計の計算例．西岡八郎・江崎雄治・小池司朗・山内昌和編『地域社会の将来人口―地域人口推計の基礎から応用まで―』87–103．東京大学出版会．

小田切徳美・筒井一伸編著 2016．『田園回帰の過去・現在・未来―移住者と創る新しい農山村―』農山漁村文化協会．

小池司朗 2020．推計法と仮定値設定．西岡八郎・江崎雄治・小池司朗・山内昌和編『地域社会の将来人口―地域人口推計の基礎から応用まで―』63–86．東京大学出版会．

国立社会保障・人口問題研究所 2013．『日本の地域別将来推計人口―平成 22（2010）～ 52（2040）年―平成 25 年 3 月推計』人口問題研究資料第 330 号．

国立社会保障・人口問題研究所 2018．『日本の地域別将来推計人口―平成 27（2015）年～ 57（2045）年―平成 30 年推計』人口問題研究資料第 340 号．

人口学研究会編 2010．『現代人口辞典』原書房．

内閣府地方創生推進室 2019．地方人口ビジョンの策定のための手引き（令和元年 6 月版）．内閣府地方創生推進室．

西岡八郎・江崎雄治・小池司朗・山内昌和編 2020．『地域社会の将来人口―地域人口推計の基礎から応用まで―』東京大学出版会．

日本創成会議・人口減少問題検討分科会 2014．成長を続ける 21 世紀のために「ストップ少子化・地方元気戦略」．日本創成会議・人口減少問題検討分科会．

埴淵知哉・村中亮夫編 2018．『地域と統計―〈調査困難時代〉のインターネット調査―』ナカニシヤ出版．

平田隆行 2017．着実に「里帰り」の道筋をつける―和歌山県紀美野町―．山崎義人・佐久間康富編著『住み継がれる集落をつくる―交流・移住・通いで生き抜く地域―』206–

218. 学芸出版社.
藤山　浩編著 2018.『図解でわかる　田園回帰 1%戦略　「地域人口ビジョン」をつくる』農山漁村文化協会.
増田寛也編著 2014.『地方消滅―東京一極集中が招く人口急減―』中央公論新社.
山神達也 2016. 通勤流動に着目した和歌山県下の機能地域の抽出―2010 年の国勢調査の結果をもとに―. 学芸（和歌山大学学芸学会）62：127–134.
山神達也 2017. 人口減少期突入前後の和歌山県の人口動態. 和歌山大学紀州経済史文化史研究所紀要 38：1–19.

移住支援のモノグラフ

NPO・県・市の現場から

04

1　移住相談の現場から

2019年の東京への転入超過数は82,982人。政府による東京圏への転入超過を2024年度に解消するという方針に暗雲が漂う。その一方で2019年のNPO法人ふるさと回帰支援センターの相談は49,401件と50,000に届く勢いだ。ここ5年間，相談件数は毎年2割程度増加しており，地方移住の動きが定着しつつあることを伺

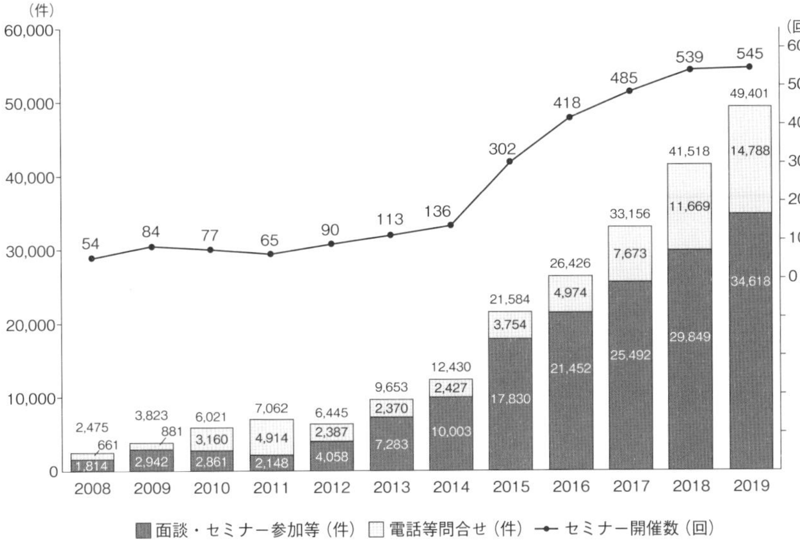

図4-1　移住相談件数と移住相談セミナーの開催件数の推移

注：各年は暦年で集計。

出典：ふるさと回帰支援センター（東京）来場者アンケート結果（2020年2月公表）より筆者作成。

わせる。とはいえ，先の転入超過の数字を見る限り，東京への一極集中の勢いは止まらず，地方創生の見直しの議論の中でもこの一極集中にどう歯止めをかけるかが論点になっている。2014年の消滅都市論「日本創成会議　人口問題検討分科会報告」（増田レポート）以降「まち・ひと・しごと創生総合戦略」において「地方への人の流れをつくる」と都市部からの地方移住が明確に位置づけられ，その後，地方版総合戦略が策定され，全国で人口減少対策としての地方移住者受け入れが加速した。

筆者が勤めるふるさと回帰支援センターの相談件数を見ても，2015年からの伸びが著しい（図4-1)。これは，地方創生交付金等を呼び水に，人口減少対策として各道府県が一斉に移住者受入対策に乗り出したことも背景にあるが，見て見ぬふりをしていた人口減というパンドラの箱が開けられてしまったことで，対策を取らざるを得なくなったのだ。2014年時点でふるさと回帰支援センターに専属相談員を配置していたのは青森県，福島県，山梨県，岡山県，広島県の5県。2015年にはこれが29県に，2019年には39道府県にまで増え，2020年現在は41道府県が相談員を配置するようになった。また，移住相談会や移住セミナーの開催数も2014年を境に急増。2019年はふるさと回帰支援センター共催セミナーだけで545回も開催しており，総務省の移住・交流情報ガーデンやアンテナショップ等で行われる移住相談会などを含めると，年に1,000回を超える。このように地域間で移住者獲得合戦の様相を見せ始めてきたが，これは今にはじまった話ではない。

2　地方移住をめぐる状況変化

2-1　疎開的移住と若年層の移住

2011年におこった東日本大震災を契機とした子育て世代の地方志向もそのターニングポイントと言える。福島原発事故や首都圏直下型地震がいつ来るかわからないという不安からの子育て世代の「疎開的移住」とも言える動きが出てきた。必ずしも「田舎」を希望しない移住希望者の出現である。これを契機に「田舎暮らし」ではなく地方都市も含めた「地方暮らし」のニーズが顕在化してきた。さらに，地方創生の流れで各自治体が地方版総合戦略の中で移住施策を打ち立て始め，窓口機能の強化や，自治体のPRをはじめたことにより，2015年からははじめに触れた相談件数の増加だけでなく，20歳代，30歳代の相談割合も急増している（図4-2)。

一方，Uターン希望者[1]が増加しているが（図4-3)，そのなかでも20代のUタ

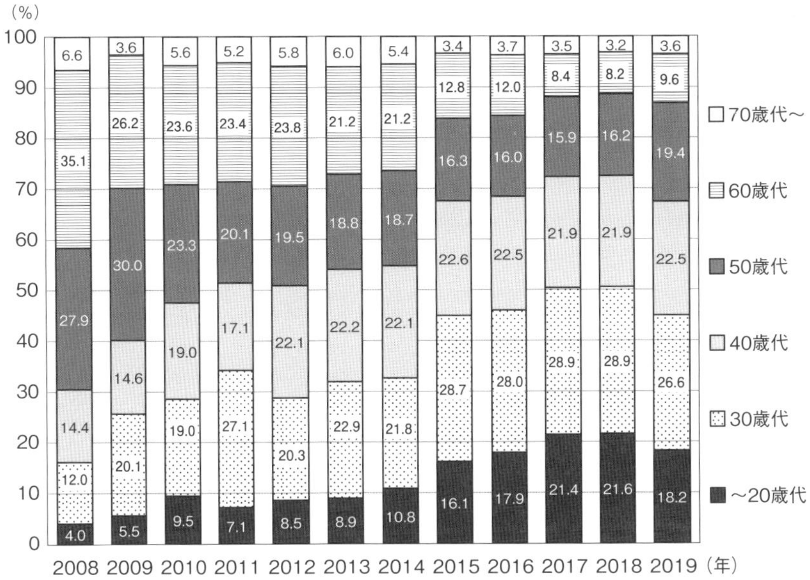

図 4-2　移住相談者の年代割合の推移

注：各年は暦年で集計。

出典：ふるさと回帰支援センター（東京）来場者アンケート結果（2020 年 2 月公表）より筆者作成。

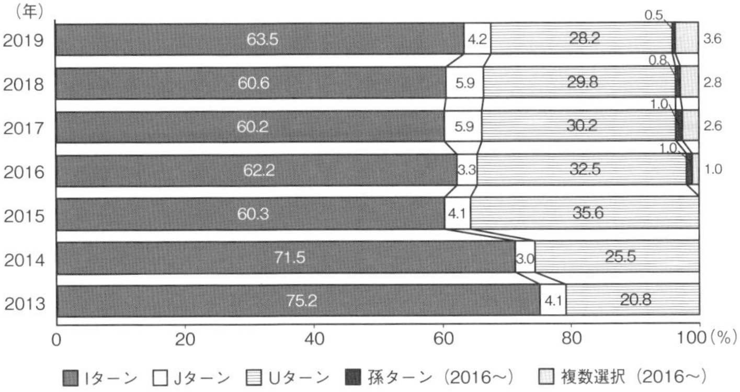

図 4-3　移住相談者の IJU ターン割合の推移

注：各年は暦年で集計。

出典：ふるさと回帰支援センター（東京）来場者アンケート結果（2020 年 2 月公表）より筆者作成。

1）IJU ターンの分類は本人の記載による。ふるさと回帰支援センターでの分類は県ごとに判断している。

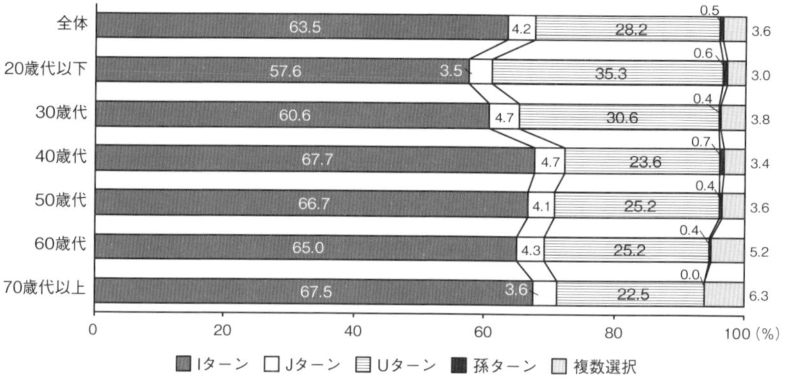

図 4-4　2019 年の移住相談者の年代別 IJU ターンの割合

注：暦年で集計。

出典：ふるさと回帰支援センター（東京）来場者アンケート結果（2020 年 2 月公表）より筆者作成。

ーン希望者の割合が高くなっている（図 4-4）。ただし，これも出身地の農山村へのUターンではなく，雇用のある出身地近隣の地方都市を希望する傾向にあり，これも田園回帰の流れの中で見逃せないポイントである。さらに「人口減少対策」が政策課題となったため，埼玉県や神奈川県などの首都圏の自治体も移住者の受入施策を拡充しつつある。特に過疎対策も行ってこなかった自治体にとっては，移住者を地域の担い手という意識で考えておらず，移住者数として捉えがちである。では，地方移住の本質とは何であろうか。

2-2　ライフスタイル移住

都市住民にとっての地方移住とは，「仕事や家族の事情ではなく，ライフスタイルを変える目的を持っての転居」と改めて定義する必要があるだろう。また，若年層の移住志向の高まりは田園回帰の中でも特筆すべきところであるが，その牽引は 20 歳代の単身者によるものだろう。図 4-5 は 2019 年の年代別の移住後の家族構成であるが，当然 20 歳代では単身者の割合が高いが，ここでも出てくるのは「自己実現」として地方移住を考える人と，「地域との関わり」を求めて地方移住を志す人とのギャップである。

例えば「のんびりと田舎暮らし」「悠々自適」といった農村生活というのもある種の自己実現と言えるし，移住して新規就農あるいはカフェや飲食店などの起業というのも「自己実現の場」としての農山村を選択するという結果であろう。2008 年の

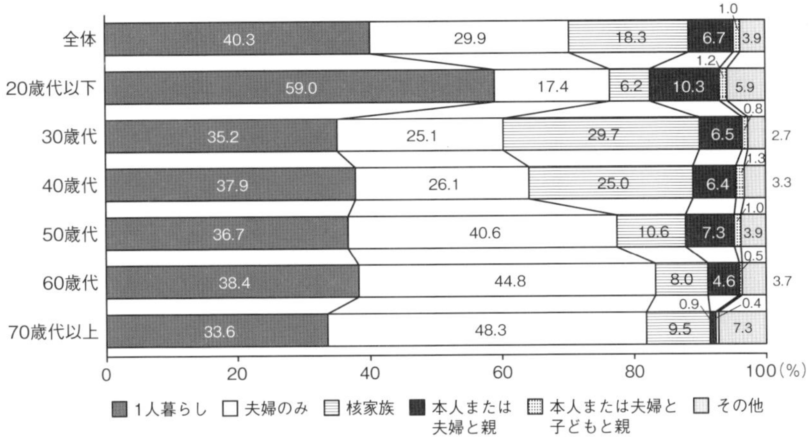

図 4-5 2019 年の移住相談者の年代別家族形態の割合

注：暦年で集計。

出典：ふるさと回帰支援センター（東京）来場者アンケート結果（2020 年 2 月公表）より筆者作成。

リーマンショック以降の「ソーシャル」ブームの中で出てきた「ローカル志向」あるいは「周囲に認められたいという欲求」の現れも，都会では匿名化してしまうなかで，小さいコミュニティの中で認知される心地よさ，居心地の良さを求めているのかもしれない。

もう一方で，2011 年の東日本大震災以降に見られるようになった「地域との関わり」を求めて移住を考える人たちは都会にないものとしての「癒やし」や「安らぎ」あるいはコミュニティの「暖かさ」といったイメージを持って移住を考え，その出会いを求める傾向がある（嵩 2019）。

しかしながら，ふるさと回帰支援センターへの相談者でも首都圏（1 都 3 県）出身者が 4 割を占めるようになっている。このように，地方暮らしを知らない人たちはどのように移住を決めていくのだろうか。

3 ふるさと回帰支援センターの取り組み

移住希望者の地域情報収集の手段としては，インターネットでの情報収集が増えているが，移住は単なる転居ではなく，暮らしそのものを変えることになる，大きな人生の選択でもあるので，慎重に進める必要がある。では，実際に移住相談にくる都市住民はどのように移住を決定していくのか。ふるさと回帰支援センターでの動きを見てみよう。

まず，地方暮らしに関心を持った人は情報収集をはじめるが，見学（資料集め）→漠然とした相談（地域未決定）→移住セミナー（自治体案内・移住体験談など）という流れになる。先に触れたように，ふるさと回帰支援センターだけで行う自治体等の移住セミナーは年に500回以上開催しているが，それ以外にも全国の350以上の自治体が集まって移住相談を行う「ふるさと回帰フェア」も年に一度開催している（図4-6）。また，センター来場者の個別相談は常時行っており，地域も決まっていない相談者にはエリア担当が対応し，移住先の県がはっきりしていれば各県の相談窓口につなぎ，より具体的な相談につなげていく。センターに配属されている各県の相談員は広島県と和歌山県は県職員が外勤という形で配属されているが，その他のほとんどの県はセンターへの業務委託としており，その委託の中でセンターが職員を公募，その県の出身者や縁がある方に勤務してもらっている。移住相談員自身がその県に思い入れがあり，熱い思いを語ることで相談者の気持ちを高めるだけでなく，自治体との信頼関係ができるのがその特徴であろう。

センターでは具体的に移住希望先が固まっている移住希望者にはこうした個別の県による相談に乗るほか，まだ漠然と地域が決まっていない方には，地方暮らしのイメージを固めてもらうために，自治体主催による「ふるさと暮らしセミナー」を開催している。こうしたセミナーには自治体の移住担当者だけでなく，先輩移住

図4-6　ふるさと回帰支援センター（東京）での移住セミナーの様子（2018年）
出典：筆者撮影（2018年9月撮影）。

図4-7　栃木県の移住セミナーのチラシ
出典：ふるさと回帰支援センター（東京）作成のものを転載。

者が自分の体験談を語ることが多く，こうした実践者の生の声によって移住イメージを固めていく。セミナーのテーマは単なる市町村の紹介もあれば，「子育て」や「空き家の改修」あるいは「移住後の家計簿」といった様々なテーマで開催されるようになり，特徴を出せない自治体は集客に苦戦するようになっている。最近では，こうした競争は自らの地域の特色を改めて考える機会にもなっており，関東近郊でなかなかイメージを出しにくかった栃木県では「片道1,000円で見つけるローカルの暮らし」と題したセミナーを開催（図4-7），想像以上の来場者を集めるなど，工夫を凝らしたセミナーも始めている。

このように地域で暮らすイメージを固めてもらってから，その相談者のイメージに近い自治体を紹介し，それぞれの自治体担当者にバトンリレーするのだが，その前に移住相談員が行うのは，地方移住に向かない人を紹介しないというある種のスクリーニングである。相談員のスキルとして求められるのは，移住希望者の望むライフスタイルを聞き出す能力であるが，当然，地方移住したい方でも向き不向きはあり，相談者との会話のなかでそれを見極めるのも相談員の役割である。もちろん，移住希望者本人の意思を聞き出すが，地方暮らしの経験がない都市住民にとって，単なるイメージで移住してしまうと受入地域とのミスマッチがおこり，お互いに不幸な結果になってしまうからである。そのためには，単なる情報提供でなく，良いこと以外のこともはっきり伝え，相談者自身で判断してもらう必要がある。その際重要なのが，自治体担当者との連携と情報共有である。単に移住相談員のスキルを上げるだけでなく，自治体担当者自身も移住者の受入を地域の担い手として捉え，自分ごととして考えていく必要がある。こうした自治体職員の意識向上には各道府県の施策だけでなく，移住者を受け入れるための体制づくりが重要となる。

4　三重県における移住者受け入れ体制

4-1　三重県の概要と県南振興策

紀伊半島に位置する三重県は南北に細長く（図4-8），内陸部である北部地域と半島部に位置する南部地域とで，人口や高齢化率だけでなく，産業集積などの違いによる経済格差などが生じており，「南北問題」として長年課題となっている。北部地域では四日市市，鈴鹿市，亀山市など，中京圏や関西圏からのアクセスも良く工業立地も進んでいるため，人口の集積も進んでいるが，南部地域では交通アクセスの悪さをはじめ，農林漁業や観光業などの衰退もあり，人口減少が著しいことから，

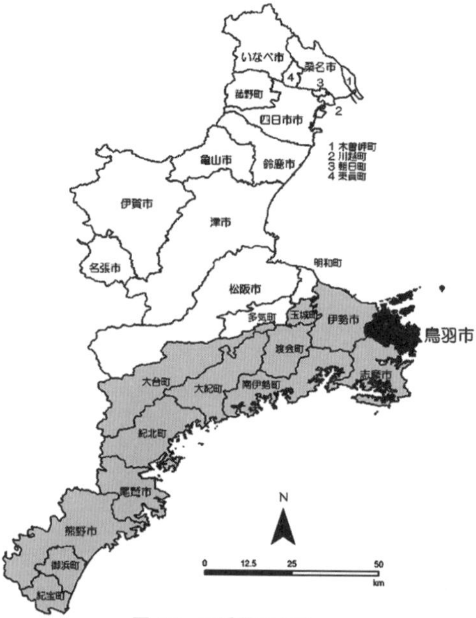

図 4-8　三重県の市町

注：色付きの市町が南部地域。

出典：筆者作成。

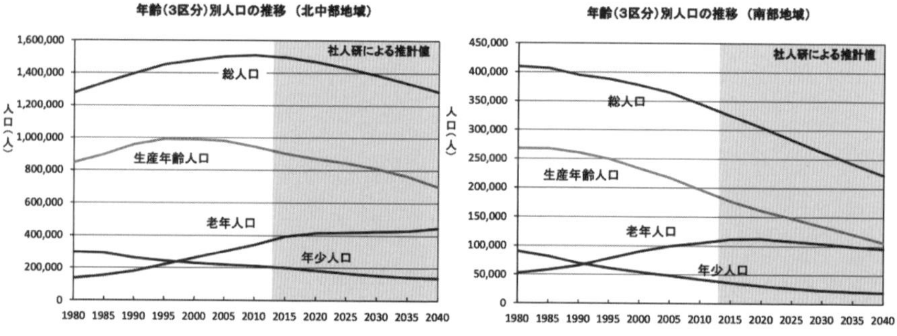

図 4-9　北中部地域と南部地域の年齢 3 区分別人口の推移

出典：三重県（2015a）。

2007 年には南北格差対策調査特別委員会が県議会に設置されるなど，県では南部地域の過疎対策事業を重点的に行ってきた（三重県 2012）。

三重県の県内人口（図 4-9）を見ると，戦後から 1971 年までは社会減であったが，その後 1979 年から 1998 年までは社会増の傾向となり，1999 年以降現在まで社会減に転じている。また生産年齢人口は1995年まで増加傾向であったが，2000年に減少に転じ，現在まで減少傾向は続いている。また，県内の高等学校卒業後大学進学する者のうち，約8割が県外に進学し，県内大学進学者のうち約5割が県外に就職するなど，近年の社会減の要因としては，若者の就職や進学に伴うものが大多数である。県全体の生産年齢人口の推移の傾向と北中部の傾向は大きく変わらないが，南部地域においては，総人口・生産年齢人口ともに減少が続いており，将来推計でも2040年に総人口が半減することが予想されている（三重県 2015a）。

こうしたことから，「三重県まち・ひと・しごと総合戦略」においても県外への流出抑制と県内への流入促進を図るため，「学ぶ」・「働く」・「暮らす」のライフステージに合わせた社会減対策に取り組むことになっている（三重県 2018）。

三重県の過疎地域自立促進特別措置法に基づく過疎地域は津市の一部（美杉地区），松阪市の一部（飯南・飯高地区），尾鷲市，鳥羽市，熊野市，大台町，大紀町，南伊勢町，紀北町の9市町10地域 であるが，大きな課題となっている県内の南北格差解消のため，2012年に南部地域13市町（伊勢市，尾鷲市，鳥羽市，熊野市，志摩市，大台町，玉城町，度会町，大紀町，南伊勢町，紀北町，御浜町，紀宝町の5市8町）を対象にした「南部地域活性化プログラム」を策定した（三重県 2012）。

これは若者の定住促進や働く場の確保に向けた取組を支援することを目的としたもので，新たに設置された南部地域活性化局のもと，複数市町の連携による働く場の確保や交流の促進など，幅広い取組への支援，大学と連携した集落の自立活性化，移住交流の推進，地域づくりサポート人材の育成等に取り組んだ。こうした事業は2012年に創設された「南部地域活性化基金」をもとに行われ，大台町・大紀町・紀北町による国道42号総合観光情報誌発行（『東海ウォーカー 大台町・大紀町・紀北町 特別号』）による交流人口拡大事業をはじめ，南部地域の様々な職種で働く若者のライフスタイルの紹介及び東京・大阪の大学生との交流事業を行う「南部の輝くライフスタイル発信事業」などを実施したが，数値目標として挙げていた生産年齢人口の減少率は未達となっており，より積極的に若年層の定住を促進することが求められている（三重県 2015b）。

4-2　地方創生以降の移住施策

一方，政府による地方創生の流れの中で2014年11月に制定された「まち・ひと・しごと創生法」に基づき，三重県でも人口の将来展望を示した「三重県人口ビジョン」を策定した。この人口ビジョンの中でも，北中部地域と南部地域に分けて将来展望を提示，2015年10月に「まち・ひと・しごと総合創生戦略」においても，人口の社会減対策にかかる取り組みの一つとして，総合的な移住促進をはかることとしたほか，2012年からスタートした「みえ県民力ビジョン」の第二次行動計画においても移住の促進を重点施策に位置づけている。

2015年4月には東京・有楽町にあるふるさと回帰支援センターにも移住相談窓口「ええとこやんか三重 移住相談センター」を設置し，専属の移住相談員を配置してきめ細やかな相談対応を行うほか，首都圏・近畿圏での移住相談会の開催やホームページ等での情報発信など，全国の動きに呼応するように移住者受け入れ体制を強化した。また，こうした移住者の受け入れ体制強化の一つとして，これまで南部地域を中心に行っていた移住者受け入れを全県的に行うため，2015年度より県内市町の移住担当者向け研修会を実施し，県全体での社会増を目指すこととした（図4-10)。さらに2016年度からは「ええとこやんか三重 県と市町の移住促進検討会議」による県と市町の連携を強化し，三重県の移住施策や移住相談会，移住者数の把握について情報共有を図りながら受け入れ体制の整備を行ってきた（嵩・藤井2017)。

2016年度は相談件数が前年度比約50%増の1,137件に増加，2019年度には相談件数が1,455件にまで増えている。また，空き家バンクや空き家リノベーション事業など県および市町の施策を利用して県外から移住された方々も前年度比約65%増の205人。2019年度には383人となった。これらの内訳を見ると，利用した施策では，空き家バンクが最も多く，相談窓口や短期のお試し住宅などのその他各市町施策やその他の県施策で移住された方が大幅に増加している。また，移住先の地域では特に伊賀地域（伊賀市，名張市）と伊勢志摩地域（伊勢市，鳥羽市，志摩市，玉城町，度会市，大紀町，南伊勢町）への移住者が2016年度には前年度に比べて約4倍と大きく伸びており，2019年度の実績でも伊賀地域は121件と全体の31.6%，伊勢志摩地域は15.1%となっている。移住者の年代では子育て世帯を中心とした40代までの方が3分の2を占めており，移住前の地域では近畿からの移住者が42.8%，関東からの移住者が22.7%，東海からの移住者が21.9%となっている。

2013年9月にオープンした東京・日本橋にある三重県初のアンテナショップ「三重テラス」は，単なる物産販売の拠点としてだけではなく，県出身者やゆかりのある人との交流拠点として位置付けられており，セミナーができるスペースを設けたことで，首都圏での三重県のファンづくりから移住の前段階からの関係づくりの場，そして移住相談会の開催など様々な活用を行っている（図4-11)。

図 4-10　三重県内市町移住担当者の研修会（2016）
出典：筆者撮影（2016 年 11 月撮影）。

図 4-11　三重テラスでの度会県イベント
出典：筆者撮影（2019 年 11 月撮影）。

2018 年には総務省の関係人口創出モデル事業として「度会県《わたらいけん》」復活による関係人口づくりを実施した。明治初期に三重県南部に実在した度会県をバーチャルに復活させ，その県民として県南部出身者や関わりがあった人に県民として登録してもらい，南部地域との関わりを再構築していくというものである。地域との関わりを持つための現地体験ツアーはじめ，様々なプロジェクトの関わりしろを創出していくなかで前述の三重テラスも活用している。

三重県は半島地域という条件が不利な点もあるが，紀伊半島の和歌山県，奈良県の 3 県の連携による移住プロモーション事業を展開するなど，県レベルでの広域連携での移住施策も行っている。また，近畿圏，首都圏からの移住者受け入れのプロモーションだけでなく，2016 年度からは月に一度，名古屋市でも「移住相談デスク@名古屋」として栄駅近くの「桜通りカフェ」で開催しているほか，2017 年度からはアウトドアショップの mont-bell 名古屋店との連携により，ショップ内での移住相談を行うなど，三重県の立地を活かした取り組みも行いはじめた。

県全域としての移住の取り組みは 2015 年からと後発ではあるが，これまでの地域連携や先駆的に取り組んできた南部地域の実績も活かしながら，地域力を活かした移住者の受け入れが進みつつある。2018 年には東京において三重県初となる単独の移住イベント「三重の暮らしの見本市」を開催。南部だけでなく北中部の市町も参加し，北勢エリア・中勢エリア・伊賀エリア・伊勢志摩エリア・東紀州エリアとバリエーションに富んだ相談会を開催することができたのも，こうした市町と取り組んできた体制強化の結果とも言え，これまでに三重県に移住した人材を今後の移住施策に取り込んで行けるかが鍵となるだろう。

5 鳥羽市における移住者受け入れの実態

5-1　鳥羽市の概要

三重県鳥羽市は，紀伊半島東端部の志摩半島に位置し，伊勢湾と太平洋の熊野灘に面している。市の沿岸部は，4つの有人離島とリアス海岸から構成されており，市域面積107.34km^2のうち，平地は海岸線沿いがほとんどであり，市域の多くは急峻な山地となっている。伊勢湾と太平洋の境界に位置し古くから豊かな漁場であり，素潜りでアワビや海藻などを獲る現役の海女が日本で最も多く活躍しているまちで，養殖真珠の発祥の地でもある。1946年には，市全域が伊勢志摩国立公園の指定を受けるなど，自然豊かで風光明媚なまちである。伊勢神宮が位置する伊勢市や伊勢志摩サミットの開催地となった志摩市に隣接し，鳥羽水族館やミキモト真珠島など県内でも有数の観光施設もあることから，年間430万人の観光客が来訪し，年間170万人が宿泊している漁業と観光のまちである。

鳥羽市の人口は，1960年の30,521人（国勢調査）をピークに減少が始まり，2015年調査では19,448人まで減少を続けている。国立社会保障・人口問題研究所が2018年に公表した人口推計によると，鳥羽市の人口は今後も減少を続け，30年後の2045年には8,572人まで減少すると言われている（図4-12）。年代別の推計を見ると，0歳から14歳までの年少人口の割合は，全国の少子化の流れと同様に減少を続け，1995年には65歳以上の老年人口数と逆転している。また，15歳から64歳

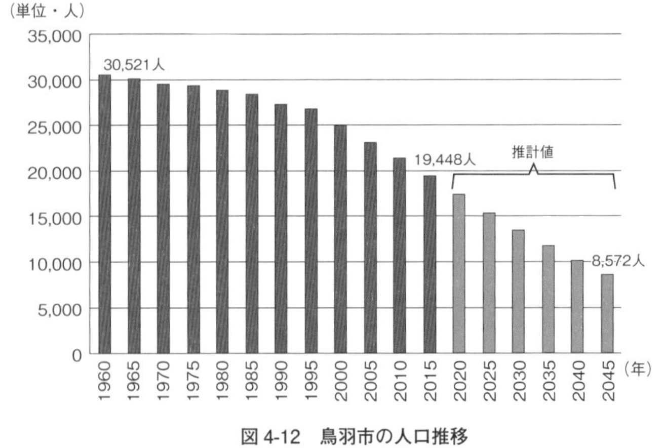

図4-12　鳥羽市の人口推移

出典：国勢調査，国立社会保障・人口問題研究所「日本の地域別将来推計人口（2018年推計）」。

までの生産年齢人口については，1990年以降に急速に減少をはじめ，2030年を経過すると老年人口と逆転すると予測されている。2040年には高齢化率が50%を超え，各産業における担い手不足は，更に深刻化すると予測されている（図4-13）。

これまでの人口減少により，学校の統廃合や地場産業における担い手不足，祭り

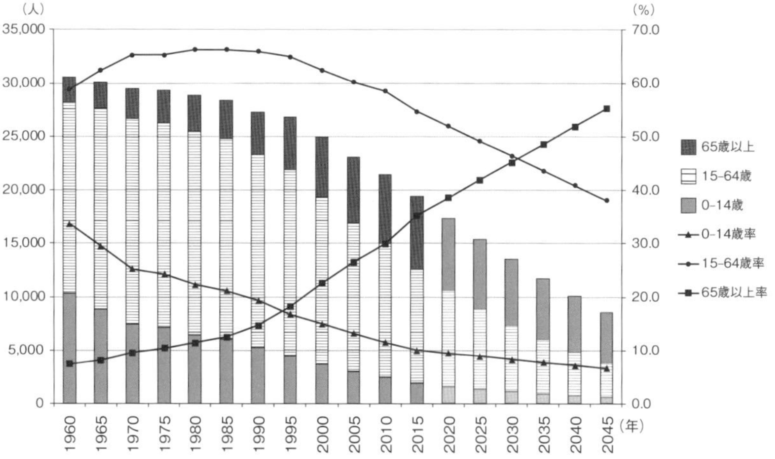

図4-13　鳥羽市の人口推移（年齢層区分）

出典：国勢調査，国立社会保障・人口問題研究所「日本の地域別将来推計人口（2018年推計）」。

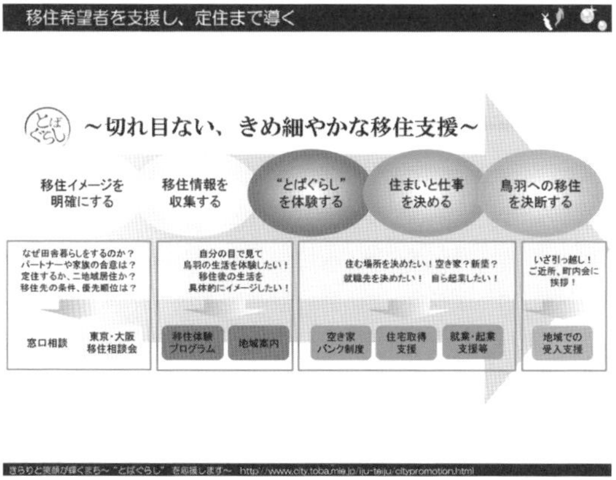

図4-14　鳥羽市の移住支援体制整備

出典：鳥羽市ウェブサイト「“きらりと笑顔が輝くまち”鳥羽で暮らそう」[2] より転載。

---

2)「“きらりと笑顔が輝くまち”鳥羽で暮らそう」https://www.city.toba.mie.jp/iju-teiju/citypromotion.html（最終確認日：2021年2月14日）。

の中止，空き家の増加，コミュニティの弱体化等，様々な分野において課題が表面化している。これまでにも県下の自治体に先駆けた子育て支援や市外への人口流出を抑制する定住促進策を推進してきたが，人口減少に歯止めをかけることができない状況が依然として続いていた。このことから鳥羽市では，2016 年を「移住・定住元年」とし，企画財政部局に「移住・定住係」を設置し，職員 3 名体制で都市部からの移住促進に取り組んでいる（図 4-14）。

5-2　鳥羽なかまちの地域づくりと移住者受け入れ

鳥羽市の沿岸部はリアス海岸であり，その入江の奥や島嶼部には漁村地域が多く点在している。かつて陸上交通よりも海上交通が主要であった 1970 年代前半までは，鳥羽なかまちには船で日用品を買い付けに来る多くの住民が集い，「鳥羽の台所」と呼ばれるほどたくさんの人で賑わっていた。鳥羽なかまちは，市の玄関口である鳥羽駅から 1km ほどで，鳥羽市役所や鳥羽水族館からは 500m ほどの市街地南部に位置している。現在でも豆腐屋や肉屋，八百屋など多くの個人商店が集積しているが，高度経済成長期に市郊外へ大型ショッピングセンターが立地したことで，徐々にまちの店舗数は減り，郊外の住宅地に若者世帯も流出し，徐々にまちの活力が失われていった（図 4-15）。

このような状況の中で，都市部から U ターンしてきた女性達がきっかけになり，まちの賑わい再生を目指すため 2014 年 11 月に鳥羽なかまち会が設立された（図 4-16）。活力を失うまちを何とかしようと立ち上がり，住民やお店同士のつながりを再構築しながら，地域主導による賑わいづくりの活動を次々と展開している。U ターンでまちに戻ったという外からの視点も活かしながら，寄り道マップの作成，かまどマークの吊り旗の設置，鳥羽なかまちマーケットの定期開催など，地域資源の再認識，発信を行い地域主導の活動を継続している（図 4-17）。

また，2016 年からは，市が取り組む「移住・定住元年」に賛同し，鳥羽なかまちにおいても移住者の受け入れに積極的に取り組むことになった。鳥羽なかまち会では，移住者を受け入れるため，行政とも連携しながら移住体験ツアーの実施，都市部での移住セミナーや交流会開催等にも取り組んでいる。また，行政でも空き家を 10 年借上げ移住体験住宅として改修を行い，その管理運営にはまちの町内会長を定住支援員として委嘱し，体験住宅の管理運営とともに，移住者の受け入れ支援に努めることにしている。

2017 年からは，鳥羽市ではビジネス的な手法を用いて，移住希望者と地域住民と

図 4-15　鳥羽なかまちの景観
出典：鳥羽市役所提供。

図 4-16　鳥羽なかまち会メンバー
出典：鳥羽なかまち会提供。

図 4-17　鳥羽なかまちマーケット
出典：鳥羽なかまち会提供。

図 4-18　コワーキングスペース
出典：佐藤創氏提供。

の交流や移住後において住民同士で継続的に交流していく，移住・交流ビジネス創造事業を開始している。鳥羽なかまち会に市が補助金を交付し，空き家をリノベーションしたコワーキングスペース及びシェアオフィス機能を備えた「ギャザリングルーム KUBOKURI」を整備している。シェアオフィスには，1 年程度で整備した 5 スペース全てが契約され，ライターや写真家，NPO などの個人事業主が事務所機能として利用している。また，コワーキングスペースでは併設する形でカフェもオープンし，個人事業主や住民同士の交流の場になるなど，鳥羽なかまちを起点に外部人材による新たな活動やビジネス展開も始まっている（図 4-18）。

鳥羽なかまち会は，行政と連携しながら移住・定住促進に取り組んでおり，移住体験住宅の利用期間や現地見学等の際に，鳥羽なかまち会のメンバーと移住希望者との出逢いや交流をきっかけに移住を決めた移住者が 4 世帯 13 人いる。その 1 組は，大阪府で懐石料理店を長年営んでいた夫婦で，2019 年 5 月から「ギャザリングルーム KUBOKURI」のキッチンスペースで，ちゃんぽん麺と炙り鯖寿司の専門店を開業させている。また，空き家の所有者には空き家バンクに登録するよう積極的に呼びかけていき，住居，店舗として 7 件の空き家が移住者の住居や店舗として活

図 4-19　鳥羽なかまちと石鏡町の位置
出典：地理院地図をもとに筆者作成。

用されている。

鳥羽なかまち会の活動により，まちの住民やお店同士のつながりが再構築され，行政や各団体との連携を図るようになり，これまで埋もれていたエリアの魅力が発信されるようになった。地域主導による賑わいづくりの活動が展開されていく中で，地域情報誌や地元テレビ局でも紹介される機会が増え，地域外からの買い物客や観光客も着実に増えている。また，鳥羽なかまち会の活動が，地域への移住・定住や起業の窓口としても機能し，地域活性化の面においても重要な存在になっている。今度とも行政と連携しながら，移住者の積極的な受け入れを継続し，関係人口の創出やワーケーション事業にも取り組むなど，活動の幅を広げている。

5-3　石鏡町《いじかちょう》の地域づくりと移住者受け入れ

石鏡町は，1973 年に県道のパールロードが開通し，路線バスが設定されるまでは定期船が運航するなど海上交通に頼らなければならない状況が長く続き，市街地と比べると閉鎖的な環境におかれていた（図 4-19）。従来から地域産業の中心は漁業であったが，パールロード開通とともに釣り客がまちに多く訪れるようになると，漁業から釣り船業に移行する漁師も多くなってきた。しかし，海女漁についてはその影響をほとんど受けることなく，引き継がれてきた漁法や風習，神事を従来のままの形態で残すことになり，伝統的な海女文化が現在まで色濃く残されている。

1972年に245人いた石鏡町の海女の数は，2017年には42人まで減少している。まちには海女を中心にした地域行事など貴重な文化や風習が色濃く残っているが，時代と共に海女漁を受け継ぐ女性は減り続け，高齢化とともに後継者不足が深刻な課題になっている。現役海女の多くは70歳以上で，半農半漁と呼ばれる生活スタイルが一般的である。海女漁は年間90日程度の操業日数で，それ以外の日は地域の共同作業とともに農業等の副業に従事している。石鏡町の海女は，季節に応じてアワビやサザエ，ヒジキ，ワカメ等をとる海女漁を行っており，その働き者で自然と向き合いながら生活する女性の姿が，“海女のまち”石鏡町として象徴している。

人口減少とともに海女後継者不足が深刻な地域課題となるなか，鳥羽市では2015年から地域おこし協力隊制度の導入を始めている。海女後継者として地域おこし協力隊の受け入れを始め，現在では協力隊の任期を満了した女性が，フォトグラファーを兼業した海女として定住している。鳥羽市では，漁村での生活や海女の暮らしに憧れる都市部の女性をターゲットにした移住を促進するとともに，海女の漁獲物のブランド化など石鏡町の活性化に取り組んでいる。鳥羽市の地域おこし協力隊は，雇用関係のない委嘱形式にしており，地域おこし協力隊員の副業を認めている。隊員は，行政や町内会と連携しながらまちの活性化のための活動を行いながら，地域住民として認められる中で漁業権を取得し，協力隊活動以外で海女漁も行っている。3年後の任期終了後を見据え，自身のスキル・経験を活かした副業の在り方も検討しながら，新たな時代の海女としての働き方を模索しつつ，地域での定住定着を図っている。

海女漁は，漁業権を取得するというハードルが非常に高く，漁家に嫁ぐ女性以外に地域外の住民が海女になるということはこれまで事例がなかった。しかし，海女が減少することで，地域の伝統文化や行事を継続していくことが困難になることを危惧した石鏡町の町内会長がキーパーソンとなり，まちとして移住者の受け入れを決めたことで行政との連携がスタートした。町内会長は，市から定住支援員として委嘱され，地域おこし協力隊や都市部からの移住者の受け入れ支援に努めている。

また，石鏡町では，漁獲された海産物を漁協に水揚げし都市部の市場に送るばかりで，地域で製造加工し，付加価値を付けて販売するような取り組みはほとんど行われてこなかった。水揚げの多い現役海女でも，年間所得は200～250万円ほどで，海女後継者不足の背景には，海女の所得向上は見逃すことができない重要な課題になっていた。そのことも踏まえ，鳥羽市と石鏡町内会では，2019年度に鳥羽市移

図 4-20　石鏡町で行われた朝市

出典：鳥羽市役所提供。

住・交流ビジネス創造事業を活用し，石鏡町で初となる朝市実行委員会を立ち上げ，朝市を定期的に開催するための推進体制を構築した。2019 年度は，プレオープンイベントを 2 回開催し，延べ 18 ブースが出店し，300 名の来場者を得ることができた。出店者の中には，都市部から移住し海女として生活している若手女性も複数参加している（図 4-20）。この事業は，海女が獲った海産物のブランディングに取り組む地域おこし協力隊事業とも連動しており，朝市は開発した商品の出口戦略にもなっている。既に「海女ゾネス」というブランド名称を商標登録し，商品のパッケージ等で活用している。色濃く残る石鏡町の海女文化を，商品に反映させ地域で付加価値を付けて販売することで，海女をはじめとする住民の所得向上を図ることを目指している。

また，この朝市は，石鏡町内の住民同士のつながりを再構築するとともに，地域外住民との交流の機会を促進させることも狙いの一つにしている。地域の海女たちやまちへの移住者との出逢いが新たな移住の窓口になり，交流環境の創出を通じて，今後の移住者の獲得にもつなげていきたいと考えている。地域おこし協力隊の受け入れをきっかけに，まちへの移住者も徐々に増え，移住者が地域で活躍し，地域コミュニティが活性化する様子が実感できるようになり，移住者の受入れに対する機運も徐々に高まっている。

5-4　まちづくり的視点での移住施策

鳥羽市における人口減少は，市内消費が縮小するだけでなく，深刻な人手不足を生み出し，地域経済の縮小が人口減少を更に加速させるなど，様々な面で悪循環の

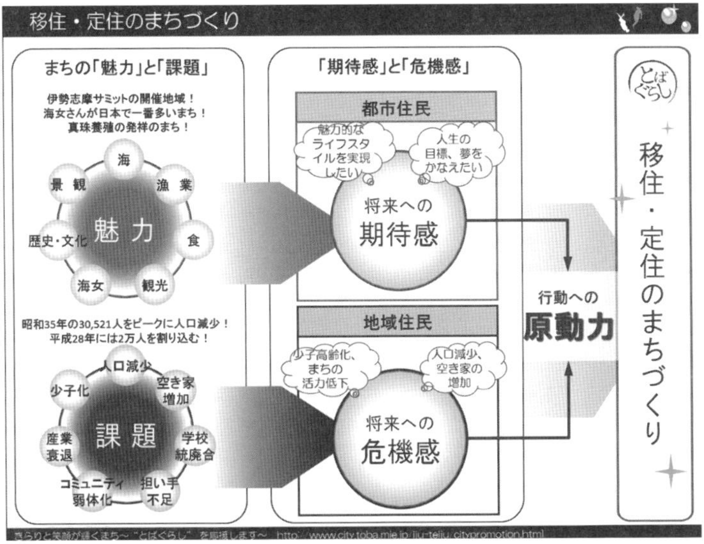

図 4-21　「とばぐらし―移住・定住のまちづくり―」の概念図

出典：鳥羽市役所資料より転載。

連鎖を招いている。この人口減少は容易に解決できない最も大きな地域課題であり，出生率の向上を目的とする子育て支援や結婚支援等の自然減対策とともに，産業活性化，雇用創出，地域振興等による社会減対策も合わせ，一体的に展開していかなければならない総合政策であると言える。

鳥羽市では，移住・定住促進は「まちづくり」であると考え，これまで紹介してきたように移住者の受け入れに積極的な地域と連携し，行政と地域住民との関係性を構築しながら様々な事業展開を行ってきている。鳥羽市が「移住・定住元年」と定めた 2016 年頃は，市内の事業者においては求人を出しても応募がない，漁業や観光業における基幹産業における人手不足や後継者不足，祭りを継続するための担い手が不足しているといった声も強くなり，市全体で強い危機感をいだき始めた時期でもあった。

鳥羽なかまちでは，中心市街地の衰退や空き家の増加という住民が抱く「将来への危機感」と，地方での起業を目指す若者の「将来への期待感」を連動させ，それを原動力にまちづくりを展開している（図 4-21）。また，石鏡町では，海女後継者不足という住民が抱く「将来への危機感」と，漁村ならではの生活や海女の暮らしに憧れる女性の「将来への期待感」を連動させている。それぞれ，中心市街地の活力低下や漁業後継者不足など，鳥羽ならではの深刻な地域課題が背景にあり，それの解決策の一つとして移住・定住促進に取り組み，徐々に成果が見えてきたところでもある。

しかしながら，まだまだ取り組みは始まったばかりで，地域リーダーへの負担など様々な課題も潜んでいる。それには，今まで以上の地域主導・行政連携型のパートナーシップの構築も重要であり，行政と住民が中長期的なビジョンを共有し，取り組みを継続していく事が何よりも重要であると考えている。

6 地域レベルでの取り組みを広げるために

移住にかかる支援団体は，筆者の所属するふるさと回帰支援センターのような都市側での移住支援と地域側での移住支援に分けられる。

地域における移住支援団体として，千葉県館山市では，「NPO 法人おせっ会」が，移住支援の一環として「空き家バンク」を運営し，広報・告知を行っている。また福島県二本松市東和町では，東日本大震災以降も受け入れ体制がきちんと存在することによって移住者，新規就農者を増やしている事例もある。定住に向けての取り組みは行政だけではなく，中間支援団体によるアフターフォローの充実が鍵になる。

いきなりよそ者が地域に入ると，地域の人たちとの関係をうまく構築できない場合がある。重要なことは，地域側の中間支援団体が受け入れ体制をつくっていくことである。自治体職員や住民が，事前にどのような人に移住して来てほしいか，移住者が入ってくる場合のシミュレーションを行うことが大切といえる。たとえば，地域の暗黙のルールなどは，移住者が知らない場合トラブルになることがある。こうしたルールを覚書や申し合わせ書として交わしている地域は，トラブルが比較的少なくなっているという。たとえば，和歌山県紀美野町の「NPO 法人きみの定住を支援する会」では，宅地の利用，宅地・畑の管理，区入り及び班入り，田舎の風習・習慣といった申し合わせ書の取り交わしが行われている。

地方移住をサポートする組織としては，NPO 以外にも財団法人や商工会など，様々な団体が担っており，行政との関わりも含め，中間支援団体がその受け皿となっていたが，移住そのものが単なる人口としてではなく，地域の担い手という文脈で語られるのであれば，そこに地域住民の関わりしろは増える。

移住先決定までは様々なプロセスが見られる。移住先を最初から決めていて，直接自治体へアプローチをかける移住者（パターン A）もいるが，自治体の受け入れ

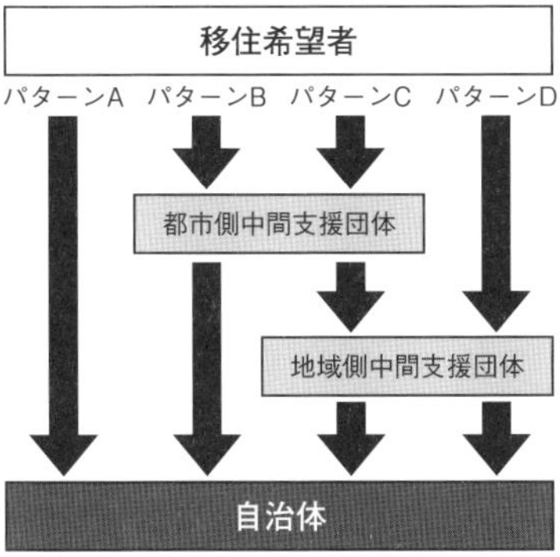

図 4-22　移住における中間支援パターン
出典：筆者作成。

体制が整っていれば良いが，多くの自治体は移住専属の担当者が置けず，複数業務の一つとして移住対応にあたっているケースが多い。そのため，即時対応もできず，相談者対応を庁内でたらい回しさせ，移住者の不満を買うだけということも出てくる。これはパターンBの都市側中間支援団体から自治体につなぐケースでも同様のことが起こりうるが，事前に地域についての情報提供や注意点などを伝えた上で自治体担当者との情報共有を行うため，トラブルが起きにくい。近年ではパターンDのように，地域側の中間支援団体が自治体との間に入って活動しているケースが増えてきている。特に最近ではUIターン者や地域おこし協力隊OBなどが移住支援のNPOなどを立ちあげ，自治体からの委託で移住支援業務を行いつつある。これらの地域側の支援団体では，行政では限界がある移住後のサポートも積極的に取り組み，移住から定住への重要な役割を担い始めている。とはいえ，財政基盤のしっかりしていない地域側中間支援団体が単体で都市部でのPRを積極的に行うことは難しく，パターンCの都市側の中間支援団体との深い連携が今後の鍵になるであろう（図 4-22）。

今後，各自治体が地方創生の動きの中で様々な移住支援策を実施することになるが，限られた数の移住者の奪い合いで，現金給付も含めた支援策の地域間競争になることが懸念される。一方で，今の移住希望者の相談を受けていると，支援金，補助金といった移住支援策への関心は高くない。むしろその地域に移ると，どういう暮らしができるのかといった相談が最初にくる。「自分たちの街はこのような街だから，このような人に来てほしい」という将来的なビジョンがあるところに人が集まっているのではないかと感じている。最終的には自分たちの子どもが「戻ってきたい」と思うような地域をどう創っていくかという住民の意識改革が必要になる。そのためにも移住者をサポートする地域側の中間支援団体の役割はますます重要になると思われる（嵩 2016）。

鳥羽市の事例で見たように，移住者の受け入れにおいて地域づくり団体の果たす役割は非常に大きい。地域住民が当事者意識を持って動かない限り，地域づくり活動は継続しないし，その動きを広げるためにも「つなぎ役」としての地域づくり団体の役割は，今後も重要となってくる。

また，地域での移住者受入の合意形成や移住後のアフターフォローも，地域に根ざした組織であれば，さらに地域住民を巻き込んだ活動ができるだろう。いずれにしても活動の継続が地域を巻き込むことにつながっていることは間違いない。

（1，2，3，4，6 節：嵩　和雄／5 節：重見昌利）

【文　献】

嵩　和雄 2016. 自治体における移住受入後の支援体制について. 調査研究情報誌ECPR (Ehime Center for Policy Research) 38：58–65.

嵩　和雄 2019. 地方移住希望者の動向と自治体の対応. 都市問題 110(6)：48–56.

嵩　和雄・藤井理江 2017. 地方移住の意義と三重県の実態. 日本地理学会秋季学術大会発表要旨集 92：24.

三重県 2012. 三重県民力ビジョン・行動計画. 三重県戦略企画部企画課

三重県 2015a. 三重県人口ビジョン. 三重県戦略企画部企画課

三重県 2015b. 平成 27 年度第 1 回南部地域活性化推進本部 本部員会議資料「第二次行動計画における南部地域活性化の取組について」. 三重県地域連携部南部地域活性化局南部地域活性化推進課

三重県 2018. 三重県まち･ひと･しごと創生総合戦略（平成 30 年 3 月改訂版）. 三重県戦略企画部企画課

移住者受け入れによる住まいのつなぎ方
空き家再生と地域社会の受け入れ体制

05

1 地方移住希望者にとっての「空き家」

「田園回帰」といわれるような地方移住への関心が高まっている。「田園回帰」とは，農村への関心を高め新たな生活スタイルを求めて都市と農村を人々が行き交う潮流を表したものであり，特に現役世代の関心が高いといわれている（小田切・筒井編著 2016）。

しかし，実際の「田園回帰」には3つのハードルとして「すまい」（以下，本章では「住まい」），「なりわい」，「コミュニティ」がある。移住を決意しても暮らしの拠点となる「住まい」がない，生活の糧を稼ぐ「なりわい」がない，地域「コミュニティ」とうまく関係をつくれない，といった課題である。この3つのハードルはそれぞれ独立しておらず，相互に関連した課題であるが，本章では「住まい」の観点，特に「空き家」の利活用の課題と期待される地域社会が担う役割を論じたい。

空き家の利活用は後述するようにいくつかの課題があるが，空き家に着目するいくつかの理由があげられる。一つ目は「移住希望者のニーズがある」ことである。移住希望者が住まいとして選択しようとする地域の住宅にはおおよそ3つの種類がある。公営住宅，民間賃貸，民間売買[1)]である。

公営住宅は都道府県営住宅，市町村営住宅，その他の公的団体による住宅があるが，すでに地域住民の子世帯等が入居していることが多く，移住希望者に選択される機会は少ない。民間賃貸は，「定住の前にまずは賃貸から」，あるいは若年層の移住希望者の増加に伴って「資金が少なくてもすぐに移住ができる賃貸から」と考える移住希望者が多く，ニーズがある。実際，NPO 法人ふるさと回帰支援センタ

1）行政が建設し，一定年数経過後に譲渡可能な住宅もある。

表 5-1　移住希望者が望む物件の契約形態

	賃貸	分譲	分譲賃貸	実家	その他
I ターン	67.8	12.7	9.5	2.8	7.2
J ターン	66.3	12.9	10.9	1.0	8.9
U ターン	41.9	11.0	6.4	35.2	5.5
孫ターン	70.8	4.2	4.2	12.5	8.3
複数選択	52.5	10.0	15.0	20.0	2.5

出典：2017 年ふるさと回帰支援センター・来場者アンケート（東京）（N=1924）をもとに作成。

ーの来場者アンケートでのＩターン希望者が望む物件，契約形態を見ると，分譲が12.7%なのに対して，賃貸が67.8%となっている（佐久間・嵩 2019）（表 5-1）。民間売買については，かつては物件自体が少なかったが，所有者にとっては「遠方のため管理が大変なので手放したい」という意向のため近年は売却の希望が増えてきている。移住後一定の年数を経過した後に選択されることはあるが，移住当初は生活のリズムを確立するまでは民間賃貸，すなわち「空き家」の賃貸へのニーズがある。

そして二つ目は「空き家のある旧集落は環境条件のよい場所が選択されている」という点である。「家があれば人は来る」という言葉は，人口が 1,000 人を下回る山村でもしばしば聞かれる。後述するように空き家があるからといってすぐに移住希望者が入居できないことが多い。そのため，公営住宅や小さな開発による民間の分譲住宅が，移住者の住まいの受け皿になることがしばしばある。こうした新しい住宅は，河川沿いや斜面を造成した小さな平地に建てられることが多い。当座の住まいとして選択する意義がないわけではないが，環境条件はよくはなく，旧集落とは距離があることが多い。

一方，旧集落は立地・環境条件のよいところが多い。たとえば，中谷礼仁らによる「千年村プロジェクト[2)]」では，平安時代の『和名類聚抄』に記載された集落を中心に，千年以上にわたり自然的社会的災害・変化を乗り越えて，生産と生活が持続的に営まれてきた集落・地域を取り上げ，調査，交流するプラットフォームとなることが構想されている。旧集落の立地・環境条件のよさ，持続してきた仕組みに着目している。

そして三つ目は「コミュニティとの関係づくりが比較的容易である」ことである。旧集落の空き家は「田園回帰」のハードルの一つ「コミュニティ」との関係づくりをスムーズに行う上で有効である。まったく地域社会と縁のない移住者であっても，

2）千年村プロジェクト，http://mille-vill.org/（最終確認日：2020 年 10 月 26 日）

集落内の空き家に住まうことで，日常的に地域社会の住民と顔を合わせる機会ができ，自治会・町内会といった地縁組織の一員となることなどを経て，「○○さんの家に引っ越してきた△△です」というかたちで地域社会からの承認が比較的得やすい。移住者自身も旧集落の空き家は自然との関わり，前住民と地域社会の関わり等を引き継いで住まうことが可能である。新たな住宅は否定されるものではないが，空き家を利活用することは地域社会を持続させていく上で有効なツールになりうる。旧集落内の空き家を空き家のままにせず移住希望者を受け入れ，その住まいとすることは，限られた集落の空間を有効に活用（見城ほか 2006）[3] し，世代と住環境を継承していく可能性を視野に入れることができる。

以上のように，地方移住の舞台となる農山村の空き家は，「空いているから利用すればよい」という観点以上に，移住希望者の住まいとして利活用する積極的意義がある。

2　空き家利活用と地域社会

2-1　空き家の全国的な概況

ここで空き家の全国的な概況を確認しておきたい。空き家を把握する上で基本的な統計である住宅・土地統計調査の 2018（平成 30）年の住宅数概数集計が 2019 年 4 月に公表された。空き家率は 2013（平成 25）年には 13.5%であったが 2018（平成 30）年には 13.6%と微増している。都道府県別空き家率（図 5-1），上位 10 県の都道府県（表 5-2）も多少の順位の入れ替わりはあるものの，西日本が高いこと等，概ねこれまでと同様の傾向にあることが確認された。

ただし，空き家率の高さ自体に問題があるわけではない。住宅・土地統計調査では，空き家を「住宅」の内「居住世帯のない住宅」に含み，昼間だけの使用等普段居住しているものがいない「一時現在者のみの住宅」「建築中の住宅」を除くものとしている。さらに「空き家」は別荘等の「二次的住宅」，「賃貸用の住宅」，「売却用の住宅」，「その他の住宅」に区分して定義している。二次的住宅，賃貸用の住宅，売却用の住宅は一時的に空き家になっているが，その後の使途が定まっており，いずれ空き家の状態は解消されることが期待される。しかし，「その他の住宅」はその

3）たとえば見城ほかによる集落内転居に関する研究では，環境条件のよい旧集落の中心部の空き家に周辺の住宅から転居し続けている事例が報告されている（見城ほか 2006）。

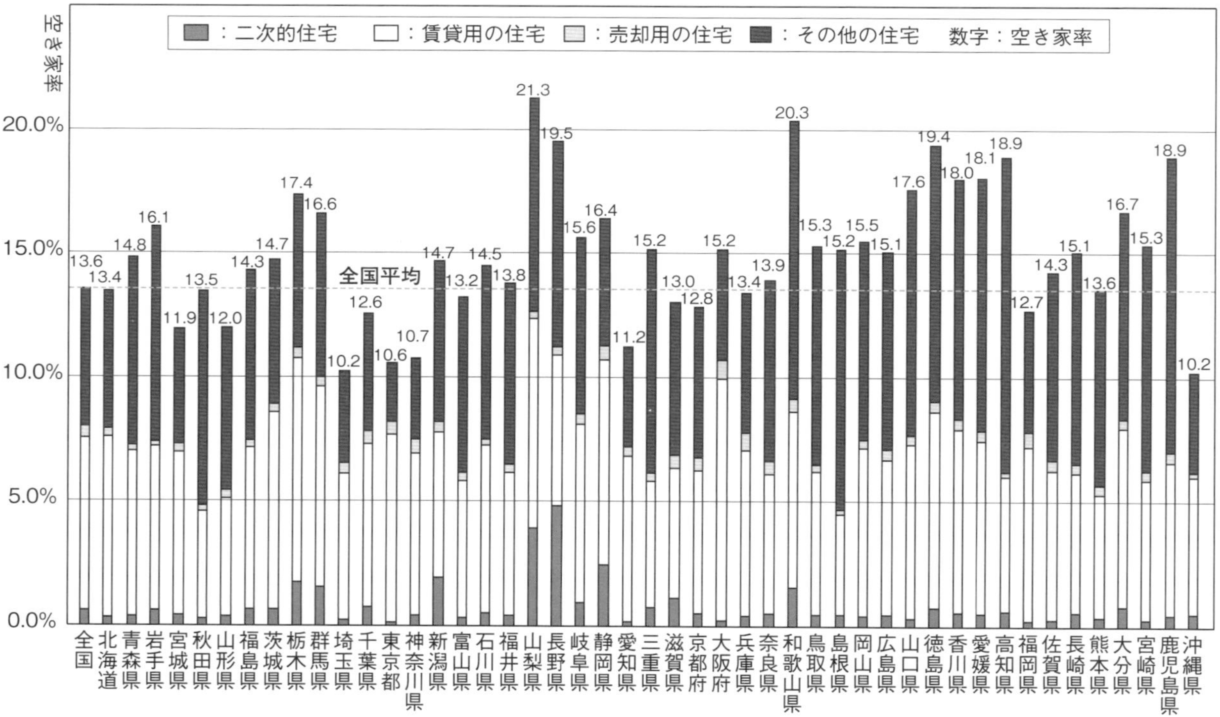

図 5-1　都道府県別空き家率

出典：平成 30 年住宅・土地統計調査。

表 5-2　都道府県別空き家率（上位 10 県）

都道府県		空き家率
1	山梨県	21.3%
2	和歌山県	20.3%
3	長野県	19.5%
4	徳島県	19.4%
5	高知県	18.9%
6	鹿児島県	18.9%
7	愛媛県	18.1%
8	香川県	18.0%
9	山口県	17.6%
10	栃木県	17.4%

出典：平成 30 年住宅・土地統計調査。
注：空き家率は小数点第 2 位を四捨五入している

表 5-3　都道府県別「その他の住宅」の空き家の割合（上位 10 県）

都道府県		「その他の住宅」の割合
1	高知県	12.7%
2	鹿児島県	11.9%
3	和歌山県	11.2%
4	島根県	10.5%
5	徳島県	10.3%
6	愛媛県	10.2%
7	山口県	9.9%
8	香川県	9.7%
9	宮崎県	9.1%
10	三重県	9.0%

出典：平成 30 年住宅・土地統計調査。

後の使途が定まっておらず，空き家のまま放置され，倒壊，不衛生，景観を損なうといった外部不経済の発生が懸念される。空き家の問題という点では，空き家率よりも適正管理に懸念がある「その他の住宅」の割合（表 5-3）の方が重要である。別荘等の二次的住宅が多い，山梨県，長野県は空き家率では上位にあったが，「その他の住宅」の割合はそれぞれ 13 位，17 位となっている。一方，「その他の住宅」の割合が上位にある高知県，鹿児島県，島根県は空き家率に比して上位にある。これらの県は，従来から過疎の問題に取り組んできた中国・四国地方に多いことが再確認できる[4]。

2-2　利活用の観点からみた空き家の課題

こうした「その他の住宅」に分類される空き家は，適正管理と利活用が求められるが，空き家の適正管理，利活用には課題がある。特に移住希望者のための利活用という観点では，以下の 3 つの課題（図 5-2）が考えられる（佐久間 2018）。

一つ目は「空き家と所有者の多様な関わり」である。農山村の多くの空き家は一見，居住者の使用がないように見えても，盆暮れには墓参りに来る，庭先の草刈り，

4）地方移住を考える上では，住宅・土地統計調査では把握しきれない部分があることも留意されたい。住宅・土地統計調査はすべての住宅・世帯が対象ではなく，国勢調査調査区を元に調査単位区を抽出している。おおよその傾向の把握には問題はないが，実態との差異は留意しておく必要がある。特に地方移住の対象となるような郡部の市町村は調査対象となっていないことが多い。また，そもそも調査員が住宅の外観から空き家を判定するのは難しい。詳しくは前掲の佐久間・嵩（2019）を参照のこと。

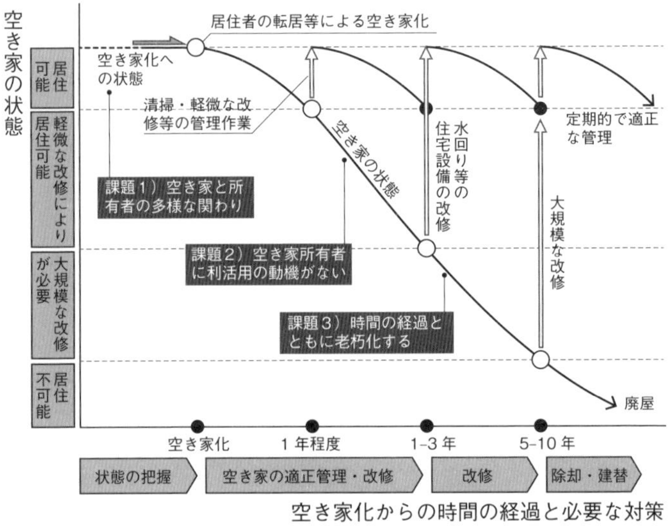

図5-2　時間の経過とともに変化する空き家の状態と対策

出典：筆者作成。

田畑の維持管理に定期的に来る，家族の荷物が片付けられずに置いてあるといった関わりが続いていることが多い。そのため「空いていない空き家」となり，移住希望者のための賃貸物件としてなかなか流通しない。

二つ目は「空き家所有者に利活用の動機がない」点である。転居した世帯，また親世帯の死去等により空き家を相続した子世帯は，すでに生活拠点となる住まいが別にあるため，空き家の「活用」，老朽化を防ぐ適正「管理」，老朽化した空き家の「除却」といった空き家へ働きかけをする動機がなく，結果として放置される。所有者にとっては農山村で暮らしてきた思い出もある住まいのため，他人に貸すことは簡単ではない。むしろ，「移住者の振る舞いでご近所に迷惑をかけたくない」，「金に困っているとは思われたくない」といった地域社会への気遣いから，空き家の活用には心理的ハードルがある。そして，利活用の動機がなければ適正管理されることも少なくなっていくのである。

そして三つ目は「空き家は時間の経過とともに老朽化する」点である。こうして所有者による意思決定が進まないまま時間が経過し，空き家はますます老朽化し利活用が困難になる。空き家の置かれている環境にもよるが，1年程度であれば，清掃や軽微な改修等で居住可能な状態を維持することができる。3年程度になるとボイラーや水回りといった住宅設備の更新が必要になる。場合によって修繕には数百万円程度の負担が必要となり，利活用の障壁になる。さらに年月がたつと構造部分等の大規模な改修が必要になってくる場合が多く，利活用が見込めなくなる。そして，廃屋となり，外部不経済が生じる。このように空き家は，時間の経過とともに状態が変化し，利活用に必要なコストが増えていくため，なるべく早い段階での利活用，適正管理が重要である。前述したように所有者には適正管理をする理由がない。「三回忌が済んでから……」といっているうちに，所有者が亡くなる前の施設に入っていた時間とあわせて，利活用の難しい空き家になってしまうのである。

2-3　空き家に対して地域社会が関わる意義

では，空き家の利活用に向けてどのように考えていけばよいか。本章では，所有者に利活用を促す地域社会の役割に期待したい。本来，空き家の管理責任のある主体は，所有者に他ならない。私有財産であるため安易に行政が関わり，税金が費やされるのは避けなければいけないのが原則である。しかし前述の通り，所有者には利活用・適正管理の動機がない。2015 年に施行された「空家等対策の推進に関する特別措置法」において，適正に管理されていない空き家に助言又は指導，勧告，命令等の働きかけの仕組みづくりが整えられ，特定空家等への対応の事例が積み重ねられつつある。一方，利活用は個々の空き家の所有者の創意工夫，意思決定に依存しているのが実際である。その所有者に利用者を促す主体として地域社会の役割に期待したい。その理由については以下の 2 つが考えられる。

一つ目は「地域社会には空き家を利活用・適正管理する動機がある」からである。所有者には空き家を利活用・適正管理していく動機はないが，地域社会にとって空き家は倒壊，不衛生，景観を損なうといった外部不経済の発生を防ぎ，地域社会を受け継ぐ世代の住まいとして活用する動機がある。所有者に対して，利活用を働きかけるには，利活用が「地域のためになるなら」，「地域に迷惑をかけないように」適正管理をする，といった所有者の地域に対する思いや，それを後押しする大義名分が必要である。所有者との関係を構築するためにも空き家の利活用・適正管理には，時折空き家に訪れる所有者に対して，地域住民から挨拶とともに「そろそろ貸してやってくれないか」との声かけをするなど，働きかけが重要な契機になる。

そしてもう一つは「地方移住の対象となる市町村は不動産市場が十分ではないことが多い」点である。表 5-4，図 5-3 は筆者の職場のある和歌山県の不動産市場の状況を表したものである。和歌山県は前述の通り空き家率，その他の空き家の割合が

表 5-4　和歌山県における過疎地域市町村等・空き家バンク登録件数と民間不動産・住宅情報サイト（SUUMO）の登録物件数と宅地建物取引業協会会員数

市町村名		過疎地域市町村等[注1]	和歌山県		民間不動産・住宅情報サイト（SUUMO）[注4]				和歌山県宅地建物取引業協会会員数[注5]
			移住推進市町村[注2]	空き家バンク登録件数[注3]	賃貸物件数（賃貸マンション・アパート・戸建て）	うち戸建て・その他	中古・一戸建て売買	新築・一戸建て売買	
和歌山市				0	12,539	484	133	165	353
海南市			○	1	295	9	14	5	43
橋本市				17	232	10	13	15	23
有田市				0	83	1	4	0	18
御坊市				0	115	0	1	0	17
田辺市			○	6	83	3	1	9	77
新宮市		○	○	1	3	0	1	1	30
紀の川市			○	1	479	26	17	3	18
岩出市				0	908	47	28	74	20
海草郡	紀美野町	○	○	4	3	0	0	0	0
伊都郡	かつらぎ町	○	○	2	28	0	0	1	3
	九度山町	○	○	9	6	0	0	0	1
	高野町	○	○	3	1	0	0	0	0
有田郡	湯浅町	○	○	0	27	0	0	0	6
	広川町		○	4	4	0	0	0	0
	有田川町	△	○	16	27	1	4	1	15
日高郡	美浜町			4	8	0	2	0	9
	日高町			1	19	0	0	0	7
	由良町	○	○	6	4	0	1	0	1
	印南町	○	○	9	0	0	2	0	5
	みなべ町		○	0	2	0	0	0	9
	日高川町	○	○	21	0	0	0	0	1
西牟婁郡	白浜町	▽	○	8	7	0	2	0	13
	上富田町		○	0	4	0	0	5	11
	すさみ町	○	○	9	0	0	0	0	1
東牟婁郡	那智勝浦町	○	○	1	0	0	0	0	7
	太地町	○		0	0	0	0	0	2
	古座川町	○	○	0	0	0	1	0	0
	北山村	○	○	0	0	0	0	0	0
	串本町	○	○	9	0	0	0	0	8

注 1：過疎地域市町村等：○　過疎市町村（過疎地域自立促進特別措置法第 2 条 1 項），△　過疎地域とみなされる市町村（同第 33 条 1 項），▽　過疎地域とみなされる区域を有する市町村（同第 33 条 2 項）（白浜町の場合，旧日置川町が過疎地域とみなされる区域に該当する），総務省地域力創造グループ過疎対策室，http://www.soumu.go.jp/index.html，2017 年 4 月 1 日現在（最終確認日：2019 年 5 月 6 日）。

注 2：移住推進市町村：和歌山県の施策の一つ。移住に関するあらゆる相談を一手に引き受ける市町村の担当職員「ワンストップパーソン」を置くとともに，地域住民や先輩移住者で構成され，移住者が地域にスムーズに溶け込めるようサポートする「受入協議会」を設置し，行政と民間が連携して移住者を支援する市町村。

注 3：空き家バンク：和歌山県・空き家情報（わかやま空き家バンク）：https://www.wakayamagurashi.jp/category/house（最終確認日：2019 年 5 月 1 日）

注 4：民間不動産・住宅情報サイト（SUUMO）：株式会社リクルート，https://suumo.jp/（最終確認日：2019 年 4 月 30 日），登録物件は複数の不動産会社が同じ物件を登録している場合がある。

注 5：公益社団法人　和歌山県宅地建物取引業協会：会員名簿（2019 年 2 月 14 日現在），https://wakayama-takken.com/（最終確認日：2019 年 4 月 30 日）

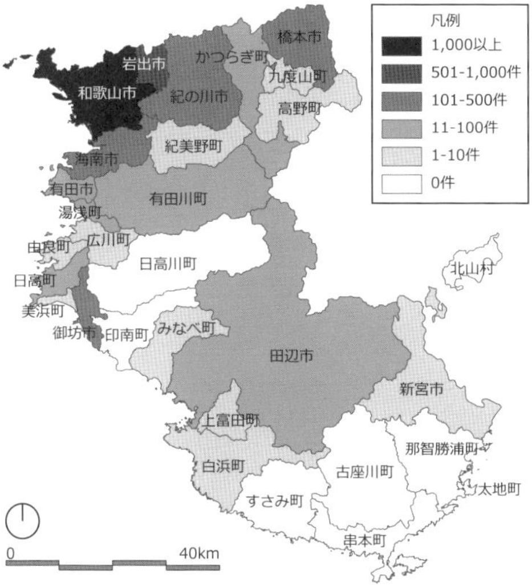

図 5-3　和歌山県における民間不動産・住宅情報サイト（SUUMO）の登録物件数

出典：SUUMO（株式会社リクルート 不動産・住宅サイト）での賃貸物件数（賃貸マンション・アパート・戸建て）をもとに筆者作成（最終確認日：2019 年 4 月 30 日）

上位にある。不動産市場の状況を表すため，まず民間不動産・住宅情報サイト（事例として株式会社リクルート・SUUMO）の賃貸物件数（賃貸マンション・アパート・戸建て）等を調べた。和歌山市では約 1 万 2000 件の賃貸物件数が登録されている[5)]のに対して，地方移住の対象となるような市町村（和歌山県では県の施策の一つとして「移住推進市町村」が定められている），過疎地域市町村等，郡部の町村では 30 件に満たない。次に，不動産業者の分布を表すため，事例として和歌山県宅地建物取引業協会[6)]会員数を調べた。これも民間不動産・住宅情報サイトの掲載物件数と同様の傾向が確認でき，過疎地域市町村等，郡部の町村では 10 件に満たないところが多い。つまり，地方移住の主たる対象となる郡部の町村では不動産市場が十分成立していないといえる。移住希望者は住まいを確保する際，不動産市場が成立している都市部では不動産業者の仲介サービスに期待できるが，郡部の町村では

5）登録物件は複数の不動産会社が同じ物件を登録している場合がある。

6）代表的な業界団体として，公益社団法人全国宅地建物取引業協会連合会に属する一連の団体と，公益社団法人全日本不動産協会に属する一連の団体があるが，会員数は前者が約 10 万社，後者が約 3 万社であることから，事例として公益社団法人全国宅地建物取引業協会連合会に属する公益社団法人和歌山県宅地建物取引業協会を取り上げた。

市街地の一部を除いてほとんど期待できない。

では，空き家バンクはどうか。和歌山県の空き家バンク[7]の登録件数を確認したところ，どの市町村でも20件程度までの登録数であることわかる。それなりの登録数ともいえるが，空き家バンクに掲載される物件は，不動産業者が扱う物件より状態が悪く，地方への移住希望者にとっては十分な選択肢となっているとはいえない。また，空き家バンクによって都市部で選択するような評価指標（間取り，家賃等）で物件を選択し移住に至ると，「田園回帰」のハードルの一つ「コミュティ」である地域社会との関係構築がうまくいかないことが多い。実際，和歌山県の移住希望者への住まいの情報提供のホームページ[8]でも「地域の実情をよく理解し，移住して頂くことが田舎暮らしの成功につながるため，最初に空き家住宅を紹介することは行いません。」との注意書きが記されている。空き家バンクを移住の契機の一つとしながらも，十分な地域への理解，丁寧な地域社会との関係構築を経たマッチングが求められる。

こうした不動産業者，空き家バンクでも手の届かないところで，「空いていない空き家」の所有者へ働きかけ，移住希望者と空き家，空き家所有者をつなぐ主体として，地域社会の役割が期待されるのである。

3 那智勝浦町色川地区の取り組み

3-1 地域概要

ここで，地域社会によって「空いていない空き家」に対する働きかけを行っている具体事例のひとつとして和歌山県那智勝浦町色川地区（以下，色川地区）の取り組みを紹介したい。色川地区は，1955年4月に那智町，勝浦町，宇久井村と合併して那智勝浦町となった旧色川村にあたり，那智勝浦町の中心部から自動車で40分ほど入った山間地域に位置する。中世は色川銅山で，近代以降は杉や檜の林業で栄えた。主な産業は農林業であり，棚田などの昔からの農村風景が残る（図5-4）。地区の人口が減少する中，移住者数が増加傾向にあり，74世帯164人（2018年4月現在）と人口の約5割が移住者となっており[9]（図5-5），先進事例の一つとして知ら

7）2018年4月全国版空き家バンクが，アットホーム株式会社，株式会社LIFULLによって開始されているが，2019年5月現在，和歌山県では県での登録件数の方が多い。

8）和歌山県移住・定住支援サイト，WAKAYAMA LIFE ／住まい／借りたい・買いたい，https://www.wakayamagurashi.jp/house/rent-buy（最終確認日：2020年10月26日）

図 5-4　色川地区大野集落の景観
出典：筆者撮影（2015 年 8 月撮影）。

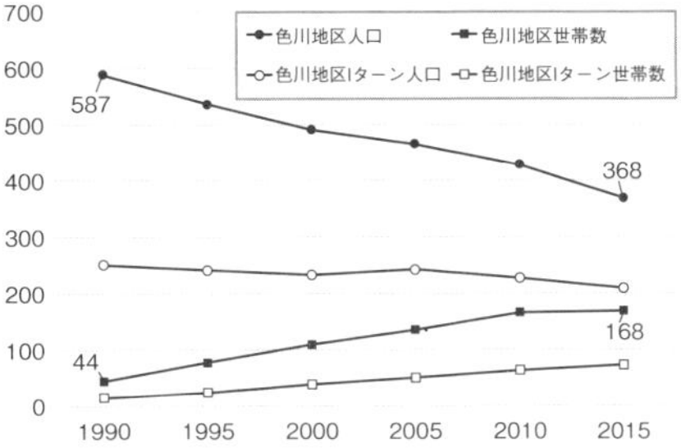

図 5-5　色川地区・I ターンの人口・世帯数
出典：色川地域振興推進委員会・色川地区資料。

れている[10)]。

3-2　取り組み概要

和歌山県の「移住推進市町村」に指定された市町村のうち最も早く受入協議会が設置されたのが，色川地区である。色川地区では 1991 年に「色川地域振興推進委員会」（以下，委員会）を組織（図 5-6）し，地区の取り組みとして移住者受け入れを行っている。

有機農業を軸に自給自足生活を志すグループ「耕人舎」が，2 年間の地域との話し合いを経て，1977 年，4 世帯 13 人で移住した。この耕人舎と数人の地元住民の協力者により，独力では相当の資金と労力が必要な田舎暮らしを，耕人舎の会員となることで手軽に始められる実習受入体制が構築された。地元住民の期待に対して移住者を中心とする耕人舎の「目に見える形で貢献する」という考えがあった。1991 年，第四期山村振興計画が開始されるにあたり，那智勝浦町は人口減少・高齢化が町内で特に顕著だった色川地区に対し，必要な施策を地区内から提案するよう指示した。これを契機として委員会が設立された。現在では都市農山村交流，定住支援活動共に委員会が中心となり活動を行っている。

9）色川地域振興推進委員会，色川地区資料，2019 年 3 月
10）農林水産省：「立ち上がる農山漁村」選定事例概要書 No.36，http://www.maff.go.jp/j/nousin/soutyo/tatiagaru/t_jirei/h18/pdf/1836_irogawa.pdf（最終確認日：2020 年 10 月 26 日）

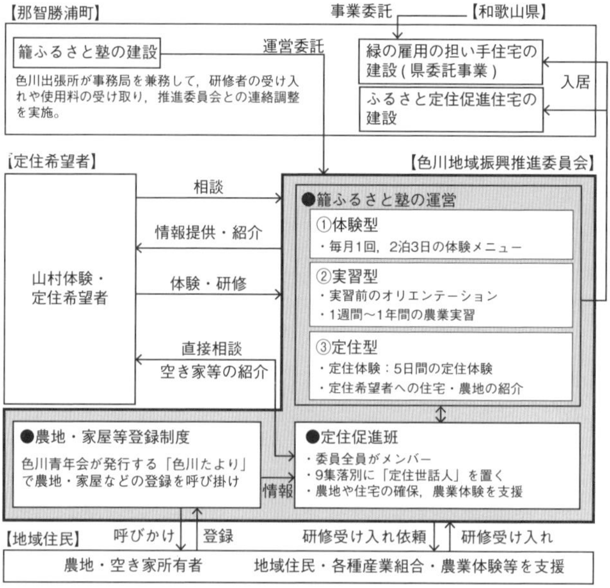

図 5-6　定住促進施策における委員会と関係主体の関係図

出典：国土交通省住宅局・一般社団法人すまいまちづくりセンター
「住み替え支援ガイドブック NPO・任意団体の取り組み」事例 18，2006 年度より筆者作成。

委員会は和歌山県，那智勝浦町と連携しながら，田舎暮らし・農業体験や定住希望者のために旧籠小学校を改修した宿泊施設「籠ふるさと塾」[11)]（図 5-7）や定住者，農林業従事者向けの「ふるさと定住促進住宅」（15 世帯），地域住民から登録された農地や空き家を利用し，定住希望者[12)]を受け入れている。多くの定住者の受け入れは，こうした取り組みの結果である。

3-3 「空いていない空き家」に対する働きかけ

色川地区では「空いていない空き家」に対し，こうした委員会を中心とする地域社会によって，(1) 空き家・空き家所有者の把握，(2) 物件の現況把握と情報共有，

---

11) 籠ふるさと塾は，籠集落にあった小学校を廃校後に再利用した短期滞在施設で，最大で 1 年間の滞在が可能である。管理は那智勝浦町が担い，運営は委員会の定住促進班が担う。世帯用 2 つと単身用 4 つの個室があり最大 6 組の受け入れが可能である。

12) 色川地区では移住者を「定住者」と称している。本章でも色川地区に関する記述ではそれにあわせている。

図 5-7　籠ふるさと塾
出典：筆者撮影（2015 年 8 月撮影）。

(3) 空き家と定住希望者のマッチング，(4) 入居後の生活支援という 4 つの役割が担われている。

1）空き家・空き家所有者の把握

1991 年の委員会設立と同時に，空き家所有者への働きかけが試みられた。当初，回覧板で空き家の提供を呼びかけたが，所有者からの空き家の提供は皆無であった。委員会内の親戚，友人などに直接働きかけ，はじめて所有者からの提供があった。委員会では集落ごとに定住世話人を選任し，直接空き家を借りる依頼を始め，少しずつ空き家所有者，地域の理解が得られるようになっていった。こうした空き家への働きかけ自体が，他出した空き家所有者，定住希望者との信頼関係を築いていく一連の地域づくりの契機と考えられている。

現在では，空き家の必要性は地域で共有されるようになっており，委員会側でも空き家所有者の情報は把握できるようになっている。近年では，定住世話人の役割を委員会として引き継げるよう，空き家，空き家所有者の意向，状況を確認する取り組みも行われている（図 5-8）。さらに，ある集落の定住世話人は空き家，田畑を所有者から私費で 10 数軒購入し，定住希望者へ貸し出す取り組みも見られるようになっている。

2）物件の現況把握と情報共有

地域内ならびに他出した元地域住民に向けた情報誌である「色川だより」（図 5-9）が 27 年もの間，発行され続けている。第 30 号[13] には各地区の空き家の状況

図 5-8　空き家・空き家所有者の状況確認作業の様子

出典：筆者撮影（2019 年 1 月撮影）。

図 5-9　色川だより

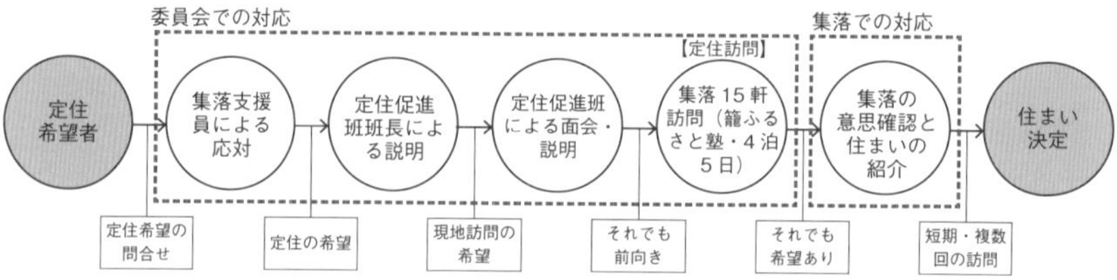

図 5-10　那智勝浦町色川地区での定住希望者の受け入れの流れ

出典：委員会へのインタビューをもとに筆者作成。

も報告され，地域住民や他出した元地域住民間での情報共有の機会になっている。

3）空き家と移住希望者のマッチング

委員会で定住希望者の受け入れにも取り組んでいるが，受け入れに際して定住希望者が 4 泊 5 日で地元住民・新規定住者，計 15 軒を訪問する「定住訪問」という定住希望者が判断する機会を提供している。その前後，一連の流れを示したのが図 5-10 である。

定住希望者からの問合せを，まず委員会事務局（現在は集落支援員が担当）が受ける。行政に問合せがあった場合は行政職員（ワンストップパーソン）を経由して委員会事務局が受け付ける。定住の希望があれば，委員会内の定住促進班の班長に

13）色川地域振興推進委員会『色川だより』，No.30，2014 年

つなぎ，電話等で定住希望者に対する地域の説明を行う。移住後に誤解のないように地域の課題も含めて現状を説明する。そこで定住の意思があれば現地にて定住促進班らによる面会を行い，さらなる地域の説明を行う。それでも定住の意向があれば，15 軒の「定住訪問」に進む。定住希望者の属性に近い世帯を訪問してもらうなど，定住希望者に応じた訪問先が定住促進班班長，集落支援員によりアレンジされる。定住希望者の十分な地域理解の機会とするとともに，受け入れる地元住民にとっても定住希望者の人となりに触れ，定住希望者を迎える準備となる「お見合い」の機会ともなっている。定住希望の意思がゆるがない場合に，はじめて集落の住まいが紹介される。住まいの紹介に際しては，当該集落の地元住民の意思があらかじめ確認される。こうした相談から移住決定までの期間には，短い人で 2 ～ 3 ヶ月，長い人では 1 年かけている。委員会設立以来，定住希望者を組織的に受け入れてきたが，少しずつ工夫を重ね，現在の形態に落ち着いている。

物件の仲介は定住世話人を中心に行われる。不動産業者が間に入ると値段だけの判断になりがちで，地域の理解が不十分になる。地域の事情をよく知る人物として選任されている定住世話人が，定住希望者と空き家所有者の間に入り，家賃の金額決定や契約までを仲立ちする。

4）入居後の生活支援

色川地区には，ブルーベリーづくりや農業体験の団体，茶葉の生産団体，鳥獣害対策の団体など数多くの地域づくり団体がある。西村ほか（2015）によると移住者と地元住民が協働するものが 16 団体，移住者が地元住民に働きかける 3 団体，地元住民が移住者に働きかける 3 団体がある。こうした団体活動が移住者同士の関係構築，移住者と地域社会との関係構築の契機となっている。

3-4　空き家の利活用に対する地域社会の役割

以上のように，色川地区では委員会を中心とする地域社会によって空き家の利活用について 4 つの役割が担われている。これは筆者が以前に行った色川地区も含めたいくつかの事例調査（佐久間ほか 2017）[14] で確認されたことである（表 5-5）。

14）一般財団法人住総研の 2015 年度研究助成を受けて，和歌山県紀美野町，那智勝浦町色川地区，かつらぎ町天野地区，福井県美浜町を中心とした調査を行った（佐久間ほか 2017）。

表 5-5　空き家の利活用に対する地域社会の役割

1）空き家・空き家所有者の把握	2）物件の現況把握と情報共有	3）空き家と移住希望者のマッチング	4）入居後の生活支援
・**町の広報**等を通じて空き家の情報提供を継続的に呼びかけ，理解が広がり，地元住民やシルバー人材センター会員から情報が入るようになる。 ・居住可能な物件の掘り起こしのため，**社会福祉協議会のケアマネジャーと協働**する。空き家の適正管理サービスにつなげる。 ・協議会が中心となり，**アンケート調査やヒアリング調査**を通じて空き家が把握されている。 ・協議会で**定住世話人を選任**し**空き家を借りる依頼**をする。働きかけ自体が地元住民と定住希望者が信頼関係を築いていく契機となる。 ・定住世話人が私費で空き家を購入し，定住希望者に提供する事例もある。	・空き家の情報は**定期的な会合**などを通じて共有される。 ・空き家の敷地，間取りなどの現況調査を行い，移住希望者への紹介に備える。 ・定住促進班を中心に空き家情報が把握され，**地域情報誌**において情報が共有されている。	・都市住民や近隣市町村住民と空き家のマッチングのため，空き家の**マッチングツアー**を開催する。 ・希望地区を決めた移住希望者に対して，**協議会が面接**を行い，地域とよい関係が築けると判断されれば空き家の紹介を行う。 ・定住希望者に対して複数回説明機会が設けられており，十分地域の事情を理解した上で空き家が紹介される。 ・**定住希望者が 15 軒の地元住民・新規定住者を訪問する「定住訪問」を実施**して，定住希望者と空き家・地元住民とのマッチングの機会を提供している。 ・移住希望者と空き家所有者がトラブルにならないように**契約時の覚書**の作成を勧める。 ・必要があれば移住希望者のために空き家所有者と交渉する。 ・家賃交渉は，地域が入る場合，相場だけ伝える場合，関わらない場合がある。	・移住後の生活支援に際しては移住者には**地域社会の仕来りを丁寧に説明**し，地域社会の側にも移住者への適切な説明を依頼する。 ・移住後の生活支援も行う。特に，**就職の斡旋，農地の斡旋，販路の開拓支援**などが行われる。

出典：佐久間ほか（2017）をもとに作成。

まず，外見から分かりづらい「空いていない空き家」を地元住民が発見し，その所有者に対して利活用を促すために地域社会の側が働きかけをするといった 1）空き家の把握があり，その情報を会合などにより地域で共有する 2）物件の情報共有，そして移住希望者を適切な集落，空き家に関係づける 3）空き家と移住希望者のマッチング，空き家に入居した後は地域社会のしきたりなどを共有し，時には就職や農地の斡旋もする 4）入居後の生活支援がある。

色川地区では，何度も定住希望者に対して説明と意思確認の機会が設けられ，地域社会の側にも受け入れの準備ができる段階がある。定住希望者と地域社会との関係づくりの機会が周到に準備されており，「田園回帰」のハードルにおける「住まい」，「コミュニティ」がセットで解決されている。

4　地域内外をつなぐ地域資源としての空き家

本章では田園回帰のハードルの１つ「住まい」の観点から，特に移住希望者にと

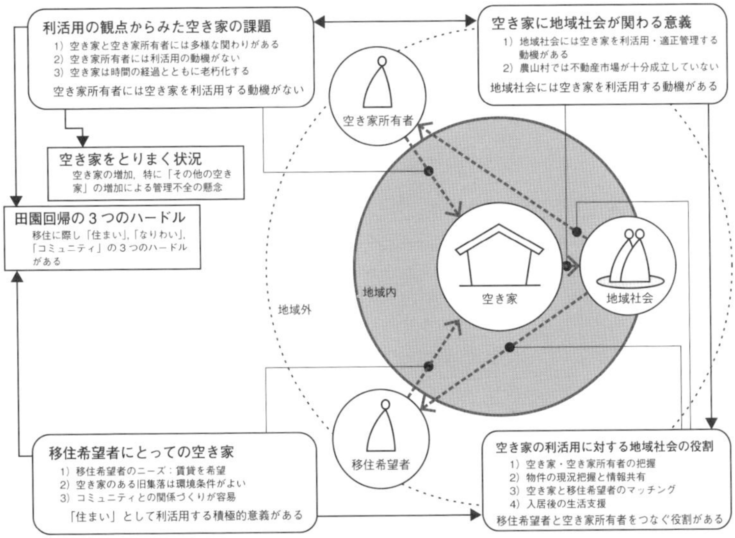

図 5-11　空き家をとりまく現状と課題・解決に向けた地域社会の役割
出典：筆者作成。

って利活用可能な資源としての「空き家」の課題と地域社会が担う役割を論じてきた（図 5-11）。本章のまとめとして本書の主題である田園回帰の論点である地域の内外との関係から，「空き家」に関する課題について振り返っておきたい。

まず，空き家所有者は，かつて空き家になる前の住まいを通じて地域内での暮らしがあったが，世帯分離による転出等を通じて地域外に在住していることが多い。すでに暮らしの拠点は地域外にあり，空き家を適正管理・利活用する動機がない。一方で，地域外にいることの多い UI ターンを希望する移住希望者にとっての空き家は，農山村の地域の「住まい」として利活用する積極的な意義がある。この相反する関係が，「住まい」が田園回帰のハードルとなる所以であるといえる。

2015 年に施行された「空家等対策の推進に関する特別措置法」によって，行政による空き家所有者への適正管理の呼びかけ，管理不全の物件に対する助言又は指導，

15）前掲，佐久間・嵩（2019）で高知県梼原町の取り組みを報告している。
16）日本建築学会・農村計画委員会・集落居住小委員会を中心とするメンバーで議論した（山崎・佐久間編著 2017）。

勧告，命令の仕組みづくりは整えられた。また「行政によるサブリース事業」[15] を通じて空き家所有者へ働きかける方策は散見され始めているが，空き家は私有財産であるため，あくまでも適正管理・利活用の主体は所有者にあり，行政でできることは限られる。また，手数料が収入となる不動産業は，家賃の安価な農山村ではその市場も成立せず，適正管理の担い手として期待するのは難しい。

こうした状況で期待できるのは，本章で指摘してきた地域社会が果たす役割である。農山村の集落において居住可能な空間は限られ，集落内にある家屋は比較的環境条件がよい場所に立地している。家屋が空き家になったとしても，地域にとっては貴重な資源である。その資源である空き家が適正に管理されず朽ちていってしまえば，その影響を受けるのは地域社会である。一方で，適正に管理され，新たな担い手の住まいとしての利活用が行われれば，その効果を享受するのも地域社会である。そのため地域社会には，空き家を利活用して移住希望者をはじめとした次世代の担い手を受け入れる動機がある。

空き家を媒介にして，地域社会の人々が地域外の空き家所有者と移住希望者との関係をつなぎ，移住希望者を迎え入れることで，「田園回帰」のハードルを乗り越えていくことが期待される。地域外との関係を活用しながら，地域資源である空き家を地域住民がハンドリングしていくことで，農山村集落の持続性を展望する（山崎・佐久間編著 2017）[16] ことができるのではないか。

（佐久間康富）

【文　　献】

小田切徳美・筒井一伸編著 2016.『田園回帰の過去・現在・未来―移住者と創る新しい農山村―』農山漁村文化協会.

見城大輔・後藤春彦・田原潤一・武田剛生・岡本　淳・澤田　章 2006. 集落内転居の特性と転居による生活の変化に関する研究―新潟県柏崎市荻ノ島集落を事例として―. 日本建築学会学術講演梗概集 E(2)：617–618.

佐久間康富 2018. 空き家の利活用に果たす地域社会の役割　「地方移住」のハードル―住まい・コミュニティ―. 情報誌『100 万人のふるさと』2018 年早春号：10–13.

佐久間康富・嵩　和雄 2019. 田園回帰における空き家利活用の課題と可能性（特集 空家問題の地域性）. 統計 70(2)：29–35.

佐久間康富・筒井一伸・嵩　和雄・遊佐敏彦 2017. 農山村の空き家再生に地域社会が果たす役割に関する研究―「新しいコミュニティ」に着目して―. 住総研研究論文集 43：103–114.

西村亮介・嘉名光市・佐久間康富 2015．過疎地域の地区運営活動における地元住民と移住者の関係の変遷に関する研究―和歌山県那智勝浦町色川地区を事例に―．日本都市計画学会都市計画論文集 50(3)：1303-1309.
山崎義人・佐久間康富編著 2017．『住み継がれる集落をつくる―交流・移住・通いで生き抜く地域―』学芸出版社.

移住者受け入れとなりわいづくり

地域起業と継業

06

1 農山村の「仕事」と「なりわい」

1-1 農山村の周辺地域化と「仕事」

21世紀になって間もないころ，筆者は愛知県のある村の役場に籍を置いて，移住希望者に対応をする業務をしていた。農山村での生活を望む人に一定期間滞在しながら村のありのままの姿を実体験の中で知ってもらい，移住・定住や二地域居住という道を選択してもらうことを目的とする，当時ではめずらしい移住希望者のためのお試し住宅である「短期滞在施設」を村が建設したためである。しかし当時の上司とは「移住希望者が来ても“仕事はないよ”としか言えないよね」と話をしていた。当時は林業不振に加えて，小泉構造改革のまっただ中であり，“基幹産業”の土木建設業も振るわなくなっていた。

筒井ほか（2016）でも指摘した通り，都市から農山村への移住のハードルとして「すまい」，「なりわい」，「コミュニティ」を挙げてきたが，住まいとしての短期滞在棟，移住者とコミュニティとをむすぶ担当者（＝筆者）は事業として準備できたにもかかわらず，なりわい（仕事）についてはその対応ができなかったのである。

農山村は高度経済成長期以降，過疎問題への対応のために時流にあった産業に地域の労働力をあわせることによって存立してきた。当初，過疎対策として活発に行われたのが工場誘致による農村工業化と，生活基盤の改善を目指した公共事業である。このことが農山村において製造業と建設業を成長させ，地域での雇用の場の創出，すなわち生活の糧を得るための仕事を創り出すことに成功した。しかしながらその主たる対象は中高年労働力や主婦などの女性労働力であって，若い世代の人口流出は止められず高齢化は加速していった。しかも農山村に誘致された工場の多くは，都市に拠点を持つ企業の関連工場であり，都市を頂点とする製造業の地域間分業システムの末端に農山村が位置づけられた。また建設業においても，発注の多くは中央政府からの財政措置（補助金）に依存するものであり，製造業・建設業を基盤とする農山村経済の自律性は失われていった。

このような流れは序章でも説明をした通り周辺地域化と呼ばれ，その基礎となった概念が中心－周辺論である。中心－周辺論とは基本的には地域間で生じる不平等を理解する概念であり，一市町村内というミクロレベルから，都市圏，一国そして世界というマクロレベルまで，さまざまなレベルに適用可能な概念である。これになぞらえると，農山村で展開された製造業は本社が所在する都市資本に，公共事業に依存する建設業は国家資本にそれぞれ依存を高めた結果，地域としての主体性を失っていった農山村は，都市や政府という中心へ依存する周辺地域となっていったのである（岡橋 1997）。

1980 年代に顕著になった経済の低成長期に入ると農村工業化によって進出が進んだ製造業に荒波が押し寄せる。80 年代半ば以降，円高不況のなか都市に所在する本社の意向で海外生産へとシフトする傾向が強まり，低賃金労働を求めて農山村に立地してきた工場の多くが縮小ないし撤退に追い込まれていった。これに対して 1987 年の総合保養地域整備法制定が衰退した製造業の穴をリゾート開発で埋めるかに見えたがバブル経済崩壊に伴い，農山村の期待を集めたリゾート開発の多くは失敗に終わった。さらに 20 世紀末から 21 世紀初頭にまたがる構造改革期には，政府の財政再建方針の下で農山村では公共事業が縮小したため「基幹産業」でもあった建設業も衰退し，雇用機会は大幅に削減された。こうして，都市の資本，国家の資本に依存して周辺地域化した農山村を支えてきた経済的なシステムは崩壊した（岡橋 2004）。

しかし序章で紹介した通り，21 世紀を目前に農山村の政策的な位置づけが大きく変化し，さらに 2010 年代に入るころから田園回帰という潮流がより強まってきた。その潮流の中で，生活の糧を得るための仕事づくりではなく，地域起業や継業といった，地域資源を活用しつつ移住者（よそもの）の視点というプライオリティを活かしたなりわいづくりが注目されるようになってきた。そこで本章では地域起業と継業に焦点を当てて，田園回帰時代のなりわいづくりの実態に迫る。

1-2　なりわいと地域資源

田園回帰の議論では，移住者の経済活動をなりわいという言葉で表現をしているがなりわいとは何か。漢字で表記する生業はその地の人々の生活を物質的に支え

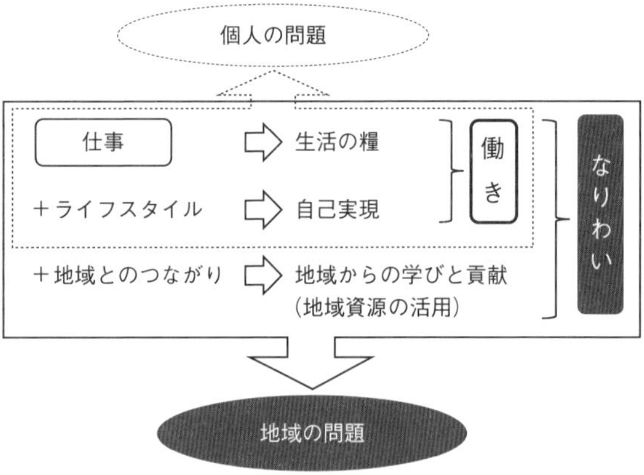

図 6-1　なりわいの位置づけ

出典：筒井ほか（2014: 60）の図に加筆して作成。

るために食物や何らかの形で商品になるものを生産することといえるが，今日の農山村を意識した使われ方としてカタカナやひらがな表記による「ナリワイ」や「なりわい」がある。また伊藤（2012）によると，なりわいとは特別な才能を必要とせず，生活の糧を得ながら同時に自分の生活を充実し得る仕事であるとし，生活と一体化した農山村での衣食住のさまざまな要素に関わる事業だとする。それを踏まえて，筒井ほか（2014）を監修した小田切徳美が「なりわい」という概念を形式化した。なりわいという言葉は，生活の糧を得ることを第一の目的とする「仕事」，仕事に自己実現という目的を組み込んだものを「働き」，その働きに地域資源の活用やコミュニティとのかかわりといった要素を加味する「なりわい」とした（図 6-1）。この整理で重要なのは，なりわいという言葉を登場させて地域の課題として強調すると同時に仕事や働きといった個人課題と明確に区別する点である。

なりわいには，多様に存在する地域資源の活用の志向とともに，生活インフラとしての機能の含意もあり，なりわいの存立の可否を地域課題として強調する。例えば農山村における集落の小売店などの消失は，地域での生活が成り立たなくなることに直結をする。そのため「買い物難民」や「SS（サービスステーション）過疎地」といった言葉を登場させて，地域課題としてフォーカスしてきた。これらをなりわいとして捉えると，農山村におけるその消失は，単にひとつの事業がなくなるというだけではなく，地域コミュニティや個々の地域住民へも大きな影響をもたらすものであると理解できる。このようになりわいという概念は，私的利益にとどま

表 6-1　地域資源の種類

区分		例
自然資源		土地や水，エネルギーなど
文化的資源	歴史的資源	文化財など
	社会経済的資源	地域的な制度や組織など
人工施設資源		歴史的な街並みなど
人的資源		地域固有の技術など
地域特産的資源		農産物や特産品など
地域中間生産物的資源		間伐材など

出典：目瀬編著（1990）を参考に作成。

らない個人の動機と地域コミュニティとの相互作用の中で地域において共有し得る財やサービスを生み出し，それらを組み合わせて生活の糧を得ていく経済的な活動を指すといえる（筒井 2019: 232）。

このなりわいの議論で重要になるのが「地域資源」というキーワードである。地域資源とは，元来は農業用語であり狭い意味として土地，水，エネルギー（光）といった農業生産に必要な自然資源とされてきた。しかし，現在ではその地域に存在する特徴的なものを広く地域資源として捉えており，定義としては「地域に固定された，地域づくりに利用可能な資源であり，広義には自然資源，文化的資源，人工施設資源，人的資源等を含む」とされ，表 6-1 のようにその種類が整理される。

地域資源には，普通の資源とは異なる①固定性，②連鎖性，③公共性という 3 つの特徴がある。①固定性とはその地域に固定された資源のため他の地域への移動が難しいという特徴，②連鎖性とは単体よりもその地域に存在する他の資源と結びつくことで価値がある特徴，③公共性とは多くの人々に利用されることが前提とされるため市場メカニズムだけでは適切な利用管理ができないという特徴であり，地域資源にはこの 3 つの特徴すべてを備えたものと，3 つのうちいくつかの特徴を備えたもの（表 6-1 では網掛けにしている地域資源）がある。

この地域資源を活用するメリットは 3 つある。中塚（2019）によると，人口減少により利用されなくなった地域資源の低コスト化と，一人当たりの利用可能な地域資源の量とマーケットの増加を指摘するが，このことは地域資源を活用したなりわいづくりのチャンスを意味しており，一つ目のメリットといえよう。また地域全体の経済からみると，これまで無批判に行われていた“お金”の地域外への流出という問題への解決にもなる。農山村であれば地元産で供給されてもよさそうな生鮮品まで地域外から調達されている現実があるが，藤山編著（2018）が主張する「循環型経済」への第一歩がこの地域資源活用であり，それによって地域経済を自立へ向かわせるという二つ目のメリットが挙げられよう。そして三つ目として，移住者がなりわいづくりとして地域資源を活用することで，地域の様々な主体との協働を促すことができる。近年，企業と地域の関係もCSR（企業の社会的責任）からCSV（共通価値の創造）へと変わりつつあるが，CSVとは単純化すると日本で昔からいわれている，近江商人の「売り手よし，買い手よし，世間よし」の「三方よし」の発想に近い。地域コミュニティとの関係が重視される農山村ではなおさら「世間よし＝地域にとっての共通価値の創造」が重要であり，そのために移住者が協働する素材として地域資源活用の意義が見いだされる。

2 移住者による地域起業

2-1 地域起業とは何か

起業が促進される社会的な背景として，日本の経済・社会構造の変化ならびに経営者の高齢化の進展に伴い，中小企業・小規模事業者の数が減少を続けていることがある。これまで地域経済を支えてきた中小企業・小規模事業者が廃業・撤退することで，地域の活力喪失が懸念されている。政府は，こうした現状を踏まえ，起業を活性化し，日本を「起業大国」とするために必要な取り組みを進めている[1)]。そのため，産業競争力強化法に基づき中小企業庁を中心に行われている市区町村別の創業支援等事業計画が2019年12月現在1,443市区町村で認定されているなどその支援策は広がりを見せつつあり，さらに起業支援は各市町村や都道府県など，地域の状況に応じた独自の取り組みも進められている。

ところで本章で用いる「地域起業」という言葉は農政学者である大泉（2006）の論考が初出と思われる。この文脈では農村資源を生かした女性たちの起業を「成り行き地域起業」と称しており，そこからのビジネスモデルの変遷を紹介しているが，ポイントは①農村資源（＝地域資源）を用いた，②地域住民による起業であり，資源と主体に注目されている。一方で，中澤（2014）や中村（2018）など地域起業という用語を用いる文献は少ないながらあるものの，特別な意味を付与した使われ方

1）2013年以降，政府の成長戦略「日本再興戦略」の一環で，中小企業・小規模事業者の開業率を高めるべく，創業者支援のための施策が拡充されてきた。なお，2014年版『中小企業白書』によると，「起業大国」という表現は，2013年9月25日に内閣総理大臣・安倍晋三が，ニューヨーク証券取引所において「日本を米国のようにベンチャー精神あふれる「起業大国」にする」と発言したことによる（中小企業庁2014）。

はなされてはいない。また，農山村における起業に関する研究も，2018年9月現在でその約8割がいわゆる「女性起業」を扱ったものである[2)]。農山村では婦人会や農協女性部，生活改善グループなどから発展したグループによる女性主体の起業が1980年代から急増し，男性中心の農山村社会における女性の生きがいづくりや自立に寄与してきた。農林水産省の『農村女性による起業活動実態調査』によると2010年の9,757件をピークに起業活動数は減少傾向にあるものの，2017年3月31日現在も9,497件の女性による起業活動が行われているとされ，主要な関心が女性を中心とする地域住民による起業の実態把握であったことがわかる。

このように農山村への移住者によるなりわいづくりとの関係から地域起業というキータームを「農山村の地域資源を活用して新たに「地域のなりわい」を創出するもの」とした筒井ほか（2014）に類する研究蓄積は，筒井ほか（2015・2016）などに限られており現時点では十分とは言えない。一方，ふるさと回帰支援センターを訪れた移住希望者に対するアンケート結果における移住者が希望する働き方をみてみると，2010年は農林漁業が47.1%，新たに起業する自営業が9.6%となっていた。これが2018年になると農業が14.2%に減少する一方，起業は12.7%に増加している。すなわち移住者にとって，「農山村でのなりわい＝第一次産業」ではなくなってきており，より広い観点で農山村におけるなりわいを捉える必要がある。

農山村への移住者の増加による新たななりわいの創造と，自治体をはじめ多様な主体が行う起業支援とは密接にかかわっていると考えられるが，その実態についての調査研究は十分には行われていないのが現実である。特に制度的な起業支援のみならず，移住者と地域住民との起業を介した新しい関係性の上で，どのようなサポートが生み出されているのか[3)]，その詳細な実態を明らかにした研究は見当たらない。そこで，筒井ほか（2014）で提示した移住者のなりわいづくりを支えるバトンリレーモデルに従って促す仕掛けやサポートの実態などに迫る。

2-2　地域起業のバトンリレー

移住者はどのような環境の下でどのようなプロセスをあゆんで地域起業に至っているのか。筒井ほか（2014）では農山村における実態調査から地域起業に至るプ

2）国立情報学研究所学術情報データベース（CiNii Articles）での検索による（2018年9月3日検索，183/234）。検索単語は「農村」×「起業」とした。

3）直接的支援だけでなく，結果的に移住起業を促進する情報伝達など間接的要素を含めて本章ではサポートという用語を使用している。

ロセスを明らかにし，その結果として地域起業を支えるバトンリレーモデルを提示した（図 6-2）。

移住者の地域起業へのサポートは大きく「促す仕かけ（a)」，「軌道に乗るためのサポート（b)」，「日常の運営へのサポート（c)」という 3 つに分けられる。「促す仕かけ（a)」はいわばきっかけづくりであり，国や都道府県，市町村などの行政を中心に例えば起業支援金といった形でサポートが行われる。「軌道に乗るためのサポート（b)」では閑散期や起業前の臨時の雇用を市町村行政や地域運営組織などの新しいコミュニティから得ることなども当てはまる。「日常の運営へのサポート（c)」は，そのなりわいに応じた多種多様な支えが，集落や地域住民，同業者といった既存のコミュニティによって行われる。

「促す仕かけ（a)」は制度的に充実してきているし，「日常の運営へのサポート（c)」は生活づくりと一体となって，集落や地域住民，同業者といった既存のコミュニティが状況に応じて行われていることが明らかになった。また，「軌道に乗るた

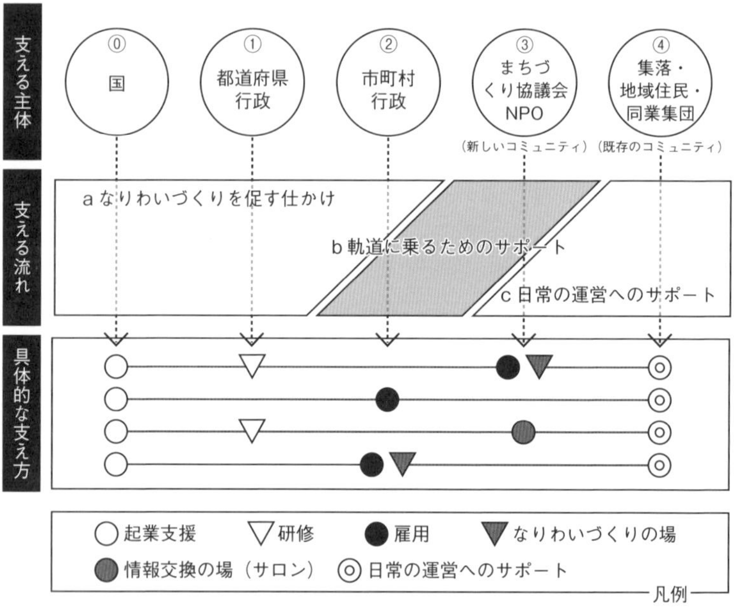

図 6-2　地域起業支援のバトンリレーモデル

注：図中の「具体的な支え方」は実際の事例に基づく。各事例については筒井ほか（2014）を参照。

出典：筒井ほか（2014: 43）の図に加筆して作成。

めのサポート（b）」は臨時の雇用やなりわいづくりの場の提供に加えて，ネットワークを提供するサロンのような機能もある。以下では「促す仕かけ（a）」をふるさと回帰支援センターのおこなった事業である「農村六起」から，「軌道に乗るためのサポート（b）」と「日常の運営へのサポート（c）」については兵庫県丹波市の事例からその実態をみていこう。

2-3　地域起業を促す仕かけ：農村六起の実態

1990年代後半の農山村への移住は就農など農林水産業を志向する傾向があったため，いわゆる就農支援などの行政施策で対応をしてきたが，2000年代後半以降は必ずしも就農希望者のみが農山村への移住を目指しているわけではない実態がうまれてきた。2000年代は農山村＝農業生産の場という捉え方に変化がみられはじめ，「生産主義からポスト生産主義へ」という流れの下で，農山村の多面的機能に注目が集まり，六次産業化など地域資源を活かした農山村のなりわいが多様化していった時代であった。「農業」志向ではなく「田舎暮らし」志向の現役世代の移住がみられるようになってきたことは，このような背景とも関係していよう。こうした流れのなかで，本章のテーマである地域起業への関心が高まり始めた。

ふるさと回帰支援センターへの来訪者もＵターンを想定したシニア層からＩターン中心の若者・現役世代層へと変化してきたが，これまでの都市生活から農山村での地域に密着した暮らしをしたいという「ライフスタイルの転換」を希望する人々が増加したとされる。一方で移住者を受け入れる自治体でも若年層の移住は歓迎するものの，農林漁業の衰退や企業の撤退などによる産業空洞化により，農山村での雇用の機会は年々減少しており，就業（就職）による仕事の確保は困難となっていた。2005年の「都市生活者に対するふるさと回帰・循環運動に関するアンケート調査」で全体の27%が起業を考えているという調査結果を背景に，2009年9月にふるさと回帰支援センターと北海道大学観光学高等研究センターとの連携により「ふるさと起業塾」を立ちあげ，社会実験として全国7ヶ所で座学ならびに現地でのインターンシップを中心とした実践研修が行われた。

「ふるさと起業塾」の構想を明示した川辺（2010）によると，その対象のタイプとして①ふるさと回帰を行い，その地域で自ら生業を営むことを強く願望しているが，その機会や方法が具体化できないでいる「目的意識明確タイプ」，②都市に住むサラリーマンや学生であるが，なんとなく都市生活に居心地の悪さを感じ，田舎で生きたいとも考えているが，何をどうしたらよいか見当がつかないでいる「モラトリアムタイプ」，③企業の人事・福利厚生制度の一環として企業から派遣される人，あるいは農山漁村の地域資源活用による新たな事業創造に取り組もうとしている企業から送り込まれる「企業から派遣タイプ」，④現在農山漁村に在住して農林漁業や建設業，その他の仕事に就いているが，新しい知識やノウハウを身につけ，“ふるさと起業家”として自らのレベルアップを図るとともに，地域活性化に貢献したいと考える「地域に生きるひとタイプ」に分けられた。そして起業のタイプとして，①慣行農業ではなく地域有機質資源の循環に基づく「循環持続型農業」による起業，②地域特性のある農林水産物の生産，食品加工，農村レストランや地域特産品の流通を融合させた「六次産業化」による起業，③農山漁村の自然環境，人々の暮らし，安らぎのある時間と空間などを活かした「次世代ツーリズム」での起業，④地域プロモーション，空き家や農園住宅などを活かした「ふるさと回帰産業」での起業，⑤農山漁村の集落機能維持，高齢者支援，コミュニティ交通，環境・資源保全などの担い手となる社会起業家としてのコミュニティビジネスの起業の5つを挙げた。

このような「ふるさと起業塾」の構想をベースに，2010年と2011年には内閣府「地域社会雇用創造事業」の採択を受けたふるさと回帰支援センターは「農村の六次

表6-2　農村六起ビジネスプランコンペの選考基準

事業性
■六次産業分野のビジネスモデルであるか
■ビジネスモデル（ターゲット，商品・サービス，チャネルなど）が適切であるか
■実現へのプロセスが具体的であるか，ビジネスとして収益性が確保できているか
■経営計画が適切である（起業支援金の使途を含む）かどうか，等々
地域性
■起業地域が明確に設定されており，起業地域との連携・協力関係が築かれているか
■起業地域（自治体，経営体，団体・グループ等）の支援，推薦があるか
■移住・定住（二地域居住を含む）を想定もしくは既に実現しているか
■地域資源の発見にもとづいているか
社会性
■地域の社会的課題の発見，把握，認識が的確であるか
■そしてその社会的課題の解決の方向性が明確であるか
■起業によって地域社会の生活，経済，産業，雇用へのプラスのインパクトがあるか
■地域社会に環境負荷を与えないか
新規性・将来性・応募者資質等
■単なる既存ビジネスの地域展開ではない新規性があるか
■事業が将来性を有しているか
■応募者自身の熱意や起業家としての資質が感じられるか
■その他特別に評価できる点

出典：『ふるさと起業成果報告』（ふるさと回帰支援センター）より作成。

表 6-3　応募プランからみる起業テーマの分類

起業テーマ		応募数	構成比（%）	合格数	合格率（%）	備考
地域複合アグリビジネス	1. 新たな農産物の生産と加工流通	50	13.0	17	34.0	耕作放棄地活用
	2. 農水産物（規格外品）等の加工	96	24.9	30	31.3	規格外農・海産物活用，木工・家具
	3. 農水産物の販売・流通	56	14.5	10	17.9	流通ルート開拓，移動販売，CSA構築
	4. 農水産物活用のレストラン	45	11.7	10	22.2	地産地消のレストラン
	小計	247	64.1	67	27.1	
ふるさと回帰産業	5. 空き家の開発，木工製品・家具等	8	2.1	1	12.5	空き家活用，ダーチャ開発
	6. 農村・農産物へのIT活用	7	1.8	1	14.3	Web マーケティング，農村 IT 化
	7. 農村へのサービス提供	45	11.7	14	31.1	廃校活用，農村支援
	小計	60	15.6	16	26.7	
次世代ツーリズム	8. 農水産物（食）ツーリズム	32	8.3	10	31.3	食文化観光，ヒーリングツーリズム
	9. 観光・教育の農園・漁園	14	3.6	3	21.4	観光農園・漁園，子どもの教育
	10. 健康・医療等の開発	10	2.6	1	10.0	医療・化粧品，健康道場
	小計	56	14.5	14	25.0	
その他	11. その他	15	3.9	0	0.0	
	12. 福祉ケア等（六次産業）	7	1.8	3	42.9	「震災復興コンペ」（仙台）等での特別枠
計		385	100.0	100	26.0	

出典：『ふるさと起業成果報告』（ふるさと回帰支援センター）より作成。

産業化起業人材育成事業（通称，農村六起）」として農林漁業（第一次産業），農林水産物の加工・食品製造（第二次産業），販売・流通そして新しい観光業とそれに関連する住まいの提供などのサービス業（第三次産業）などを主体的に担っていく起業人材の育成（インターンシップ事業）に加えて，起業支援事業（インキュベーション事業）を 2 年間実施して全国で 100 名の農村の六次産業起業家（ふるさと起業家）に対して起業支援金の支援をした。

この農村六起では起業テーマを農産物の加工販売，地産地消レストラン運営などの「地域複合アグリビジネス」，空き家の利活用，Web マーケティングや地域へのサービス提供といった「ふるさと回帰産業」，グリーン・ツーリズム，食文化観光，教育ファーム等の「次世代ツーリズム」の 3 つに分けて募集をした。この農村六起事業の起業家の選考にあたっては選考基準を設けて審査がされた（表 6-2）。通常の

「起業」でも重視される「事業性」に加えて，特に「地域性」と「社会性」が地域起業を特色づけているといえよう。地域に眠っている未利用資源を活用して新たな価値を付与し事業を創造していくことが重要であり，地域の課題を解決する起業家を創出することこそがふるさとの再生に繋がると考え，地域の課題解決をなりわいにしていく起業家を「ふるさと起業家」と名付けた。そのためには単純に農山村へ移住して起業するということだけではなく，地域の課題把握とニーズ把握が重要であり，移住希望先でのインターンシップを含めた生活体験が必要であると考え，現地研修（インターンシップ事業）も実施した。

応募プラン総数385件のうち移住者が地域起業を行うプランを立てたものは43件（11.2%），実際にふるさと起業家として起業支援金の支援を受けたのは全100件中38件（Uターン者を含む）だった（表6-3)。この事業では「農村の六次産業化」と謳っていることもあり，農山村の地域資源を活用するなかで，農産品を活用するプランが多かったものの，課題となっている空き家を利活用するプランなどもあった。

2-4　地域起業を軌道に乗せるサポート

次に地域起業をおこなう現場に近いサポートについて，起業家支援窓口「たんばチャレンジカフェ」を2014年から設置している兵庫県丹波市の事例をみてみよう。

丹波市は，兵庫県の中東部，京都府との県境に位置し，兵庫県下で5番目に広い493.21km^{2}の面積を持つ（図6-3)。市の東部をJR福知山線と近畿自動車道敦賀線（舞鶴若狭自動車道）が縦貫し，ともに京都府福知山市に通じている。市域北部は隣接する京都府福知山市や朝来市との関係が強いが，市域南部は，大阪市内から自動車で1時間30分程度ということもあり，京阪神地域からのアクセスが比較的容易である。市の面積の約75%を森林が占めるなど，豊富な自然や田園風景が広がる地域であり，そこに魅力を感じる移住者も多い。

丹波市は平成の大合併により，2004年11月1日に氷上郡柏原町，氷上町，青垣町，春日町，山南町，市島町の6町が合併して誕生した。丹波市の国勢調査による総人口は，1985年から1995年にかけて微増が見られたものの，2000年以降は減少傾向が顕著である（図6-4)。

1960年には8万人を超えていた人口は，2015年には64,660人に減少し，また世帯数では22,553世帯となっている。世帯当たりの人員もまた減少傾向で推移しており，1985年の3.86人/世帯から2015年の2.87人/世帯となるなど，夫婦のみ世帯

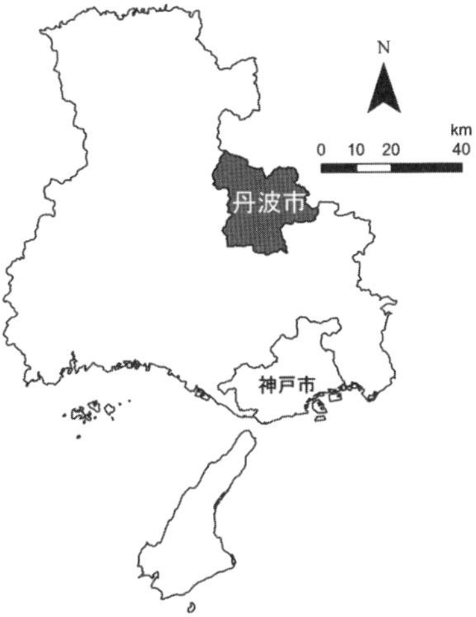

図 6-3　兵庫県丹波市の位置図
出典：筆者作成。

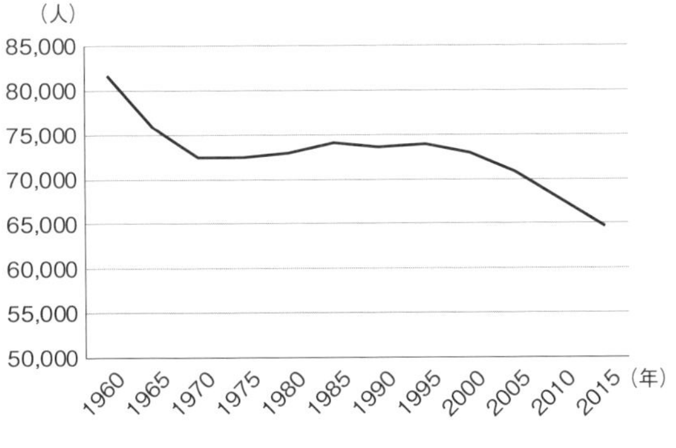

図 6-4　丹波市における人口変遷
注：丹波市は 2004 年 11 月 1 日に合併して誕生したため，
1960 年から 2000 年までは合併前の 6 町の合計値である。
出典：国勢調査より作成。

や一人親と子供世帯，単身世帯の割合が大きく上昇している。年齢別人口においても，2015 年における年齢 3 区分別人口割合は，年少人口 12.9%，生産年齢人口 54.7%，高齢者人口 32.3%となっており，高齢化が進行している。事業所数について 2009 年と 2016 年を比較すると，全業種平均でマイナス 16.2%と減少基調にある。製造業や宿泊・飲食サービス業，生活関連サービス・娯楽業はおよそ 10%前後の減少である

表 6-4　丹波市の事業所数の変化

業種	2009 年	2016 年	減少率（%）
事業所総数	3,867	3,239	16.2
卸・小売業	996	761	23.6
宿泊・飲食サービス業	324	282	13.0
生活関連サービス業・娯楽業	297	257	13.5
製造業	536	498	12.7
建設業	587	467	20.4

出典：経済センサスより作成。

表 6-5　丹波市の移住・定住施策の経緯

年度	移住関連施策・制度
2006	「ふるさと丹波市定住促進会議」設置
2009	「たんば田舎暮らしワンストップ相談」窓口設置
2011	「いきいき定住促進住宅補助金制度」制定
2014	「丹波市空き家等の適正管理及び利活用の促進に関する条例」制定 「新いきいき定住促進住宅補助金制度」制定 起業家支援窓口「たんばチャレンジカフェ」設置
2015	「住まいづくり課」を建設部に新設 「住まいるバンク（空き家バンク）」設置 「丹波市空き家等対策計画」策定
2016	仕事情報サイト「たんばの仕事」設置 空き家利活用意向調査
2017	「U・Iターン住宅取得住まいる奨励金制度」制定 「たんば「移充」計画」の取組み開始
2018	「たんば“移充”テラス Turn Wave」の設置

出典：丹波市建設部住まいづくり課資料より作成。

が，建設業や卸・小売業では20%を超える減少率となっている（表6-4）。このように丹波市を取り巻く状況として，人口ならびに事業所数の顕著な減少がある。丹波市では，このような背景を踏まえて，地域資源をいかして地域の魅力を高め，その魅力を発信することで，同市への来訪者を増やして交流人口の増加に努めるとともに，人口減少の傾向を緩和するため，定住・転入の促進を図ろうとしている。

丹波市では6町合併の2年後，2006年度の「ふるさと丹波市定住促進会議」の設置を皮切りに，移住定住政策を進めている。表6-5の通り，当初は相談窓口の設置や関連条例や補助金制度の整備が中心であったが，地方創生に向けた移住政策の重視という潮流の中で，2014年度からは多方面の移住サポートに関わる施策が進

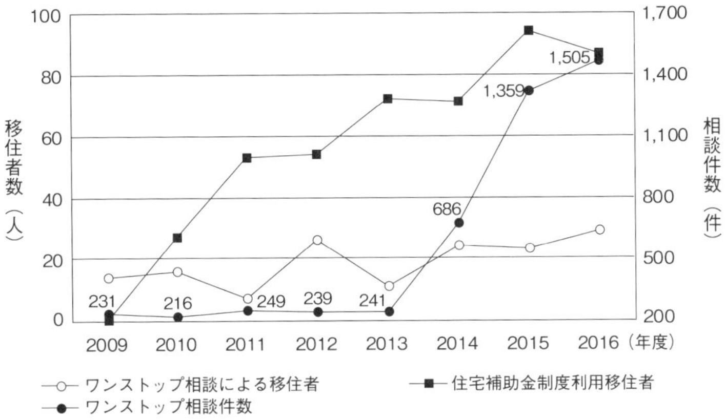

図 6-5　丹波市における移住者数の推移

注：ワンストップ相談による移住者数と，住宅補助制度利用による移住者数の間には 5 ～ 10 人の重複がある。
出典：丹波市建設部住まいづくり課資料より作成。

められていった。本章で対象とする起業家支援窓口「たんばチャレンジカフェ」は，設置当初，後述する通り移住者のみを対象とするものではなかったが，実際には，同時期に展開された移住施策とともに機能していくこととなった。図 6-5 の通り，移住施策が充実するなかで 2014 年度頃からワンストップ相談件数が急激に増加し，移住者数もワンストップ相談も住宅関係の補助申請も増加していった。

丹波市における制度的な起業サポートとしては，行政が行う丹波市新規起業者支援事業と，たんばチャレンジカフェが行う様々なサポートがある。前者について丹波市は 2012 年度から新規起業者支援事業補助金を創設し，起業支援を行っている。実際の起業支援にあたっては，丹波市商工会が窓口となる。商工会側で起業希望者の事業計画書を確認し，補助金交付要綱に合致した起業を丹波市商工会長が推薦した上で，丹波市が補助金を交付することになる。補助金は，空き店舗を活用して新たに起業をする者を対象にした初期投資支援（上限 150 万円を上限に 1/2 補助）と，店舗等賃貸料支援（上限 40 万円 / 年 × 2 年間を上限に 1/3 補助）の二つからなる。これには，商工会による経営相談及び経営指導も義務付けられているが，基本的には資金面の補助に限定される。

一方，たんばチャレンジカフェは，丹波市が主体となって，丹波市有望起業家支援窓口業務の委託を丹波市商工会が受ける形で 2014 年に設置された認定連携創業

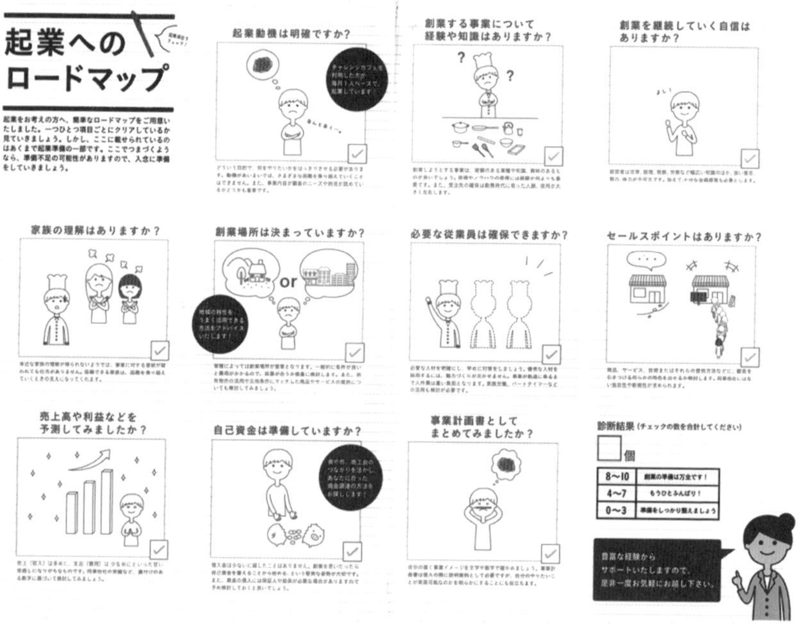

図 6-6　たんばチャレンジカフェの「起業へのロードマップ」
出典：酒井ほか（2020: 17）より転載。

支援機関である。同カフェでは，図 6-6 に示した「起業へのロードマップ」のようなきめ細かいステップの提示と確認の伴走とともに，①窓口相談業務，②ベテラン経営者が起業者へのアドバイスを行うマネジメントカフェ，③計画策定から創業手続きに至る一貫した事業計画づくりを支援する「たんば起業塾」，④会計講座や販売促進講座などの起業者向けセミナー，そして⑤専門家派遣事業等の支援を行っている。

2014 年 4 月以降に開業した事業所については，事業計画書の目標数値をおよそ達成し，順調に推移している起業者が多い。2014 年 10 月に開設した「たんばチャレンジカフェ」のウェブサイトでは，個々の事業者へのインタビューを踏まえて，起業者の紹介も行っている。また，廃業率を低くするために細やかな巡回訪問も行っており，さらに計画数値の見直しや，分析等の指導も含めて，より専門的な指導体制を構築している。丹波市での起業を促進するのみならず，起業後のフォローを充実させることで，丹波市が安心と信頼の出来る起業支援のまちであることの発信を試みている。

2-5　日常の運営へのサポートとネットワーク

表6-6は，移住起業から一定期間を経てサポート実態が明らかになっている，2012年4月から2015年10月までに移住した起業者19名のうち，調査協力が得られた12名へのヒアリングから，移住起業に至る経緯や情報収集の実態を明らかにしたものである。表中の移住者は1名をのぞいて京阪神からの移住者であり，男女比率は同数となっている。年齢層（起業時）は27歳から67歳であるが，3名を除くと概ね40歳以下と比較的若手の移住起業者が多い。起業した業種としては飲食業が多く，さらにパンや菓子の製造販売や農業などもある。主な情報源として公的な窓口を挙げる者は少なく，知人や親族，不動産屋など民間のつながりを挙げる者が多かった。このことから公的な情報発信や移住者支援はもちろんのこと，民間の

表6-6　移住起業者の概要

No.	年齢 性別	業種	前居住地	移住の経緯	主な情報入手先	起業年月
1405	42歳 女性	飲食業	大阪府	市島町の地域イベント 地域おこし協力隊に勤務経験	イベント参加時の人とのつながりから情報を入手	2014年 7月
1406	62歳 男性	飲食業	鳥取県	すみやすく地域の方との交流がもてる場 「有機の里」の食材 四季の表情が豊か，大自然に恵まれ魅力的	自ら探す	2014年 7月
1408	35歳 女性	飲食業	京都府	祖母が借用店舗に勤めていた	母方の実家	2014年 7月
1409	30歳 男性	菓子製造小売	神戸市	以前の勤務経験を活かし起業	身内からの情報により	2014年 9月
1413	67歳 女性	サービス業（福祉）	淡路市	丹波で良い物件があった	不詳	2014年 11月
1417	42歳 女性	飲食業	篠山市	自家農園の有機野菜を使う農家レストラン 農家・日本の原風景のある場所	不動産屋を介して	2015年 2月
1419	27歳 女性	喫茶・菓子製造	神戸市	丹波で手作りの焼菓子を提供する店を持ちたい	不詳	2015年 3月
1501	61歳 男性	パン製造販売	大阪府	定年後に田舎でゆっくりとパン作りが夢	不動産屋を介してネットで探す	2015年 4月
1504	35歳 女性	有機農産物販売	神戸市	有機宅配事業に従事してきたが，社長の引退により	神戸市で有機宅配事業の従業員をしていた	2015年 5月
1505	37歳 男性	農業経営	篠山市	近隣より支援体制が整っていた	前勤務地の友人からの情報により	2015年 5月
1506	37歳 男性	農業経営	西宮市	丹波市の農業窓口の紹介 神戸から2時間以内が条件	知り合いの紹介により	2015年 8月
1509	37歳 男性	パン製造販売	神戸市	パン屋が少なかったから	配偶者からの情報により	2015年 10月

注：起業者のNo.は，たんばチャレンジカフェの整理番号を示す。
　　また年齢は起業時のもので，前居住地は兵庫県内については市町村名までを表記している。

出典：たんばチャレンジカフェ資料より作成。

表 6-7　支援者の概要

支援者	年齢	性別	地元／移住別	活動の特徴
O	60 歳	男性	丹波市柏原町	・門前町，城下町柏原の雰囲気を重視。商いの“質”を求める。 ・イベントや起業セミナー等のソフト事業開催。 ・空き店舗へのテナントミックス事業，街路の美装化，店舗のファザード事業。 ・柏原まちづくり協議会との連携，移住／起業者支援。 ・丹波ハピネスマーケットの開催。 ・地権者とまちづくり会社の役員との個人的ネットワークによって条件交渉をサポート。
D	31 歳	男性	奈良県より移住（9 年目）	・丹波市佐治に拠点を持ち，大学と丹波市が連携して空き家となっている家屋やまちなみの改善改修と学生にとっての“ふるさと”創設を目指す。 ・佐治らしい暮らし＆佐治らしい景観をコンセプトに空き家活用サークル「佐治倶楽部」を発足。古民家を再生して，一日貸しのイベントスペースも作っている。
C	38 歳	男性	丹波市青垣町	・柏原のまちなかの屋敷エリアにおいて，築 100 年の町家をオシャレに改装して，害獣である鹿を有効利用し，新しい和食を創出。 ・丹波市の若者活動団体である「グライネ」の事業として，専門高等学校へ講師派遣事業を行っている。起業を促進するため，高校の時から関心を持つような仕掛けを行っている。
K	50 歳	男性	U ターン（8 年目）	・丹波市をはじめ行政機関から事業委託を受けており，IT ツール，SNS，Web サイト，ブログなどを通じて，情報を発信する。周囲には応援してくれる仲間がいることを知り，移住してくる若者が多い。 ・NPO 等とも連携をとりながら，テレワーク事業も進めている。インターネットなどの ICT を活用した，時間や場所にとらわれない「テレワーク」の窓口業務を開始し，都市部から人と仕事の流れを創り，地域活性化に結びつけたいと考える。 ・地域外の NPO とも連携をとりながら，地域活動の展開にも積極的に関与する。 ・起業する際の場所探しに苦慮をしており，不動産物件等に関する集約されたプラットホームが必要を訴えている。
M	38 歳	男性	U ターン（6 年目）	・シェアハウスを所有し，まちづくりに意欲的な移住者を招きいれている。移住者ならでの視点で課題を解決し，地域を活性化させていくことを目的としている。「よそ者・若者・ばか者」を募集して民間版の地域おこし協力隊を目指す。 ・丹波市への移住相談を受ける「田舎暮らしワンストップ相談窓口」の業務を受託し，東京，大阪で U・I ターン者を増やす企画を実施。
T	48 歳	女性	丹波市柏原町	・丹波市柏原町の電気店で生まれた。景気動向をいち早く察知し，方向修正をして，リサイクルショップと電気店を営む。また元の店舗をテナントビルにし，喫茶と雑貨店を経営する。 ・丹波ハピネスマーケットの運営に深く関わる。起業する若者からは，良き相談役としての信頼が厚い。 ・起業家として，また丹波ハピネスマーケットの運営者として，講師の依頼が多い。
S	72 歳	男性	東京都→福知山市→丹波市（14 年目）	・東京で生まれ，東北で育ち，さらに各地への転勤を繰り返して福知山市で定年退職を迎えた。新たな生きがいを求め，丹波市でそば屋を起業。 ・そば屋の育成に関わっており，授業料を取らずに歩合制で行っている。 ・丹波市内のそば屋を繋ぐ“奥丹波そば街道”の仕掛け人。
H	68 歳	男性	西宮市より移住（10 年目）	・理念である「農ある暮らし」を 30 年間実践してきた。週末滞在農業を 7 年行って移住し，10 年が経つ。丹波市内各地に息づく多様な文化を取り入れながら，出版企画会社に携わって情報発信を行っている。 ・田舎暮らしフォーラムの実行委員会や起業研究会の世話人，里山に関する NPO の理事などを務める。
HA	58 歳	女性	大阪府より移住（4 年目）	・主婦から一転して移住をし，料理店を経営。こだわりをもって器を手作りするため丹波を訪れ，その後，柏原の知人から空き店舗の情報を得て起業。 ・丹波ハピネスマーケットの運営にかかわる。 ・菓子店も経営し，「畑からお菓子まで」の独自の六次産業を展開。「ものを売る」のではなく，「コトを売る」を目標にしている。

表 6-7　支援者の概要（つづき）

支援者	年齢	性別	地元／移住別	活動の特徴
HN	34 歳	男性	大阪府より移住（3 年目）	・シェアハウスに住んでいたが独立して，自身のシェアハウス運営を始める。自ら企画したイベント等の宿泊所としても利用している。 ・このシェアハウスを拠点とする東京在住の飲食店経営者に対して，丹波産にこだわった食材の提供を行う。 ・丹波の定住促進を PR するときには，上記の飲食店を拠点として活動している。

注：年齢は創業年時点。
出典：ヒアリング調査により作成。

起業支援者ネットワークの存在と，その機能の重要性がみてとれる。

ここでの起業支援者には，直接的に支援する場合と，当初は後方支援であるが結果として直接的に支援をする場合がある。起業者と支援者，また支援者同士のネットワークにおいて，特に関係性が強くネットワークの結節点になっていると考えられる支援者について，それぞれの活動をやや詳細に検討していこう。なお，以下の記述は，いずれも 2015 年 7 月から 9 月までに行ったヒアリング結果に基づいている。起業者を含むヒアリングから浮かび上がった主たる支援人材を対象としている（表 6-7）。

支援者 O 氏（地元）は，まちづくり会社の代表者として，地域の現状を危惧し活動を開始した人物である。活動拠点を置く旧柏原町は，かつては現丹波市エリアの中心都市として栄えたにもかかわらず，今では商店が閉まり，高齢化が進む。支援者 D 氏（I ターン）は青垣町で空き家を利用した活動を展開する A 大学と関係を有する人物で，2015 年に青垣町に住居を構え，自ら建築事務所を起業している。支援者 C 氏（地元）は，支援者 K 氏，M 氏，T 氏，HA 氏，HN 氏と活動を共にしており，支援者 O 氏同様に地域の課題解決を目指している。また，地域の専門高等学校の講師をしており，地元学習や起業学習に携わっている。C 氏は，もう一つの顔として，丹波市で増え続けている獣害対応に寄与するような鹿肉のメニュー開発や，柏原の市街地にある町家でレストランを経営している。

支援者 T 氏（地元）は，特に O 氏，C 氏，K 氏，HA 氏と繋がりがあり，毎月開催している「丹波ハピネスマーケット」の運営に深くかかわっている。丹波ハピネスマーケットは，2012 年 9 月に丹波市の若手商業者が中心になってはじまった毎週第 2 土曜日に開催される定期市イベントであり，豊かで良質な食や地元の人々の温かさにふれてもらうことで，丹波地域の魅力を伝えることを目的としている。出店者も来場者も若者が多く，例えば起業者 No.1419 は，丹波ハピネスマーケットから起業した事例である。

支援者S氏（Iターン）は，他の支援者よりも年齢は高いが，新規起業者の良き相談者，理解者として人望も厚い。また，自らもそば屋の経営を通じて起業者を育てている。支援者H氏（Iターン）は，移住前に週末滞在型の農業を丹波市で行っており，職業として書籍発行事業を行っている。六次産業化についても，株式会社を立ち上げ，生産者と消費者を結ぶ流通業で六次産業の認定を受けている。支援者HA氏（Iターン）は安全安心な食材の使用を掲げ，バームクーヘンの製造販売をはじめ，食の分野で活躍している。また，起業者の良き相談相手として，自らの経験をもとに後輩の支援に当たっている。支援者HN氏（Iターン）は，支援者M氏のシェアハウスから，支援者C氏と共に市の施設を企画運営している。丹波市の魅力を発信できるイベント企画をして，丹波市の雰囲気を楽しんでもらっている。また，自らシェアハウス，旅館業，飲食業の経営も行っており，滞在型の企画をして，来訪者が丹波市を満喫できる機会を提供している。

支援者たちは，空き店舗等の情報発信，地権者との交渉に加えて，情報発信ツールとしてのSNSやウェブサイト作成の指導ならびに講座開設の支援も行っている。起業までの過程のみならず，開業後も引き続き連携を保っている場合が多い。ここで起業者・支援者それぞれの関係性について考察をおこなう。表側には起業者No.を，表頭には支援者を記載し，それぞれの関係性をまとめたものが，表6-8である。なお，表中の起業者は全て移住者である[4)]。

まず，起業者No.1405は，Uターン支援者は2名，Iターン支援者は2名と関係性がある。友人が多く，自らもデザイナーとして活躍しており地域での起業に対する不安は少ない。起業者No.1408は地域の人々と起業準備の段階から関係性が深く，支援者5名を通じても人脈を広げてきた。起業者No.1419は柏原町で毎月1回開催されている，フリーマーケット「丹波ハピネスマーケット」への出店を通じて，支援者7名と繋がりが深い。起業者No.1504は，もともと有機農産物の流通を手がける企業に勤務した後，自ら流通業として起業をしている。フットワークの軽さから，地元のサークル活動に参加したり，事業以外でも活動を行い地域に溶け込んでいる。起業者No.1509は神戸市でパン屋に勤務していた経験を活かし，起業したケースで

4) 表中では，起業前から支援を受け，起業後もさらに支援者とともに地域にネットワークを広げているような状態を指して「関係が強い」としている。さらにそうしたケースでは，起業者は後輩起業者の支援者としても活躍していることが多い。

表 6-8　起業者と支援者の関係性

		支援者									
		O	D	C	K	M	T	S	H	HA	HN
		地元	I	地元	U	U	地元	I	I	I	I
起業者	1405				▲	▲	●	●		▲	
	1406										
	1408			▲	●		▲	●		▲	
	1409										
	1413										
	1417				△	▲			△	△	
	1419	●			●	●	●	●		●	▲
	1501				△		▲	▲			
	1504	▲	●	●	●	●	●	●		▲	●
	1505							▲			
	1506				△	▲	▲	▲		△	
	1509	▲		●	△		●			△	

【凡例】●：関係性が強い　▲：片方向の結びつき　△：面識がある　I：Iターン　U：Uターン
出典：ヒアリング調査により作成。

ある。丹波市での起業に強い思い入れを持っていた。中心市街地で支援者O氏の強力な支援を得て，空き店舗を確保し，チャレンジカフェが主催する起業塾も受講したうえで，2015年10月に起業している。支援者C氏や支援者T氏とも近い関係にある。

さらに，支援者側から人的関係を捉えなおしたのが図6-7である。この図から，まず，支援者同士が密な関係性を形成していることがわかる。また，同一の起業者は複数の支援者と関係を有している。表6-8と図6-7から，支援者のO氏は，中心市街地認定地区の「まちづくり柏原」代表者の職務だけでなく，柏原中心市街地の事業家としても，柏原町で起業する場合は，「たんばチャレンジカフェ」と連携を取りながら，店舗の紹介から資金繰り，補助金や，起業後の指導も引き続き支援を行っている。No.1509に対して，家屋の設備はまちづくり柏原で整備を行い，家賃補助については新規起業者支援事業補助金を利用するなど，新規起業者の初期投資を支援し，経営が軌道にのるように指導をしている。資金面だけでなく，申請書類の作成や起業塾等の講習会の受講も促すなど，幅広い支援を行っている。

K氏は，Uターン支援者であるが，起業者に対して情報関連技術を伝授するだけでなく，経営上で情報を活用する方法など，経営支援を担うまでの人材となっている。起業者8名と何らかのつながりを持っている。また，独自で情報を活用したマーケティング講習会の開催や，ウェブサイトやSNSの講習会を開催している。起業者No.1408や起業者No.1419に対してはウェブサイトやSNSで店舗情報を発信することの重要性や技術面の指導も行っている。Ｋ氏を通じて，セミナー参加者の交流も盛んに行われている。支援者と起業者間ネットワークに加え，起業者同士のネットワークも広がりつつある。

支援者のＭ氏もＵターンしてきたケースだが，少子高齢・人口減少社会に対応して，街への愛着や誇りを持った市民を増やす取組みを展開している。来訪者を「丹（まごころ）」で迎える交流ならびに定住に向けた魅力づくり事業として，「丹（まごころ）の里田舎暮らしワンストップ相談」の運営も行っている。同氏は，起業者５名と繋がりを持つ。起業支援者，移住支援者，さらに丹波市地域教育フォーラムの実行委員会を立ち上げるなど，将来を見据えたまちづくりの活動を自ら実践し

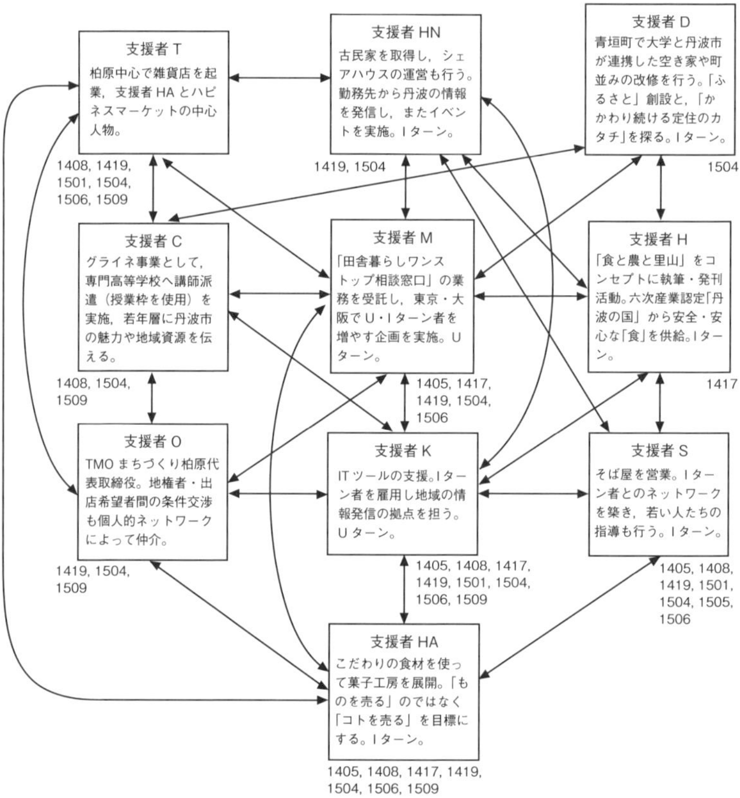

図 6-7　支援者間ネットワーク

出典：ヒアリング調査により作成。

ている重要な存在である。

支援者S氏は二地域居住を通して丹波市の魅力を確認し，丹波市で起業することを選んだ一人である。自らも起業者であり，自己の経験を後輩に伝えるなど，起業者7名と何らかのつながりを持ちつつ，相談者の役割を担っている。企画力が高く，自らのネットワークや，関係者が持つネットワークを重層的に絡めながら，人脈を広げている。

支援者のHA氏は，移住を経験した起業者でもあり，支援者でもある。起業者7名と関係を築き，影響力を発揮している。自らも丹波市の広告塔となるべく，ネットショッピングでバームクーヘンの商品を販売し，売上ランキング1位を獲得したこともある。また，起業セミナーの講師やまちづくりの講師に招聘されるなど広く活動を行っている。丹波ハピネスマーケットの運営者の一人でもあり，視察の受入れや相談など丹波市のPRに多角的，意欲的にとり組み，後輩起業者の母親的な役割も担っている。

2-6　制度のサポートとサポートネットワーク

2-2で述べた通り，農山村での地域起業においては，サポートの「バトンリレー」が必要である。「促す仕かけ」については，国や都道府県などの行政や全国組織のNPOを中心に起業支援金といった形で制度的なサポートが行われており，本節の前半で全国的に支援する仕組みの実態を明らかにした。本節の後半で考察してきた兵庫県丹波市の起業者と支援者の関係においては，起業者が移住をする以前から支援者等と繋がりを有している場合や，支援者自らも丹波市で起業をした結果，現在は支援者として繋がりを持ち続けているなど，多様なケースが観察された。バトンリレーの議論に則すれば，これらは「日常の運営へのサポート」とあるいは「軌道に乗るためのサポート」を示しているが，丹波市による政策と連動しながら，展開したと理解することができる。本節の考察を通じて，移住者の地域起業のサポートの実態理解には，単に制度的なサポートだけではなく，地域における様々な主体がどのように支援をしているのか，サポートネットワークの総体を把握する重要性を改めて示すことができたといえよう。

近年，起業という行為に関して，背伸びせず，自分のやりたい仕事を追ういわば「プチ起業」の存在が指摘され[5]，やりがいを自ら作るための起業に注目が集まる。

5）日本経済新聞2015年12月13日付。

丹波市の事例でも，当初から事業だけで生計がたてられると考えている者は少なく，あらかじめ当面の生活資金を事前に準備する起業者や，軌道に乗るまでの生活資金は，共働きなど世帯全体で考えている場合も多くみられる。さらに丹波市外で講演活動をしたり，季節的に働きに出たりして生計を立てている起業者もいる。このような「多業」による生活を実現する際にも，多様な主体によるサポートネットワークは重要である。

3 移住者による継業

3-1 後継者不足という現実

農山村に長く通っていると，集落で利用していた商店がたたまれていたという経験をよくする。大型店に顧客を奪われたと思っていたが，どうやら原因はそれだけではないらしい。全国的な動向を図6-8でみると2007年は倒産が10,959件で休廃業・解散が24,513件と約2.24倍であったのに対して，10年後の2016年には前者が8,164件に対して後者が24,957件と3.06倍にも及んでおり，その後も同様の傾向から，負債を抱えて事業をたたむ倒産よりも，余力がありながらの休廃業・解散が圧倒的に多い[6]。2019年に休廃業・解散をした事業所の代表者の平均年齢が67.9歳

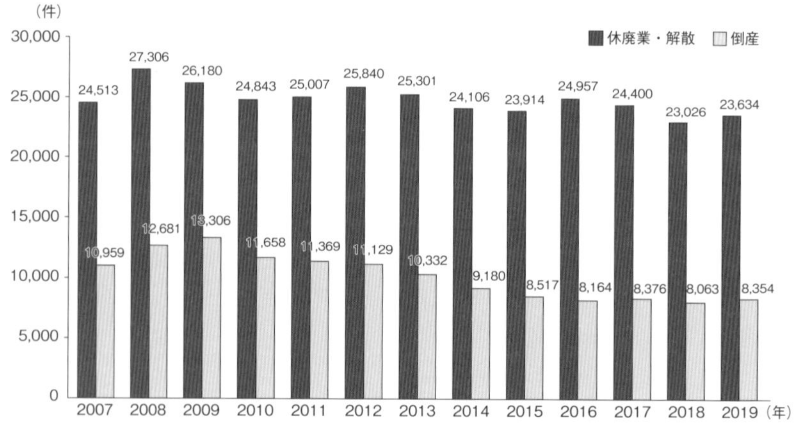

図6-8 休廃業・解散件数，倒産件数の推移

出典：帝国データバンク『全国「休廃業・解散」動向調査』より作成。

6）帝国データバンク『全国「休廃業・解散」動向調査』による。

表 6-9　休廃業・解散および倒産件数（2013–2019 年の累計上位 10 都道府県）

	都道府県	休廃業・解散		都道府県	倒産
1	東京都	18,831	1	東京都	11,796
2	北海道	9,613	2	大阪府	8,449
3	大阪府	8,953	3	愛知県	4,189
4	愛知県	8,596	4	神奈川県	3,642
5	神奈川県	7,756	5	兵庫県	3,263
6	埼玉県	6,859	6	埼玉県	2,558
7	福岡県	6,324	7	福岡県	2,061
8	兵庫県	6,049	8	静岡県	1,935
9	千葉県	5,752	9	千葉県	1,852
10	静岡県	5,062	10	京都府	1,820

出典：帝国データバンク『全国「休廃業・解散」動向調査』より作成。

表 6-10　休廃業・解散の対倒産比率（2013–2019 年の累計上位 10 県）

1	宮崎県	10.03
2	新潟県	9.70
3	愛媛県	8.02
4	福島県	6.98
5	山梨県	6.91
6	佐賀県	6.84
7	大分県	6.70
8	長崎県	6.27
9	岡山県	6.12
10	鳥取県	6.10

出典：帝国データバンク『全国「休廃業・解散」動向調査』より作成。

と，事業主の高齢化と後継者不足が原因であることは容易に想像がつく。

2013 年から 2019 年の休廃業・解散件数と倒産件数の累計を見てみると東京都や愛知県，大阪府といった三大都市圏や，北海道や福岡県など政令指定都市を抱える都道府県など，都市圏での件数が多いのがわかる（表 6-9）。このデータから，倒産に対して休廃業・解散がどの程度多いかを表した「休廃業・解散の対倒産比率」の大きい順に並べたのが表 6-10 であり，これを見ると宮崎県や新潟県といった地方圏において，倒産に対して休廃業・解散が最大 10 倍にも達していることがわかる。

地方圏の中でも特に農山村では農業を中心とする第一次産業のみならず，暮らしに欠かせない小売店やガソリンスタンド，農機具販売店や農産物加工所など，第二次産業，第三次産業を問わず後継者不足を理由にした休廃業の増加が深刻である。その一方で，本書でこれまでも論じてきた通り，都市から農山村への移住の動きはさらに強まっている。現役世代を中心とする田園回帰の潮流の中で，農山村でどのように生活の経済的基盤を得ていくのかという課題と農山村の様々ななりわいは後継者不足にさいなまれているという課題が存在する。「農山村の後継者不足×農山村への現役世代の移住者増加」とこの 2 つの現実を掛け合わせて生まれてきた発想が継業である。

3-2　継業と事業承継・農業経営継承

継業とは筆者らの造語であるが，単に事業の後継ぎづくりだけを指すものではない。農山村への移住者は職住近接など農山村的なライフスタイルを求める傾向があるため，事業の引き継ぎだけを強調しても響かない。農山村ならではの地域性が示されることが肝要であり，それは農山村での生活との一体性があることや，農山村にある地域資源が活用されるなどなりわいを継ぐことが含意される。

ところで事業の後継者不足という課題に対して様々な取り組みがなされている。例えば中小企業分野の事業承継は親族内，親族外（従業員等）による後継や第三者売却（M&A）を想定し，税制優遇，民法特例，融資・保証制度などの，事業引き継ぎに特化した制度である。現在では親族以外の第三者への事業継承も視野に入れ始め，47 都道府県に設置された事業引継ぎセンターを中心に体制がつくられ，2014 年度には後継者不在の小規模事業者と承継希望者をマッチングする後継者人材バンク事業が開始された。一方，農業分野で 2008 年度から行われている農業経営継承は全国農業会議所と全国新規就農相談センターが農林水産省の助成を受けて，後継者のいない農業経営を新規就農希望者等の意欲ある人材に引き継ぐ制度として進められている。事業承継や農業経営継承はその事業性が重視されるのに対して，継業は地域のなりわいという観点や移住者のライフスタイルとのマッチングが重要であり，地域という言葉で括れる様々な仕掛けが必要である。

これらの関係を模式的に表したものが図 6-9 である。制度的に展開される事業承継や農業経営継承で引き継ぐものは事業における具体の経営資源が想定されており，ビジネス的な意義の強調がある。一方，継業は狭い意味での経営資源だけでなく，地域との関わりとなりわいを引き継ぐものを意味し，また制度を指す言葉ではない。つまり後継者不足であるなりわい（事業）を単体の事業性にもとづく経営的判断で対象を絞るのが事業承継の視点だとすると，継業は地域性にもとづく地域での必要性や地域資源活用の視点が重要である。もちろん事業承継や農業経営継承と称する

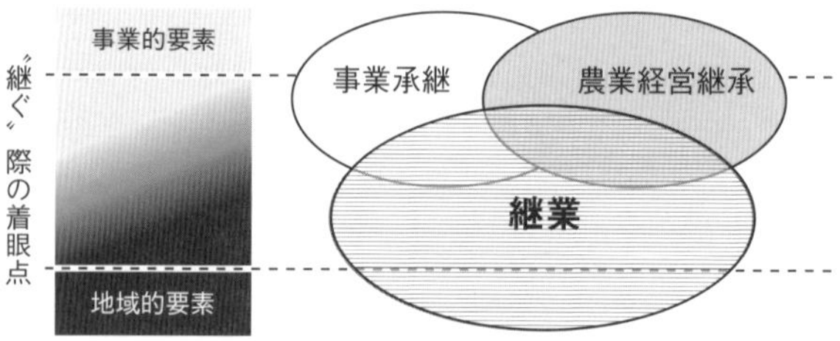

図 6-9　継業と事業承継・農業経営継承の位置づけ

出典：筆者作成。

事例の中にも地域との関わりを重視しているものもあり，それらは継業といってよいであろう。すなわち，事業承継や農業経営継承とよばれるものの事例と継業に位置付けられる事例とは明確な境界があるわけではなく，地域との関わりという要素の濃淡で区別されるものである。

また継業にも近い「リノベーション起業」という概念を提示する奥村（2014）はこのリノベーション起業の対象となる会社は，高度に組織化・制度化された大手企業よりもむしろ地域に根付いている小商いが向いているとする。小商いは仕事が属人的で，仕事の中身が仕組み化されていないため，普通は他人に引き継がせたりしにくいが，リノベーション起業では，先代との人的なつながりで事業を継承していく面があるので，柔軟に引き継ぐことができるとする（奥村 2014: 31）。小商いとは，なりわいをつくるために少しの元手と体一つで始める個人の事業（風来堂編 2014: 7）とされ，またなりわいとは特別な才能を必要とせず，生活の糧を得ながら同時に自分の生活を充実しうる仕事（伊藤 2012: 28）であるとする。つまり生活と一体化した個人事業に近いものが小商いであり，農山村での衣食住の様々な要素に関わるものが継業の対象となる。例えば集落の商店（食品・生活雑貨店）や移動販売などもその対象になるであろうし，地域活性化策の一環で作り上げてきた農産物直売所や農産物加工場，農家レストランなども後継者不足にさいなまれていることから考えると引き継ぐ対象になりえる。もちろん農林水産業や炭焼きや木工芸などの伝統産業なども対象であるが，重要なことはありのまま引き継ぐのではなく，移住者のヨソモノ視点を最大限活用して，新しい価値を上乗せした小商いにつくりあげていく点にある。

風来堂編（2014）では小商いの工夫の特徴からグループ分けをしているが，そのうち「ものづくりを進化させる」，「遊び心が仕事を生む」，「既存のモノに価値を見出す」，「地域の中に役割を見つける」といった工夫は農山村における継業にも当てはまる観点であろう。地域の個性が注目される中で，少し発想を柔らかくして地域の資源を眺めてみると，それぞれの地域に適した小商いの可能性を見出すことができるのである。これらの小商いをはじめ図 6-10 で示した通り継業の場合は単体での事業性が低いものや事業規模そのものが小規模のものも含まれるが，これは半農半 X（塩見 2003）など後述する農山村ならではの多業化という方向がポイントとして提示されている。

継業は制度を示す概念ではないが，政策的には「まち・ひと・しごと創生基本方針 2015（2015 年 6 月 30 日閣議決定）」で取り上げられて以来，少しずつではあるが

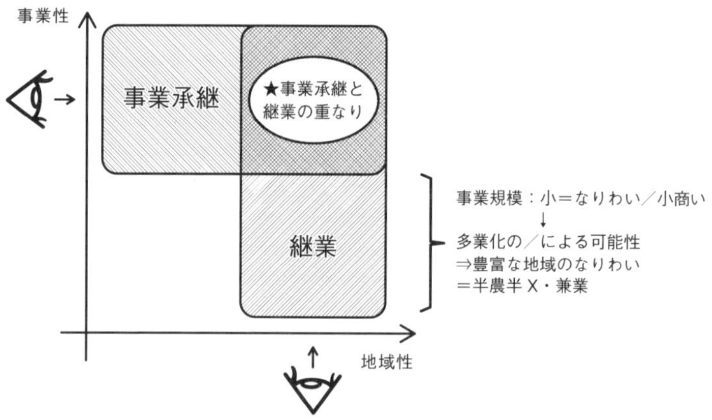

図 6-10　継業と事業承継の視点の違い
出典：筆者作成。

広がりつつある。この基本方針では「地域資源をいかしたコミュニティビジネスの振興」の項目において言及されていることからもわかる通り，地域コミュニティなどへの波及やそれとの関係性といった観点が継業の重要なポイントである。

3-3　地域における「なりわい消失」への意識

表 6-10 でも確認をした通り，休廃業・解散の問題は地方圏で特に深刻である。そこで筆者は，その実態を把握するために富山県の中山間地域を対象として「地域の“なりわい”の現状調査」を 2019 年 11 月に実施をした。具体的には富山県の施策対象としての中山間地域 7) のうち，全域が中山間地域に含まれる 3 市町（氷見市，南砺市，朝日町）を対象として，原則すべての集落の代表者（自治会長，町内会長等）8) にアンケート票を配布し，集落ごとにその地域にある“なりわい”の現状を把握した。

地域に残したい（残すべき）経済活動について尋ねると，合計 330 の具体的な活動が挙げられ，そのうち全体の 1/5 にあたる 72 が個人食料品店・個人酒店，飲食店（仕出しを含む）であり，また 330 の活動の内 180 が個人経営であった。一方，集

---

7)『平成 30 年度　富山県の中山間地域における集落の生活状況等に関する実態調査』結果概要の 21 頁に掲載されている地域を対象とする。http://www.pref.toyama.jp/cms_pfile/00019822/01218743.pdf（最終確認日：2020 年 10 月 26 日）

表 6-11　残したい理由別での地域サポートの意向

なぜ残したい（残すべき）か，その理由	地域としてサポート意向			
	したい	しない	無回答	合計
1 地域で唯一のものだから	136	27	31	194
	70.1%	13.9%	16.0%	100.0%
2 地域で伝統的なものだから	22	12	4	38
	57.9%	31.6%	10.5%	100.0%
3 まだ利益が出そうだから	28	4	1	33
	84.8%	12.1%	3.0%	100.0%
4 地域にとっての誇りだから	33	7	3	43
	76.7%	16.3%	7.0%	100.0%
5 住民同士のコミュニケーションの場	58	8	6	72
	80.6%	11.1%	8.3%	100.0%

出典：「地域の“なりわい”の現状調査」結果より作成。

落営農組織として 47 が挙げられたことは特徴的である。富山県は集落営農数が全国 4 位であり[9)]，そのような農業生産主体の地域的な特徴も反映した結果となった。なぜ残したいかその理由を複数回答で尋ねると「地域で唯一のものだから」が 194，「住民同士のコミュニケーションの場だから」が 72 となった。また親族が継がなかった場合の望ましい後継者を複数回答で聞くと「移住者（U ターン・I ターン）」が 116，「集落住民のだれか」が 105 となる一方，その際のハードルとしては，「得られる所得・売り上げ規模」が 110 と活動が小規模であることへの不安が見て取れる。そのほか「経営ノウハウや生産技術」が 89，「現在の担い手の家業意識」が 60，「譲渡にかかる経費」が 55 のほか，「事業をしている場所（店舗など）が住居を兼ねており引継ぎが難しい」も 44 と，施設設備などハード面の課題も挙げられた。また一方，後継者がいた場合に地域としてサポートをするかどうかを尋ねたところ，203

8）本調査での「集落」とは住民等によって組織された一定のまとまりがある地域自治のための任意団体（地縁団体）で自治会長・町内会長・総代・区長等の代表が存在するものである。また調査の特性上，一部の集落は調査対象から除外し，氷見市 188 集落，南砺市 352 集落，朝日町 117 集落の合計 657 集落を調査対象とした。回収数は 374 集落（回収率 56.9%）であった。なお本調査は氷見市，南砺市，朝日町の協力により，富山県総合政策局中山間地域対策課と共同で実施した。

9）農林水産省の『令和 2 年集落営農実態調査』（2020 年 2 月 1 日現在）によると富山県の集落営農数は 736 であり，兵庫県（908），宮城県（859），秋田県（745）に次ぐ。https://www.maff.go.jp/j/tokei/kouhyou/einou/attach/pdf/index-11.pdf（最終確認日：2020 年 10 月 26 日）

の活動についてはサポートをしたいという回答を得た。少し丁寧にその状況をみるため,「なぜ残したいかその理由」と「後継者がいた場合に地域としてサポートをするか」のクロス集計（表6-11）をしてみると，回答数としては「地域で唯一のものだから」が最も多く,「住民同士のコミュニケーションの場」が続く。理由別でサポート意向の割合が高いものとして,「まだ利益が出そうだから」と「住民同士のコミュニケーションの場」が80%以上となる。

これらの点から，中山間地域における継業では，利益が出るという経営的な判断だけではなく，唯一のものという希少性に加えてコミュニケーションの場といった,地域コミュニティにおける機能が，地域としてのサポート意向に影響をしていることが想定される。

3-4　継業の実際：地域の社交場を引き継ぐ

では「住民同士のコミュニケーションの場」を残すべく行われた継業を，高知県香美市香北町猪野々地区の「猪野々商店」を例にみてみよう。猪野々地区は物部川を望む急峻な四国山地の斜面にあり，1960年代には約800人いた人口も158人まで減少，高齢化率は68.4%になっている（2015年国勢調査)。最盛期の1960年代後半には，猪野々地区に7軒ほどあった商店は2012年にたばこ屋が廃業をすると1軒のみになってしまった。それが2015年に継業された猪野々商店である。猪野々商店は，元々は昭和初期に開店をした酒屋であり，1976年に猪野々地区出身の前店主が引き継ぎ猪野々商店となった。1993年からは店主の親族が店を切りもりしていたが，2014年の暮れあたりから高齢化を理由に店を引き継いでくれる人を探し始めるとともに，閉店も考え始めた。その噂は地域でもすぐに広まり，移動販売車が週に2回から3回はくるものの常設の商店が消滅するとの噂が地域に与えたその衝撃は大きく「猪野々は終わった」と思う住民があらわれた。

そんな中，猪野々商店の引き継ぎに手を挙げられたのがAさんとBさんのご夫妻である。Aさんは田舎ぐらしに憧れ，早期退職後の2005年に猪野々地区へ移住をした。Aさんは地域コミュニティに溶け込み，猪野々地区活性化委員会のメンバーとして地域づくり活動にも積極的に参加してきた。

猪野々商店を引き継ぐと聞いて地元の自治会役員の人の中には「大丈夫かな」と心配する声があったそうだが，Aさんはいくつかの工夫をした。まず，引き継ぐにあたって，有限会社であった元々の法人格は引き継がず，土地や建物，仕入れ先，そして地域における「猪野々商店」というブランドを引き継いだ。その一方でなりわいのイノベーションとして，まずメインの商いであった酒販は取りやめた。酒販そのものは地区外にあるスーパーや大型量販店との競合が大きく価格での競争があったことが理由であり，一方で，高齢化率が60%を超える猪野々地区内の高齢者の多くが食事に困っていたこと，またBさんが高知市内で飲食店経営の経験があったことから食堂機能を新たに付け加えて，「田舎食堂・猪野々商店」とした。食堂ではお好み焼きなどこの地区内で普段は食べられないメニューに加えて，ゆず風味のちらしずしやイタドリの炒め物などの田舎料理が並べ，さらにメニューにビールをはじめ酒類を並べるなど，酒販ではない活かし方も行っている。また食品・日用品販売も規模は縮小したものの，地域住民の要望も取り入れながら商いを継続しており，菓子類やパン，インスタント食品などが販売の主力になっている。

当初は酒販もふくめて引き継ぎを期待していた前の店主も，食堂をやるということを聞いた時に「そういうやり方もあるのだな」と感心したそうで，SNSの投稿記事から開店当時のBさんの気持ちを読み解くと「この猪野々を元気つけようと食堂兼雑貨店として同じ場所，同じ屋号の猪野々商店を27日より開業致します(2015年5月23日投稿)」，「猪野々のたった1軒のお店ですが活性の為に頑張ります（2015年6月4日投稿）」というように，商いの維持だけではなく地域の活性が当初から念頭にあったのだということが分かる。開店1周年の時にこんな出来事があったそうだ。

「今朝7時過ぎにお店に行くと裏口にこんな素敵な物（筆者補足：「祝一周年 猪野々商店様」との熨斗がついた日本酒一升）がありました。田舎の風習で夜半にお祝いの品をそっと玄関先に置く。田舎のおんちゃんはこんな粋な事をしてくれます(2016年5月27日投稿)。」

このようなエピソードからも分かる通り，地域の期待と信頼をあつめた地域の社交場としての機能が垣間見える。

食堂機能を持ったことにより商いにおいても幅が広がった。猪野々地区には桜，新緑，紅葉と四季を通じた景勝地として賑わい，県指定文化財（名勝・天然記念物）で日本の滝100選に選定される「轟の滝」がある。そこで2016年のゴールデンウィークに弁当の販売を始めた。猪野々商店に食堂という料理を提供する機能がついたからこそ，猪野々商店という場所にとどまらない活動が始まったといえ，2016年秋には，Aさんは猪野々商店に続き二つ目の継業をした。ゴールデンウィークに弁当の販売を行った轟の滝で「滝の茶屋」を始めたのだ。この茶屋は1990年に日本の滝100選に選ばれたことをきっかけに始まり，住民グループなどが運営をしてきたが，高齢化などを理由に運営が難しくなり2013年を最後に営業休止をしていた。Aさんは猪野々商店のお客さんから「せっかくいい滝があるから活用しないのか」というような声を聞き，復活に踏み切った。この再開は猪野々地区の承認を得ておこなわれたもので，猪野々商店が滝の茶屋を年間通じて営業できるようになった。

また地元で開催される星祭や市内で開催されたかほく星空劇場（野外映画上映会）などのイベントへの出店など活動の広がりがあり，2016年秋には種から育てた実生ユズの果汁と地元産のハチミツを生かした「猪野々生まれ　柚子ジュースシロップ」という特産品も開発して，高知市のアンテナショップなどでも販売をはじめている。シロップは猪野々地区で栽培される農薬不使用のユズ果汁を使用しており，実生ユズを栽培しているお年寄りらからユズを買い取っていることから，小さいながら地域における経済循環も創り出している。このように「食」をキーワードに多角的な展開が生まれてきたことも注目に値し，そして何よりも売店機能を小規模ながら残すなど地域のニーズを意識し，地域との関わりを維持し，深めていくことなど田舎食堂・猪野々商店に学ぶところは多い。

3-5　継業におけるポイント

継業という概念が広がると，考えるべきポイントも明らかになってきた。ここでは8つのポイントを紹介していこう。最初は継業の対象となるなりわいの掘り起しについてである。猪野々商店の例のように「集落最後の商店をどうにか残したい」など，生活インフラを維持するためにあがった地域住民の声が継業への後押しになって継業の取り組みがスタートした例は多い《ポイント1》。

このような地域の声から拾えるものとして地域づくりの場の継業がある。例えば地域住民主体の農産物直売所やキャンプ場などは通年性などの問題から事業性が重視される事業承継の対象からは漏れ落ちることが多い。しかし地域のアイデンティティとして重要な意味を持つこれらの活動も継業の対象となる《ポイント2》。一方，担い手の経済的な生活基盤を考える際に重要なキーワードが多角化と多業化である。猪野々商店の事例では，酒販店を継業した際に食堂機能を追加し，飲食店営業許可を得た。その結果，地域内の景勝地近くでの弁当販売や季節限定の茶屋の運営，地元農産物を使用した特産品づくりなど多角化につながった《ポイント3》。また農山村はそもそも多業で生活を成り立たせてきた歴史がある。農業とサラリーマンとの兼業や，農閑期の杜氏としての仕事など，複数のなりわいを組み合わせて生活を成り立たせる工夫がなされてきた。最近都市部でも「副業」などの議論があるが，半農半 X のように農山村では多業化がやりやすいといえよう《ポイント 4》。

一方でその最大の敵は家業意識であり，「私の会社なんだから子どもが継がないのなら，たためばいいんだよ」との言葉を耳にする。しかしよくよく聞いてみると，その言葉の裏には「残したい」というホンネもみえ隠れする。事業承継において想定されている，組織化されたある程度の規模の法人企業はさておき，農山村に多い小規模な事業所，個人事業は仕事の中身が仕組み化されていないため第三者に引き継がせにくく，身内や親族が継ぐことが当たり前であった。そのことが家業意識をさらに強めてきたともいえる。事業承継というスキームの中で継業を仲介した岐阜県のある商工会事務局長が「第三者へ事業承継をした元の事業主は，子孫に継げなかったことに，後ろめたさを持っていることが多い」と述べていることからも伺える。そこで商工会の中には定期的に巡回する経営指導の場を活用して，時間をかけて家業意識からの「解放」を試みているところもあり，地道なコミュニケーションが求められる《ポイント 5》。

ところで概念が新しいこともあり移住希望者の選択肢に継業はなかなか入ってこない。それは継業希望者がいないことを意味しているのではなく，そもそも農山村にどのようななりわいがあるかを知らないことに起因する。戦略的に継業を展開するためには，都市の移住希望者が認識していない農山村のなりわいを多く提示し，移住希望者の選択肢の中に早い段階から埋め込む取り組みが求められる《ポイント 6》。また継業の特徴として並走期間の必要性がある。元の担い手から新しい担い手へのバトンタッチはある日を境にいきなりできるものではない。引き継ぎが必要であるがそれは経営的な部分だけではなく，そのなりわいへの「思い」の部分も重要である。そのための期間をつくるための政策的サポートが求められ，総務省が展開する地域おこし協力隊制度の活用や，継業を前提に移住者を雇用した事業主への人件費の支援などが考えられる《ポイント 7》。

そして最も重要なポイントは，様々な主体がバトンリレーのごとく継業を仕掛けていくことである。このバトンリレーについては筒井・尾原（2018）を監修した図司直也が図 6-11 として形式化した。継業に必要なのは元の担い手と新しい担い手をマッチングすることや，商工会等が行う経営的サポートだけではない。「仕事の技術やノウハウを習得し，地域の共同作業に関わり，慣習を理解して，周囲に暮らす人たちと信頼関係を構築しながら，そこに継業者自身の個性や経験を活かして新たな価値を加えていくこと（筒井・尾原 2018: 62）」が重要であり，時として地域住民や地域コミュニティ，地域の同業グループなどによる日常運営にかかわる様々な

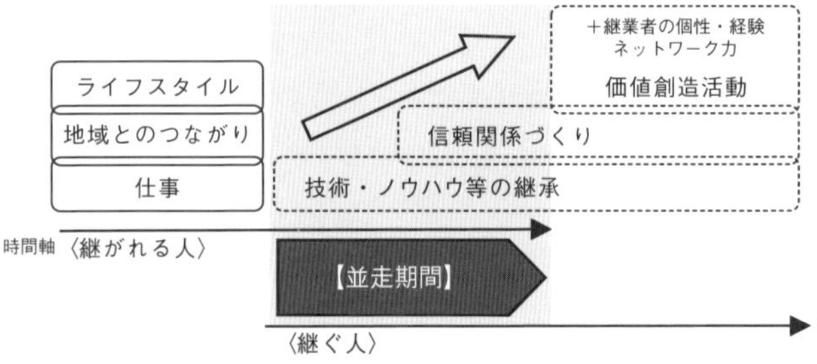

図 6-11　なりわい継業におけるバトンリレー（模式図）
作成：筒井・尾原（2018: 62）の図を参考に作成。

地域的サポートが必要となる。もちろん継業に必要な役割全てを担うことができる組織は存在しない。継業を進める意義を共有し，適材適所で多様な主体が連携をしながら「なりわい」というバトンをつないでいくことが求められる《ポイント 8》。

3-6　継業をめぐる動き

継業は，前述の通り「まち・ひと・しごと創生基本方針 2015（2015 年 6 月 30 日閣議決定）」で取り上げられて以来，例えば『TURNS　2018 年 2 号（Vol.27）』（第一プログレス発行），『季刊地域　2018 年春号（33 号）』（農山漁村文化協会発行）など，移住や農山村での暮らしに関心を寄せる読者を持つ一般雑誌でも継業の特集が組まれており，また筆者も『TURNS』の 2019 年 8 月号（Vol.36）から 2020 年 10 月号（Vol.43）まで「筒井先生の継業入門」という連載を担当した。このように一般にも継業という言葉は浸透し始めているなか，行政はどのように政策に取り入れていっているのかを把握するため，1 章で紹介したインターネットアンケート調査[10]において継業に関する質問も行った。

まず継業という言葉の認知については 39 道府県中 35 道府県で知られており，継業という言葉を知った経緯としては「移住関連イベント」や「他県が実施している継業セミナーの広報」，「継業を特集した雑誌」などを挙げている一方，継業と事業承継との使い分けはしているのは 3 県にとどまっている。しかし継業ないしは事業

10）2019 年 12 月から 2020 年 2 月にかけてふるさと回帰支援センターの会員になっている 45 道府県の移住担当部局に実施し 39 道府県から回答を得た。

承継に関わる施策を2017年度以降に行った道府県は38にのぼり，継業の認知や取り組みが行政で広がっている。

このようななか，岐阜県では移住担当の清流の国推進部だけではなく他部局や商工会連合会などと連携をした継業の取り組みを行っている。商工会連合会の既存の仕組みを活用した「あとつぎデータベース」を共有し，その一覧を移住相談窓口でも使用しており，実際に移住をして継業にチャレンジする移住者も生まれてきている。その際，移住をして「いきなり継業」をするのではなく数年後の継業に向けて，今の担い手と継業を目指す移住者の方との並走期間をつくるべく，農政部との連携により，国の補助事業を活用した雇用契約期間を設けるなど，岐阜県では行政が継業に向けたバトンリレーの“インフラ整備”を行っている。

しかしそれ以上に注目すべきは，東京に常駐している「清流の国ぎふ移住・交流センター」の移住相談員が現地に赴き，継業をキーワードに意見交換を行っていることであり，その感想が印象的であった。

> （意見交換会に）市町村担当者も20名あまり参加し，「継業」に対するそれぞれの意見を聞くことができた。継業案件自体が，経営等の金銭が絡むことから専門性も必要になり，他にセンシティブな面も多く簡単に着手するのは難しいという意見や，「継業」の枠にとらわれずいわゆる「事業継承」もっと言えばM&Aにちかい取引で考えるべきであるなど，様々な活発な意見が出た。立場や，地域事情を考えるとこれを押し並べて同様に考えるのは難しく，「継業」が簡単ではないことを痛感させられた。…中略…（継業の取り組みは）ゆっくりと丁寧に一件一件の案件を繋いでいくことで，確実に広まっていくと思われることから，今後も継続的に携わっていきたいと思う。

先に見たインターネットアンケートでも「小さな案件は市町村役場でも把握できていないことがある」，「消極的な商工会からは情報が届きにくい」，「継業にかかわるセミナーや相談窓口を設定しても，事業所からはなかなか相談に来ない（目先の事業がどうしても優先順位が高くなり，継業など先の話になると優先順位が低くなるため）」，「事業者が第三者に事業を継承していく意識があまりない」といった継業のタネの掘り起こしの上での苦労が挙げられた。

このような行政からみた苦労に加えて，継業は関わる主体が多く，その想いも様々であるためモデル化しにくく困難さが際立つこともある。しかし岐阜県の継業をテーマにした意見交換のように，身近なところからの継業に向けたバトンリレーへの第一歩が各地で生まれつつある。

4 なりわいづくりから地域づくりへ

地域起業や継業といったなりわいづくりを移住者が行う上で，地域との関係が重要であることを本章では強調してきた。そのことを主語を変えて言い換えると，農山村が地域づくり戦略の中に移住者によるなりわいづくりを位置づける必要があることに他ならない。その戦略を考える主体として新しいコミュニティを想定してみたい。新しい農山村コミュニティとは，まちづくり協議会やNPOなどその形態は多種多様であり，小田切（2009）によると活動内容の総合性や，既存のコミュニティとの補完関係性，そして革新性をもつとされる。新しいコミュニティの活動をみてみると，いずれも移住者の受入れだけに特化した活動をしているわけではなく，総合的な地域づくり活動を行っておりそのなかでの移住者のなりわいづくりを考えることができる。

例えば「地域にパン屋が欲しいね」とニーズからパン屋を開業したい人に移住してもらうアイデアもあり，これまでは移住者が地域を選んで移住するという流れであったが，逆に地域側から来て欲しい人材を考え，呼び寄せることも考えられる。このような取り組みは新しいコミュニティが主体となり地域のなりわいづくりを戦略的，体系的に行っていくアイデアであるが，多くの農山村ではここまでの取り組みには至ってはいない。

そこで，スタートラインとして交流を考えてみたい。約40年の歴史を持つ都市農山村交流はさまざまな形態が行われてきており，特に農業体験や田舎生活体験，グリーン・ツーリズムなどに取り組んできた農山村は相応にある。農山村への移住希望者にとっての交流は，生活拠点を構える移住の前に地域コミュニティとの関係を築いて，スムーズに生活をスタートさせる上で意味があり，そのことが移住後のなりわいづくりにも結び付く。しかしながらそれ以上に移住者を受け入れる農山村にとって交流は意味がある。農山村の多くは高度経済成長期からの過疎問題を通じて人の流出を社会現象として経験してきたが，外部からの人材（ヨソモノ）が入ってくる経験は意識的に交流を仕掛けることで初めて生まれる。

11）フォワード三瀬の取り組みについては季刊地域編集部（2016）に紹介されている。

従って，移住者の受け入れという活動だけを考えるよりも，広く外部人材の活用を目指すさまざまな地域づくりのメニューを複合的に取り入れつつ，地域づくりに外部人材をどのように活かすのかという視点や観点が，移住者のなりわいづくりを地域づくりのデザインの中に位置づける上では重要である。

このように新しいコミュニティが，移住者による地域のなりわいづくりを地域づくり戦略に位置づけるために，地域資源の利活用について，移住者任せにせず，普段から地域づくり戦略の上で考えていくことは，移住者のなりわいづくりと地域づくり戦略の接点を生むことになり，地域づくり戦略に移住者のなりわいづくりを包含していくきっかけとなる。例えば山形県鶴岡市三瀬地区では，地域で長年経営をしてきた食料品店「石塚弥左衛門商店」が閉店することとなり，そこで提供されていた地域の名物のかき氷も途絶えかけた。しかし森林を活かしたエネルギーの地域内循環などにとりくむ「フォワード三瀬」というコミュニティビジネスの主体[11)]が，2018年夏にレシピなどを譲り受けてその味を引き継いだ。かき氷単体での事業性は厳しいと思われるが，地域住民が集う場をつなぐという観点から，この継業としての意義は注目されよう。

このような現場に接すると，筆者が想定していたよりも幅広い波及がなりわいづくりには見込めそうである。地域の資源やアイデンティティ，そして生活の場としての地域コミュニティを継いでいくことは，「時代にふさわしい価値を地域から内発的に育て，地域に上乗せする」という地域づくりの考え方（宮口 2015）を具現化する一つのかたちに他ならない。その意味で地域の持続可能性を高める挑戦として，移住者によるなりわいづくりは地域づくり戦略の中で位置づけられよう。

（筒井一伸）

【文　献】

伊藤洋志 2012.『ナリワイをつくる―人生を盗まれない働き方―』東京書籍.

大泉一貫 2006. 地域起業のBMと知識資産の活用―IT社会での農村資源の知財化に関する考察―. 農業と経済 72(15)：37-48.

岡橋秀典 1997.『周辺地域の存立構造』大明堂.

岡橋秀典 2004. 過疎山村の変貌. 中俣　均編『国土空間と地域社会』110-136. 朝倉書店.

奥村　聡 2014.『今ある会社をリノベーションして起業する』ソシム.

小田切徳美 2009.『農山村再生―「限界集落」問題を超えて―』岩波書店.

川辺紘一 2010. 地域起業家人材育成のための社会システム構築に関する構想―『ふるさと

起業塾』の構想と試行的実践―．日本ベンチャー学会誌 15：15–28.
季刊地域編集部 2016．山と薪で 1 億円の流出を止めろ―山形県鶴岡市・三瀬地区―．季刊地域 24：12–17.
酒井扶美・立見淳哉・筒井一伸 2020．農山村における移住起業のサポート実態―兵庫県丹波市を事例として―．E-journal GEO 15(1)：14–28.
塩見直紀 2003．『半農半X という生き方』ソニー・マガジンズ．
中小企業庁 2014．『中小企業白書』中小企業庁．
筒井一伸 2019．農山村での継業と社会連帯経済．家中　茂・藤井　正・小野達也・山下博樹編著『新版地域政策入門―地域創造の時代に―』230–233．ミネルヴァ書房．
筒井一伸・尾原浩子 2018．『移住者による継業―農山村をつなぐバトンリレー―』筑波書房．
筒井一伸・嵩　和雄・佐久間康富 2014．『移住者の地域起業による農山村再生』筑波書房．
筒井一伸・佐久間康富・嵩　和雄 2015．都市から農山村への移住と地域再生―移住者の起業・継業の視点から―．農村計画学会誌 34(1)：45–50.
筒井一伸・佐久間康富・嵩　和雄 2016．移住者と農山村の地域づくり―田園回帰における位置づけ―．地理科学 71：156–165.
中澤裕子 2014．都市部との連携による事業展開と地域起業家の育成―復興飲食店街「夜明け市場」ほか―．地域開発 597：35–38.
中塚雅也 2019．農村におけるビジネス創出とイノベーション．中塚雅也編『農業・農村の資源とマネジメント』273–287．神戸大学出版会．
中村寛樹 2018．空間ヘドニック・アプローチによる地域起業と雇用環境の価値評価―ロンドンを対象地域として―．企業研究 32：23–42.
風来堂編 2014．『小商いのはじめかた―身の丈にあった小さな商いを自分ではじめるための本―』東京書籍．
藤山　浩編著 2018．『「循環型経済」をつくる（図解でわかる田園回帰 1%戦略）』農山漁村文化協会．
宮口侗廸 2015．過疎地域の人間論的価値とその近未来．経済地理学年報 61(2)：125–133.
目瀬守男編著 1990．『地域資源管理学』明文書房．

農村空間の商品化からコモンの再創造への「田園回帰」

07

1 都市農村関係としての「田園回帰」

本章では，現代日本の農山村[1]が置かれている位相について，しばしば取り上げられる「田園回帰」やコモンズの考え方を再検討することによって明らかにする枠組みの構築を試みる。

まず，田園回帰という語についての筆者の認識を示しておきたい。この語は，東日本大震災の後，「地方消滅論」を主張する増田レポートと呼ばれる一連の報告（増田編 2014 など）に対峙する論点として張られた小田切徳美氏をはじめとする論陣の立場を表し，地方創生に関する議論が始まったころから広く用いられるようになった。『現代ビジネス』誌に掲載された記事（万年野党事務局 2014）はその端緒のひとつであり，地方移住の傾向や地方での新たな生活に対する関心が強まっていることを伝えていた。すなわち中央から地方へ向けた人口移動と，地方での生活へのまなざしの変化を踏まえ，地方を切り捨てるのではなく，地方への移住を促す政策が可能であることを示唆していた。その到達点のひとつは，総務省過疎対策室（2017）の「「田園回帰」に関する調査研究」である。そこでも，都市部から過疎地域への移住者の状況など，具体的な人口移動の分析と，都市部住民の農山村への移住に関する意識調査から構成されており，田園回帰が二つの側面からとらえられてきたことが分かる。田園回帰は，都市と農村の関係の変化が意識や人口移動の面で表れてきたとする見方であるが，また，それを通じて増田レポートの地方創生とは

1）ここでは，都市と対比される一般的な文脈や英語圏における rural に対応する場合には原則として「農村」の語を用い，現代日本の状況に即した文脈では「農山村」をそれに対応する語として用いることとする。

異なる方法で地方や農村の課題にアプローチしようとする立場でもある（小田切・筒井編著 2016，中川 2016）。

増田レポートの当初の論点が人口の再生産構造に力点が置かれていたこともあり，「田園回帰」についても人口に関する課題が先行した。「1％戦略」という人口維持の観点から分かりやすく集落存続の可能性を考察した藤山（2015）はその端的な例である。朝日新聞との共同調査による人口動向の結果を強調しながら議論が展開されてきた側面もある。ただし，当初から，「…都市住民の農山村への関心が高まっている。これを，…（中略）…国民の「田園回帰」と呼んでおこう」，「農山村移住という行動だけを指す狭い概念ではない」と述べられていたように（小田切 2014: 176），「田園回帰」は幅広い概念として提唱されてきた。農山漁村文化協会から 10 巻に及ぶ『田園回帰』シリーズが刊行されたのは，その表れといえよう。

このシリーズの中でも第 3 巻『田園回帰の過去・現在・未来』（小田切・筒井編著 2016）では，今日の日本における「田園回帰」という現象を捉える構図が分かりやすく提示されている。具体的には，人口移動論的田園回帰から，移住者と農山村住民の相互関係を形成していく地域づくり，さらには都市と農村の間を人々が行きかうような対流型国土構造へと結びついていく構想が展望される。現在の日本の農山村がおかれている地域の存続という課題の克服に向けた展望を拓くという意味でも，この枠組みが果たす役割は大きい。

都市と農村の関係の変化については，農村地理学の観点からも議論されてきた。農業や林業が多くの農村で果たしてきた主たる経済基盤としての機能を減退，喪失し，農村に多様な機能や役割が期待されるようになって久しい。変容した農村をどのように理解し，また再構築し得るのかについて，英語圏では盛んに論じられた。日本でも同様の農村変化を経験してきており，近年は，英語圏の研究を参照した「農村空間の商品化 commodification of rural space」を鍵概念とした研究報告もみられるようになっている[2)]。

農村空間の商品化については，すでに論点を整理した論文も公刊され，この用語を用いた国内事例についての実証研究も発表されている（田林編 2013, 2015）。田

2）日本の事例研究について論じられる際に用いられるようになってきている「農村空間の商品化」という言葉は日本では，地域振興と関連づけて用いられることが増えているようである。しかし，この英語が含意しているのは必ずしも積極的な側面ではない。今日の農村の変化をめぐる議論についての日本の現状は，英語圏の事例を的確に比較し得る視座を獲得していないことの証左なのかもしれない。

林（2013）が示すように，Cloke（1993），ベスト Best（1989）や Woods（2011）の議論が，英語圏における農村空間の商品化概念を考える上で参考になる。これらでは，生産主義からポスト生産主義への移行，農村空間の多様化（differentiation），農村政策の競合（contested）といった農村における新しい状況と関わって，農村空間の商品化が論じられている。

他方，本章の提示する枠組みのもうひとつの柱を構成するコモンズ論とは，ギャレット・ハーディンの「共有地の悲劇」（Harding 1968）を梯子とした，エリノア・オストロムの議論（Ostrom 1990）を基盤として，国家による政策や資本による資源の囲い込み—私有化とは異なる，地域資源管理の可能性に関して世界中の研究者が取り組んできた一連の理論的，実証的な研究である。デヴィッド・ハーヴェイは都市化が貫徹した社会における新自由主義への対抗理論を構成するコモン化[3]（commoning）として批判的に解釈し（Harvey 2012），日本でも社会的共通資本論としてコモンズの理論を捉える動向がみられる（宇沢・茂木編 1994）。

本章では，コモン化と田園回帰の概念を用いながら田園回帰を現代社会全体の動向の中に位置づける枠組みを提示し，農村空間の商品化が果たす役割の面からその機能を考察する。

2　理論と概念の整理

2-1　コモン化について

ハーディンの「共有地の悲劇」と呼ばれる仮説的な考察を出発点として，数々のケース・スタディが反証を展開してきたのがコモンズ論と呼ばれる潮流である（National Research Council 2002）。それらを整理し，理論的な考察をしたのがオストロムであり，多様な資源，環境のもとにおかれた資源を共有する制度に共通する性質を抽出しながら，国際的比較研究のプラットフォームを形成する礎を築いた。理論化のために実証研究を蓄積させつつコモンズに関する議論を促進してきたといえるだろう。

3）日本国内で最近刊行されている斎藤（2020）や内田（2020）で論じられる「コモン」への論及も本章に類するものと思われる。前者は，本章と同様，ハーディン，ハーヴェイやオストロムを引いて論を展開しているが，ここでいう commoning の訳語かどうかは定かではない。「コモン」の「再建」や「再生」などの語が用いられている。なお，日本での入会慣行の再生事例を筆者は論じている（中川 1995）。

本章では，コモンズ論の議論を発展させたコモン化に関する議論を参照しながら，今日の日本の農山村の位相を明らかにする手がかりとしたい。

まず，オストロムの議論を簡単に紹介する。オストロムは，ハーディンの「共有地の悲劇」のような，中央権力や私有化による政策調整によって資源はよく管理されるという考え方に対して，ローカル・コモンズによって資源はよりよく管理され得るという考え方を示した（Ostrom 1990）。2009年には，ノーベル経済学賞を受賞し，2012年に亡くなっている。オストロムは，長期的に持続する共有資源には，次の8つのポイントに集約されるような原則（design principles）が存在すると指摘している。それは概ね次のような内容である。

①管理しなければいけない資源は何か，責任をもって分担できるのは誰かを共有者（commoner）は明確に分かっている。
②共有資源は，創造され，管理され，維持される。そのために与えられた利用できる手段（時間と空間，技術や資源の質）が用いられる。
③すべての共有者は，ルールや規約を決めたり，改正したりする過程に参加することができる。規約は，必要性を満たすようにコモンズを創造し，維持し，保全するのに役立てられる。
④共有者は，自分たち自身でその規約の尊厳を守る。規約が目的に適っているかどうか，絶えず評価する。
⑤時には目的に到達するように責任を課す。規約からの逸脱に対応する適切なルールを作っていく。制裁の程度や種類を，逸脱の程度や文脈にしたがって決定する。
⑥すべての共有者は，コンフリクトを解決するために空間と手段とを利用することができる。簡単にアクセスすることができ，直接的な方法で自分たちの間でコンフリクトを解消する。
⑦自分たち自身で問題を調整し，外部の権威もそれを尊重する。
⑧すべてのコモンズはより大きな全体の一部だと気づいている。異なるスケールでは異なる機関が機能するということは，互いに協定を結び，協力するのに必要である。

こうした原則は，共有資源の実態に即しているというよりも，今日の社会においてよりよく資源が管理されるための規範的な原則を示している。コモン化という現在進行形の用語が用いられ，オストロムの研究が，資源をよりよく管理する制度の構築に向かっていったことを反映している。また資源の範疇が広がることで，自然資源に限らない，より広い社会的な文脈で論じられる対象になってきた。

オストロムが亡くなった年に発表された著書の中で，ハーヴェイはこの点を中心に鋭く批判している（Harvey 2012）。

ハーヴェイにとって都市は，コモン（共同的なもの）を生産する場であり，新自由主義のもとで民営化や囲い込み，空間管理が進むことによってコモンが失われていく状況にあるため，社会的諸関係の再構築（新しいコモンズ）が希求されている場であり，また広大なコモンそのものでもあることを明らかにした。ルフェーブルのいう「都市への権利」[4] を都市コモンズと照らし合わせ，それが「都市への権利」を要求する根拠でもあることを見出すのである。ハーヴェイの議論は複雑に展開するが，いくつかの示唆に富む論点を提示している。

まず，ハーヴェイは，自然資源のコモンズと文化コモンズの差異を検討する。私有権の確立か中央集権的外部権威による統治かというような，市場か国家かというような二分論ではなく，共有資源管理の問題の解決は公的私的手段の豊富な組み合わせにあるとオストロムが指摘していることを評価する。しかし，森林や水などの天然資源から始められた議論が文化資源やさらにはグローバルな資源管理問題へと展開することについては，スケールを超えると問題も解決策も大きく変化するとして批判している。また，ローカル・コモンズの資源管理は，管理主体の立場によって囲い込みや領有が有効な場合もあり，またそのことと関わってコンフリクトを生みやすいという指摘も重要である。

ついで，公共財とコモンについてその差異を検討する。国家権力や公的行政が提供する公共財がコモンズになるためには，人々の政治的行動による働きかけが必要であるとする。また，コモンズは不安定で可変的なひとつの社会関係として解釈されるべきものであることから，集団とそれを取り巻く環境が非商品的な関係を結んでいくことが「コモン化」だと捉えられることを明らかにする。たとえば人々の暮らしの中で培われたまちの雰囲気や魅力は，単に使用されるだけでは破壊されないが，商品化され過度に濫用されることによって質が低下し，損なわれることがある。

4）「都市への権利」についてプラネタリー・アーバニゼーションの観点からの考察が，『空間・社会・地理思想』第21号（2018年）で翻訳され紹介されている。解題では，コモンとの関係も考察されている（北川 2018）。

またそこから得られる利益は，地代の上昇によって住民ではなく不動産業者や投資家に回収され，従来の生活が奪われた住民に対して償われることはない。

こうした議論はアーバニズムに即して議論されており，農村については，ルフェーブルにことよせて，自然との関係に対する消費主義的なアプローチと農産物の供給に関わる生産主義的アプローチに触れながら，伝統的農民は消えつつあり，農村は都市化して「都市と農村の分割が消え去っ」たとみなしている。しかし，都市住民の共同的なもの，コモンへの憧憬は，農村にも向けられているのではないだろうか。人々は都市的な社会にのみコモンを見ているのではなく，むしろ農村生活に対する志向性の中にコモンを希求する新しい社会形成への手がかりがあり，日本ではそれが田園回帰なのではないかと筆者は考える。

2-2　田園回帰について

先に述べたように，日本では「田園回帰」という語がこうした動向の表れとして様々に議論されてきたが，海外ではどうだろうか。

田園回帰に類する議論は，海外でも盛んにおこなわれてきたと考えられる。たとえば，「カウンターアーバニゼーション（counter-urbanisation）」という語は，主として都市から非都市への人口移動に焦点を置いた社会変化に着目した考え方を表しており，1970 年代からアメリカやイギリスなどで論じられ，今日でも議論は続けられている。「反都市化」と訳される場合もあるが，「田園回帰」の英訳語としては，この語が広く用いられているようである。これは特に人口移動論的田園回帰を表しているといえる。

移住というよりは，住宅などの建造環境に焦点を置いているのが，ルーラルジェントリフィケーション（rural-gentrification）という語で，「農村修築化」と訳すこともある。都市分野ではすでに定着しつつある「ジェントリフィケーション（gentrification）」という用語については，都市内部の再開発などと関連した議論が活発で，建築や計画分野も巻き込んで論じられており，社会学や地理学などの社会科学分野では開発に伴う排除の問題を含む問題領域が扱われることも少なくない。英語圏における農村研究の文脈でも，都市住民の移住にともなう農村変化が，地価高騰や若者の排除など負の側面としてあらわれることも含めた考察がなされている。無謬性を前提にした意味では，ルーラルジェントリフィケーションの語は地域づくりとしての田園回帰に対応しているといえる。

他方，20 世紀を特徴づける「都市化」の方向性とは異なる農村への志向性に目を向け，東日本大震災以降顕著になった農山村や地方への人々のまなざしの変化を新たな社会的動向として理解するこうした考えを表すような用語はないだろうか。筆者は，これらの語に比してもっと積極的な意味をともなっているのがルーラリゼーションという語であり，「都市住民の農山村への関心の高まり」としての田園回帰に合致していると考える。言葉として，都市化（urbanisation）に対置される，幅広い意味を想起させる語でもあり[5]，都市化に対置される田園回帰という価値意識として理解することができるからである。そこでここでは，この対になる語を念頭に座標軸のひとつを構成するものとする[6]。

以上を踏まえて，ここでは私営化・私有化（Privatisation）－コモン化（Commonisation）と都市化（Urbanisation）－農村化（Ruralisation）のふたつの軸を交差させた枠組みによって様々な事象を位置づけて理解できるのではないか，特に多様化する今日の日本の農山村の動向を整理でき，「田園回帰」というひとつの潮流の位相が浮かび上がってくるのではないか，というのが本章の主旨である。また，英語圏でいう従来のコミュニティ（community）の空間的枠組みを基盤として機能してきた領域から，社会経済的環境変化と関連する空間的枠組みの編成過程で新たに生じた問題領域へのさまざまな相克として捉える手がかりが得られる。さらに農村空間の商品化の動向を踏まえれば，田園回帰が生じるメカニズムとその意味を考えることできるのではないかという試論なのである。

2-3 田園回帰とコモン化の構図

以上の考察を踏まえて作成したのが図 7-1 である。現代の地域的な諸事象を位置づけることのできる構図となることを企図している。縦軸は，先に述べたコモン化に関して，私有化・私営化を対とした軸である。横軸は，都市化と農村化の座標軸

5) 筆者らは，『ルーラル』という翻訳本の中では，「農村化」と訳した（Woods 2011）。この本ではウッズの議論を参照しながら，ルーラリゼーションを，都市内部を含む社会全体において農村的な要素が浸透することと説明している。ここでは，都市化に対応する語として農村化を用いることとする。

6) この点は，日本で広井良典がポスト資本主義として行っている議論（広井 2015）の方がここでの座標軸に示すものに近い。すなわちアーバニゼーションを 20 世紀的な価値意識とみなし，その延長上にあるハイパー資本主義へと向かう選択肢に対置される，もうひとつのあり得る選択肢を提起する考えである。本章では，その方向性を広い意味での田園回帰と表現しているともいえる。

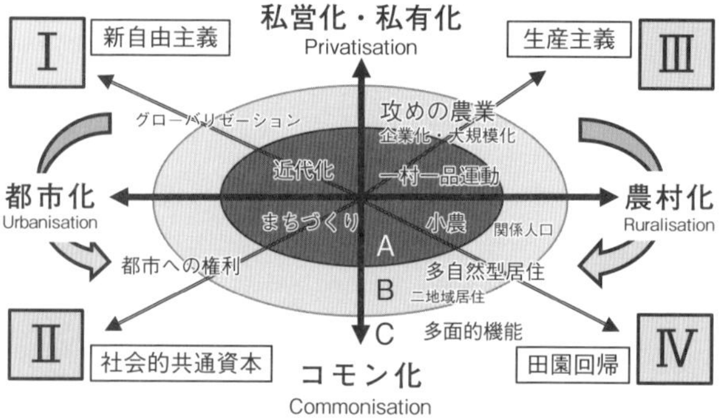

図 7-1　田園回帰とコモン化の構図

出典：中川（2020）に加筆。

となる。Ⅰ象限とⅡ象限は先に述べたハーヴェイの議論に関連する。Ⅰは新自由主義の局面で，かつては社会の近代化，現在ではグローバリゼーションを推進する営力と関連している。Ⅱは，社会的共通資本の局面であり，単純化のきらいはあるが，人々の生活する地域におけるまちづくりの取り組みや「都市への権利」の考え方に関連する。ⅠからⅡへと志向するのがコモン化だと考えられる。これらは都市化の進行とともに生起する事象である。他方，農村化は，私営化や私有化をともなうⅢ象限では，農業や農村の近代化と関連する。ここは生産主義の局面で，大規模経営を志向し，農産物の輸出を促進するなどの攻めの農業を標榜する近年の考え方はその典型といえる。かつてみられた一村一品運動も地域レベルでの特産農産品創出の試みとみなされる限りでこの象限にとどまる取り組みであった。しかし，すべての農山村が農林業の生産的空間に包摂されるわけではない。そこに含まれない空間は，製造業の空間的分業の末端として，国土の中心 − 周辺関係の底辺に構造的に組み込まれたり，生産・生活空間そのものが都市市場における消費に直接さらされ，商品化される状況に追いやられる（中川 2015）。そのような空間は，農林業の衰退だけではなく，生産主義的な効率化の促進といった振興策によっても生み出されており，むしろ拡大して国土問題の重要な位置を占めつつある[7]。

さて，この図にはもう一つの枠組みが組み込まれている。それはAで示されているような地域社会の領域と，Bの地域社会を超えた空間領域，さらに国家をも超えることがあり得るようなC領域という空間的枠組みである。Ⅰ〜Ⅲにおける都市や農村の近代化やまちづくりは，A地域社会を単位とした取り組みである。しかし，社会変化への対応としてその延長上に表れているのは，グローバリゼーションや社会的共通資本，農業の企業化や大規模化など，かつての地域社会の領域を超えたレベルで生起する現象である。

そして，Ⅳ象限が田園回帰の局面である。生産主義に対する「多面的機能」の強調といった事象も，農村の機能について，かつての地域社会単位を超えた取り組みに関する事象といえる。都市的な社会や生活を志向するのではなく，農村における共同生活を志向する移住現象など，ここはコモンを創造しようとする営力が農村の再構築を通じて働く新しい磁場である。それは具体的にはどのようなことが考えられるだろうか。Ⅳ象限の現象をもう少し検討することから手がかりを探してみよう。

3　農村空間の商品化とコモン化

3-1　農村空間の商品化

ここまで述べてきたように，ここには二つの問いがある。ひとつは，Ⅲ象限の事象はどのようにしてⅣ象限へとコモン化することが可能になるのかという問い，もうひとつはその際に，旧来の地域組織が社会の変化にどう対応するか，組織の空間的関係性を広域化するような現象が，田園回帰の局面ではどう表れるかということである。

筆者は，Ⅳにおける事象も，集落などのかつての地域範囲を超えて社会変化に対する適応がなされようとしていると考えている。農村空間はかつての地域社会に閉ざされた取り組みではなく，都市にも開かれた関係性のなかで再構成されつつあるのではないだろうか。その過程では農村空間の商品化も一定の役割を果たす。これらはコモンの再創造の過程として捉えられる。つまり，ふたつの問いはつながっているのである。

そこで次に従来の商品経済化ではなく，「農村空間の商品化」の文脈で論じられることの意味と差異を明確にしつつその論点を確認し，田園回帰をめぐる議論との接点を探る。

農村空間の商品化は，英国における 1980 年代後半から 1990 年代初頭にかけての

7）限界集落論（大野 2005）や地方消滅論（増田編著 2014）が関心を集めたのは，その用語の強い表現だけではなく，国土の構造的問題の大きさについての危機意識が，広く潜在していたことも関係していよう。

政策動向に関連して生起してきた。サッチャー政権下における民営化，規制緩和によって醸成された政治的環境の下で，農村がレジャーやレクリエーションの空間に転換され，国営企業の民営化にともなう電力会社や水道事業による農村の土地開発が促進されたことがその端的な表れである。いわゆる新自由主義的な政治思潮の台頭を時代背景とした問題意識がある（Cloke 1993）。日本のリゾートブームの時のように，農村の土地が売買され，リゾート開発されていく状況が，農村空間の商品化のひとつの側面なのである。

しかし，農村空間の商品化の議論はそのような物質的な土地，空間の側面に留まる議論ではない。農村の実態と離れて記号化され，象徴化されて消費され，それがまた実態に影響を与えていくという作用が，農村空間を中身のない，形骸化され，張りぼて化されたものに変えてしまうという問題性に関心が向けられている。Best（1989）は，マルクスやドゥボール，ボードリヤールの議論に基づきながら，空間の商品化について議論している。マルクスの価値説を援用すると，「商品化（commodification）」とは，使用価値を交換価値が上回ることと説明される。そして，資本主義の発達によって，交換価値は文化認識によって形成されるようになり，生活領域へと商品化を拡大させる（スペクタルの社会・ドゥボール）。さらに情報化が進展した消費社会では，現実の世界に基盤をもたない，記号や代理商品によって消費が構成されるようになる（シミュラークルの社会・ボードリヤール）。その場合，現実を超越した商品には使用価値がなく，交換価値のみとなる（Cloke 1993）。

確かに，農村空間の商品化において，表象化ともいうべき事象は重要な構成要素ではある。しかし，それは農村空間の商品化が議論される以前の農村資源の商品化とどのように異なっているのだろうか。

3-2　農村の商品経済化との関係

地域資源を活用するということが，地域振興，地域活性化を論じる際に盛んに論じられ，その事例が紹介されてきた。既存の資源を活用して特産品を開発したり，すでに存在する産物をより広い市場へと販路を拡大するということが，同じような文脈で有効な方法だと主張されることもある。

農村に貨幣経済が浸透していく過程でも，農産物や労働力，土地が外部へと商品として流出し，農村の変化をもたらしてきた。例えば，労働力は，出稼ぎや兼業，さらには転出のように状況に応じて異なるかたちで商品化し，流出した。作物ごとに特定産地を形成することで農業生産の効率化を図り，商品生産としての性格を政策

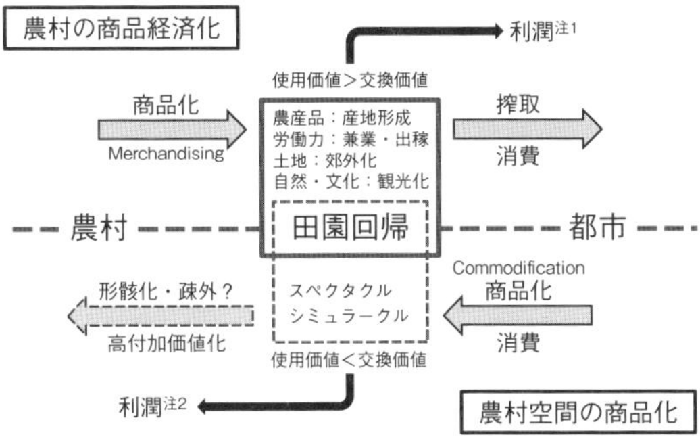

図 7-2　農村の商品経済化と農村空間の商品化

注 1　日本経済の高度成長を支えると同時に農山村の疲弊，過疎化をもたらす作用

注 2　地方創生など都市資本による民営化が都市市場への適応を促すことがもたらす直接的な利益

出典：中川（2018）。

的に強化することも行われてきた。とりわけ都市近郊においては都市化の進展が農地の都市的土地利用への転換を促し，都市空間に包摂される農村もみられた。これらは農村空間を構成する要素の商品経済化とも言うべき一連の現象である（図 7-2）。

これらは市場に刺激されて引き起こされた農村の変化である。社会の変化に対する農村の対応として生じた現象といえる。歴史的な遺構や自然景観を活用した観光開発の取り組みも，具体的な商品はサービスであるが同様といえる。ただし，農村に対する観光需要はそれらにとどまらず，希少な特産物や郷土料理，さらには果物狩りなどの収穫体験や民宿・農家民泊に及び，農村生活の部分を切り取り，擬したものが商品として都市市場で流通するようになる。やがて，一部分ではなく，生活領域のすべてを手に入れようとする需要が生まれ，需要者の条件と市場の条件の一致をみると都市生活者の農村への移住が現出する。こうした農村に対する一連の需要（ここでは，まなざし）とそれにともなう変化が田園回帰なのである。

U ターンや I ターンといわれるような具体的な農村移住としての田園回帰は，農村資源（空間）の最終的な消費形態として比較的以前から漸進してきた。しかし，田園回帰は，移住行動そのもののみではなく，社会全体でみた農村に対する需要の全体的な増大の端的な表現でもある。つまり，それは，都市からの需要の増大を表している。このことは，農村が資源を商品として市場に流通させようとするこれまでの現象からではなく，都市が農村空間を市場で流通するものに商品化していくことであり，すなわち，それが農村の商品経済化から農村空間の商品化への転換を意味している。都市からの農村資源に対する需要の増大によって，農村資源の交換価値が増大し，使用価値を超えることが農村空間の商品化のひとつの理解だからである。

農村の具体的な財やサービスの使用価値を交換価値が上回ることを積極的に捉え，農村空間の商品化を地域振興マーケティング（Merchandising）と混同して評価する観点もみられる（田林編 2015）。しかし，英語圏での議論はむしろ，そのことがもたらすネガティブな側面に注目し，批判的にアプローチしているように思われる。なぜなら交換価値の増大は，農村に内在する具体的な農村資源に発するものばかりではなく，むしろ抽象化され，さらには記号化されたものとして都市の市場から生み出され，市場に対応して農村空間を改変することを強いるため，農村の実在を喪失してしまう恐れがあるためではないだろうか。

3-3　農村空間の商品化の位相

このように，農村空間の商品化を農村の商品経済化が転換したものとして説明してきたが，詳細にみればその過程は単純ではない。次に，内発性と外来性を考慮し，日本における農村空間の商品化の位相をさらに検討してみよう[8]（図 7-3）。

農村の商品経済化は，都市市場からの刺激を受けたものではあるが，農村の地域内部の資源活用を基盤に進展した。その営力は主として農村内部から発するもの

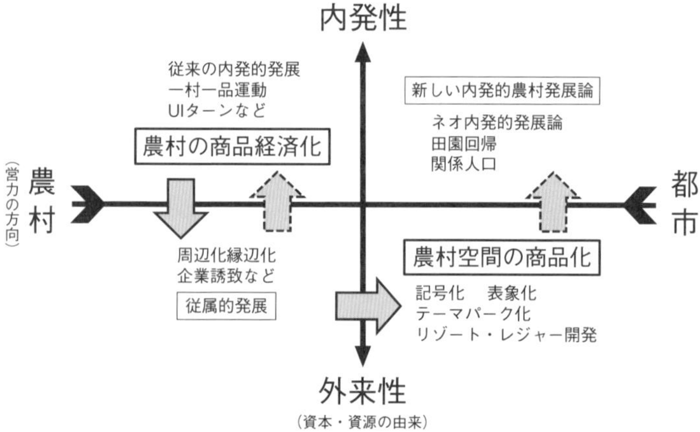

図 7-3　農村空間の商品化・田園回帰論の位相

出典：中川（2018）。

であったと考えられる。しかし，戦後の高度成長期を通じた不均等発展がもたらした農林業の相対的な地位の低下や，農林産物の市場開放による価格競争の熾烈化は，生産条件に恵まれ産地間競争に残ることができた一部の地域以外には，新しい別の存続戦略を要求することとなった。農村は，拡大する製造業の空間的分業関係の底辺に組み込まれることによって，また公共事業による土木建設業を通じて，多くは外部の資源や資本に依存するようになった。工場誘致や補助金獲得による公共事業の確保といったものが農村の取り組みとなり，非自律的，従属的な経済基盤形成によって存続を図ってきたのである[9)]。

こうした農村の従属的な経済基盤は，グローバリゼーションの深化と小さな政府への転換によってさらに対応を余儀なくされた。グローバリゼーションの深化は農村に立地していた工場の海外移転や統合，農産品価格（交換価値）の低下をもたらし，小さな政府への政策転換は公共事業の縮小傾向を促したからである。経済基盤を失った農村は，都市からの営力によってより強く再編され，土地基盤をも喪失していった。個々の農村が有する地域資源の固有性は捨象され，「緑」や清浄さ，ゆとりなどのような，抽象化され，記号化された都市の需要が農村空間を商品化するようになったのである。リゾートやレジャー施設の建設は，まさにその動向を反映したものであった。英語圏で問題とされた論点は，日本でも生起し，その状況は今日も基本的に継続しているといえないだろうか。

3-4　新しい内発的農村発展論と田園回帰

農村空間の商品化は，疲弊した農村と都市的需要とのバランスの変化によってもたらされたさらなる問題状況と言い換えることもできよう。したがって，その研究は問題志向とならざるを得ない。すなわち問題を明らかにし，それに対する対策の方向性を示すことであり，都市農村関係のあり方を検討することが重要であろう。それはつまり，農村の内発性をいかに回復するかという「新しい内発的農村発展論」の探求である（小田切・橋口編著 2018）。

8）筆者はこのテーマについて，日本地理学会大会ですでに発表しており，その要旨は日本地理学会 E-journal GEO 12(2) に掲載されている。また，拙稿（中川 2018）でも一部論じている。

9）それに対抗する一村一品運動のような内発的な生産主義的運動の動向もみられ，特産品の開発と人材育成の面で一定の成果を収めた。しかし，成果の得られた地域は限られざるを得なかった。

そこには，かつての内発的発展論よりも都市との関係性を重視する観点からの様々な方法論が内包されており，ネオ内発的発展論（安藤・ロウ編 2012）や増田レポートに対峙する立場での田園回帰論（小田切・筒井編著 2016），交流人口ではなく関係人口が論じられるようになっていることも含まれるだろう。これらの関心は農村の内発性を引き出し得るように都市農村関係をいかに再構築するかに向けられている。しかし，農村移住の観点では，移住者と既存住民との間の権力関係の変化がどのような意味を持つかによって農村空間の問題性に対する田園回帰の評価も変わるように[10]，実態は単純ではない。農村空間の商品化の問題のある作用が認識されたうえで，都市農村関係のあり方を問い直し，農村の内発的発展を構築することがあらためて必要とされている[11]。

4 農村におけるふたつのコモン化の実践例

そこで，関連するふたつの事象に即して具体的に考えてみたい。ひとつは，日本国内各地で行われている棚田のオーナー制度について，もうひとつは，スコットランドで広がりを見せているコミュニティ・ランドオーナーシップ（Community Landownership）の取り組みについてである（図 7-4）。

4-1 棚田オーナー制度

2019 年 6 月に棚田地域振興法が施行された。この法律は棚田を「貴重な国民的財産」と位置づけ，棚田地域の振興を国の責務としている。日本において棚田がどのようにして価値づけられるようになったのかは，その代表的な研究者である中島峰広氏が棚田保全の歩みを通じて明らかにしている（中島 1999，2015）。棚田に関心を持つ人々の長い時間をかけた取り組みが，日本列島の農耕文化の景観としての価値を見出し，広めたのである。そして，棚田を保全するための取り組みは，棚田が存在する集落の人々だけではなく，多様な関わり合いのネットワークによって実現してきたことも知られている。そのひとつが棚田のオーナー制度である。1992

10）小島・筒井（2017）での金 科哲氏のコメントを参照。
11）農村空間の商品化に対峙する内発的発展の意義については，西野（2013）が論じている。英語圏の理論的な議論を踏まえた農村空間の商品化の問題性については，高柳（2013）がある。

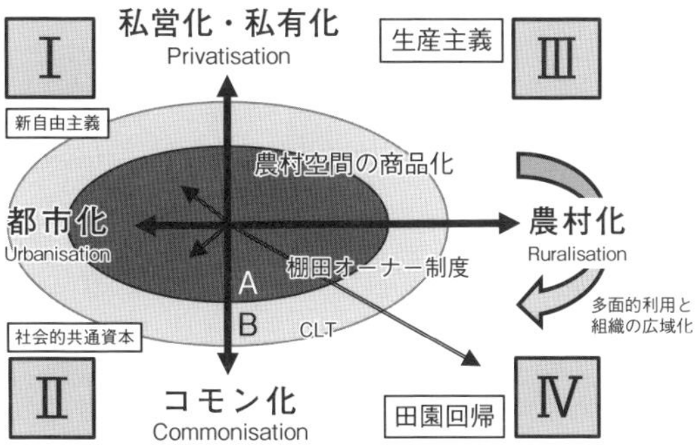

図 7-4　田園回帰とコモン化

出典：中川（2020）に加筆。

年に高知県の檮原町で始まった，都市住民との棚田区画の栽培契約（オーナー契約）を通じた都市農村交流の仕組みともいえ，今日では全国で広く取り組まれるようになった。NPO 棚田ネットワークによれば，全国 32 府県の約 80 地区で取り組みがみられるという[12]。こうした動向には，写真や映像，描画などさまざまなかたちで棚田景観が市場に流通したことも寄与している。すなわち農村空間の商品化の過程が棚田に関心をもつ人々を拡大してきたといえるのである。ただし，その利益が十分に棚田地域や保全に携わる人々に還元されているかどうかは，必ずしも明らかではない。また，この仕組みで保全することができる棚田は，現状では限られていることも否定できない。しかし，棚田オーナー制度が示唆している重要な点は，地域資源としての土地管理を地域外の人たちの多様な関心とかかわりを通じて持続させることの可能性を提示していることである（寺床 2016）。春山（2001）は，棚田における「都市住民への農業体験・自然体験」を公的教育体制の中に取込む新たな交流形態の展開を，都市住民が棚田保全を支援する位置から支援される側に転換したと位置付けている。企業における CSR の一環として，棚田の保全活動に取り組む事例も珍しいものではなくなっている。棚田を，交流を通じた共有空間とみなす捉え方は，まさにコモン化とルーラリゼーションとしての田園回帰を意味しており，今後もその取り組みに注目していく必要がある（図 7-5）。

12）NPO 棚田ネットワーク　棚田 NAVI　https://tanada-navi.com/tanada/tanada-owner/（最終確認日：2021 年 2 月 7 日）。

図 7-5　白米千枚田で田植えの指導を受ける援農サークルの学生たち
出典：筆者撮影（2018 年 6 月 2 日撮影）。

4-2　スコットランドのコミュニティ・ランドオーナーシップ

コモン化は，制度的な共有地の創出を意味するものではないが，土地は地域の人々がコモンを作り出すうえで重要な基盤となり得る。逆にいえば，土地を奪われることで地域の自律性が著しく損なわれることもある。日本の農山村における土地問題についても，所有者の不在や不明の状態が土地の利活用を妨げている。私的な管理・所有制度におかれ，いったん分散した土地資源をふたたび地域の管理下におくような施策が必要である。

近年連合王国からの独立の気運が高まっていることが伝えられているスコットランドでは，西部の島しょ部の農村を中心に存続してきた一種の小作であるクロフト（croft）制度が，地域の自律的発展を妨げてきた歴史がある。グラスゴーやエディンバラ，イングランドの都市部だけではなく，中東やアジア，アメリカなどに住む土地所有者は，地域の開発に関心を持っていなかった。“Who Owns Scotland ?”―「スコットランドの土地をスコットランド人が取り戻すためにはどうしたらいいか」は長く人々の重要な課題であった。したがって，スコットランドに議会が設立されると（1999 年），土地改革法が制定され，スコットランドの人々が土地を取り戻すための方策が示された。これは，土地所有者が土地を売却する意思があるときに，地域の人が共同してトラスト（Community Land Trust，以下，CLT）などを組織して地域開発プロジェクトを計画すれば，優先的にスコットランド政府が定めた評価額で土地を取得することができるという制度であり，それがコミュニティ・ランドオーナーシップ（Community Landownership）である。

スコットランド北部のハイランド・アイランド（Highland and Island）地域の西部，アウター・ヘブリディーズ地域は，5 つのおもな島といくつかの有人島，約 50

表 7-1　アウター・ヘブリディーズにおけるコミュニティ・ランドオーナーシップ

	所有者 Estate	面積		設立年 Year	人口（概数） pprox Pop	備考 Notes
		Acres	ha			
1	Stornoway Trust	69,189	28,000	1923	12,015	リバーヒューム卿寄贈
2	Bhaltos Estate	1,705	690	1998	98	
3	North Harris Estate	63,758	25,802	2003	1,000	Loch Seaforth E（2006）合併 Scalpay（2014）寄贈
4	Benbecula Sports & Leisure	74	30	2006	0	国防省の５区画の土地
5	Callanish Farm	185	75	2006	0	エディンバラ大学寄贈
6	South Uist Estate	92,000	37,231	2006	3,200	
7	Aline Woodland	1,554	629	2007	0	以前の林業委員会の土地
8	Galson Estate	56,000	22,662	2007	2,150	
9	West Harris Estate	16,255	6,578	2010	130	
10	Carloway Estate	11,491	4,650	2015	648	分散していた 200 のクロフト
11	Pairc Estate	26,775	10,835	2015	400	未確認
12	Gallan Head	74	30	2016	50	
13	Barvas Estate	34,247	13,859	2016	300	
14	Keose Glebe	1,200	486	2016	40	
	TOTAL	374,507	151,557		20,031	

出典：ハイランド・アイランド・エンタープライズ（HIE）資料に加筆。

の無人島からなる。島の陸地面積は 716,110 acres（289,805ha）であり，ルイス・ハリス（Lewis and Harris）島を合わせるとスコットランド最大の島である。人口は 27,684 人（2011 Census）[13] で高齢化しているが人口は微増傾向にある。

アウター・ヘブリディーズ地域の土地の 70%はクロフト制度の下にあり，農地の利用は粗放的である。小作地（croft）の多くは，かつては在外地主のもとにあったが，個人地主の土地は地域コミュニティの所有地か公的所有地へと次第に整理されつつあり，その割合は 53%（413,935acres/ 167,513ha）に上る（2017 年 9 月時点）。そのうち国公有地は 39,428 acres /15,956ha である。

52%の土地 151,557 ha は現在では 14 の CLT の所有となっており（表 7-1），約

13）National Records of Scotland（15 August 2013）（pdf）Statistical Bulletin: 2011 Census: First Results on Population and Household Estimates for Scotland - Release 1C（Part Two）. “Appendix 2: Population and households on Scotland's inhabited islands”. Retrieved 17 August 2013）

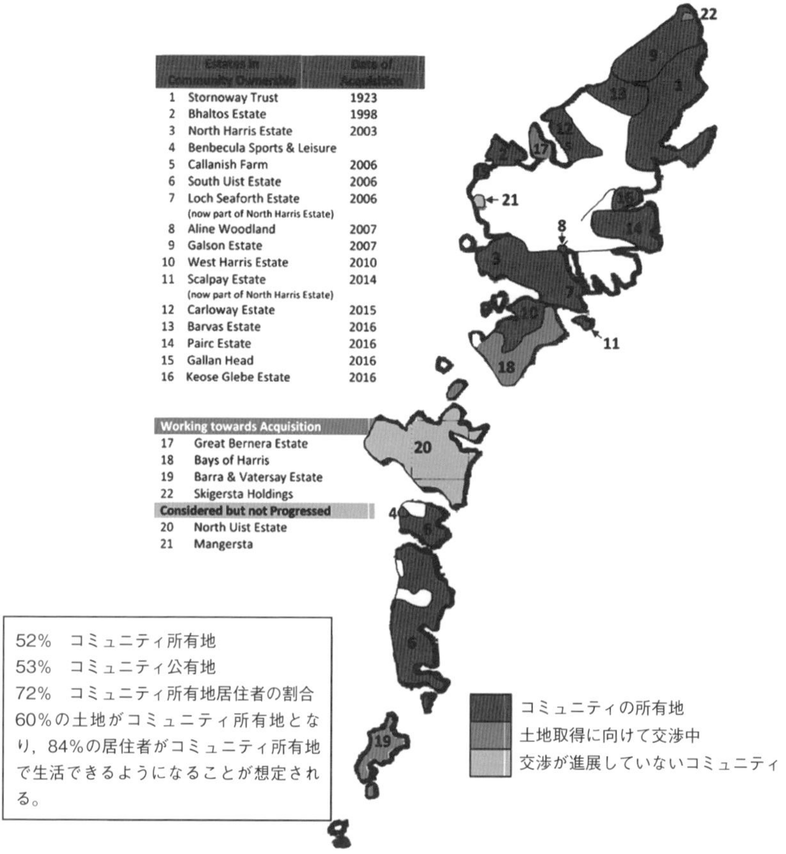

図 7-6　スコットランド　アウター・ヘブリディーズの CLT（community land trust）の状況（2017 年 9 月）

出典：ハイランド・アイランド・エンタープライズ（HIE）資料に加筆。

72%の住民（20,031 人）が CLT の土地で生活できるようになった（2017 年 9 月時点）。いまもなお，地域コミュニティが土地を取り戻すことができるように活動が続けられており，将来は 83%の人が CLT で生活できるようになることが期待されている（図 7-6）。

CLT 設立によってこれまで不在地主に支払っていた地代が自分たちの参加する CLT の収入となり，地域発展のために使用することが可能になった。また，土地の

図 7-7　スコットランド　アウター・ヘブリディーズ，West Harris Trust のサテライトオフィス
出典：筆者撮影（2017 年 9 月 7 日撮影）。

図 7-8　スコットランド　アウター・ヘブリディーズ，Pairc Trust の改修住宅建設
出典：Fiona Stokes 氏提供（2019 年 8 月 29 日撮影）。

利用の仕方も，CLT のメンバーとなった住民自身の裁量で決めることができる範囲が広がった。その結果，風力発電施設を設置して電力事業を行ったり，サテライト・オフィスを設立したり（図 7-7），住宅改修を行って若者が定住できる条件を整備する（図 7-8）といったことを住民たち自身が参加，運営する CLT で行うことが可能になり，人々は様々な試行錯誤を始めている（中川ほか 2017）。スコットランドで始められているこうした取り組みは，地域共有の土地基盤を確立する制度が地域の自律的発展を促す可能性を示唆している[14]。

5　都市農村関係の再構築に向けて

こうした枠組みを提示することによって主張したいことは大きく言えば 2 点ある。

まず，世界規模で進展した都市化によって農村との分割は消え去っていくとい

14）ただし，共同で土地を取得する組織として設立されるトラストの範囲は，元の土地所有者の土地所有と範囲に依存している。地域社会の単位であるタウンシップ（Township）やカウンティ County，グレイジング・コミュニティ（Grazing Community）の範囲とは必ずしも一致しないため，トラストの活動は既存の地域コミュニティを基盤にしているとはいえない。その規模は偶然性に左右される側面があり，トラストに可能な事業はその規模に規定されていることにも注意が必要である（Rennie et. al. 2021）。

ったルフェーブルからハーヴェイに至る見方に対して，農村あるいはルーラルというべき観点が決して限られた範囲のカテゴリーや課題であるわけではなく，空間的にも問題領域としてもむしろ大きくなっていることを明示し，そのことの意義を示すことである。前世紀に有効であった，進展した資本主義の貫徹による都市化した社会という見方よりも，いままたこれから世界が経験しようとする変化は，農村化（ともいうべき田園回帰）に着目することによってむしろよりよく理解できるのではないだろうか。なぜなら都市化ではない新しい社会変化がすでに生まれつつあり，またさらに多様化しようとする世界を，ひとびとは広く受け入れつつあると考えるからである。そこにはさまざまな政策も関与してきたといえるが，それらがどのような関係にあるのかを整理するのにも，こうした構図が手がかりを提示できるのではないかと期待している。あえてハーヴェイの言葉を借りていえば，確かに，政治的闘争は「構想力によって生命力を得」るのかもしれない。

国際的には，SDGsや小農宣言の理念にみられるような方向性を認めることができる。多様な人々が生き合う世界像を提示しているこの潮流は，資本もまたそこでは協力し，参加することが求められている。「選択と集中」を余儀なくさせられているかのような日本国内の状況にあっても，こうした潮流に響きあっているもののひとつが，一連の田園回帰と呼ばれる動向といえるのではないだろうか。すべてではないが，田園回帰の多くの部分は，農村空間の商品化によってもたらされてきた側面も否定できない。それは日本に限ったことではないだろう。しかし，農村空間の商品化がもたらす経済効果のような皮相的なものを追求するのではなく，そのことによって生まれようとしている新しいコモンの創造に期待される可能性にこそ注目すべきだろう。

今般の新型コロナ感染症（COVID-19）が私たちに働きかけ，もたらしているものの中にもそんな問いかけがあるように思われる。感染症とその病理的な影響だけではなく，社会の深層にあり，常に存在してはいたがみえなかったことがらを浮かびあがらせているのだ。そこには分断もあるが絶望ばかりではない。それらは，都市と農村という文脈においても姿を現している。

グローバル化がもたらした災禍は，首都圏など大都市部が感染源となって地方へと広がりをみせながらも，日本では中央と地方，都市と農村の格差が転倒したか

15）この点については，サーファーにみられるライフスタイル移住を例に検討している（中川 2014）。

のような様相をみせている。コロナ疎開のような一部の都市住民の行動はある種の「エゴイズム」の表れとして批判され，地方では大都市ナンバーの自動車が攻撃されるというような報道もみられた。

英語圏のネットニュースでは，新型コロナ感染症への農村の対応に対する「心配」ともいうべき言及も目につく。たとえば農村部の医療体制の不備，農村部でこそライフラインが絶たれる可能性，農業の持続の困難などである。そのような共感に基づく関心よりも，都市－農村や中央と地方の間のコンフリクトが日本においてはより強く表れたのだとしたら，そのことの意味を私たちはあらためて考えなければならないだろう。

また，たとえば農村居住を加速化させるような現象がリモートワークの普及と結びついて現れるとか，オンライン通信の可能性を多くの人々が見出したことでこれまで培われてきた交流が新しい次元へと展開することを期待している人たちもいるだろう。いずれにしてもそれはすでにこれまでにも見られた現象の延長上にある。これまでにも存在した農村空間の商品化がもつ問題性が加速化する恐れはより強まる[15)]。その一方では，コモンに関する議論のように，消費の対象にできないものの価値がさまざまな場面であらたに見い出されていく機会が広がる可能性もある。

その両方から目を背けないように，都市と農村の長い対話がこれからまた始まるきっかけにできないだろうか。新型コロナの問いかけの意味も，こうした都市と農村の構図において考えることができるのではないかと思う。

（中川秀一）

【文　献】

安藤光義，ロウ，P. 編 2012.『英国農村における新たな知の地平―Centre for Rural Economy の軌跡―』農林統計出版.
宇沢弘文・茂木愛一郎編 1994.『社会的共通資本―コモンズと都市―』東京大学出版会.
内田　樹 2020.『コモンの再生』文芸春秋.
大野　晃 2005.『山村環境社会学序説―現代山村の限界集落化と流域共同管理―』農山漁村文化協会.
小田切徳美 2014.『農山村は消滅しない』岩波書店.
小田切徳美・筒井一伸編著 2016.『田園回帰の過去・現在・未来―移住者と創る新しい農山村―』農山漁村文化協会.
小田切徳美・橋口卓也編著 2018.『内発的農村発展論―理論と実践―』農林統計出版.

北川眞也 2018. 解題―アントニオ・ネグリの〈大都市〉論―. 空間・社会・地理思想 21：163-167.
小島泰雄・筒井一伸 2017. 2017年秋季学術大会シンポジウム―田園回帰と地理学理論―. E-journal GEO 12(2)：318-321.
斎藤幸平 2020.『人新世の「資本論」』集英社.
総務省過疎対策室 2017.「田園回帰」に関する調査研究.
高柳長直 2013. 兵庫県佐用町南光地区の景観形成によるルーラリティの創造. 田林 明編『商品化する日本の農村空間』221-237. 農林統計出版.
田林 明 2013. 商品化する日本の農村空間. 田林 明編『商品化する日本の農村空間』1-12. 農林統計出版.
田林 明編 2013.『商品化する日本の農村空間』農林統計出版.
田林 明編 2015.『地域振興としての農村空間の商品化』農林統計出版.
寺床幸雄 2016. 中山間地域における棚田の耕作・保全の実態―社会関係資本に注目して―. 空間・社会・地理思想 19：35-48.
中川秀一 1995. 愛知県藤岡町における入会林野の再編成と機能変化. 人文地理 47(1)：46-65.
中川秀一 2014. サーファーは過疎の島を救うか. 地図中心 506：16-19.
中川秀一 2015. 日本の山村に関する研究枠組みの変遷―構造改革期以降の山村研究の視座構築に向けて―. 駿台史学 152：37-53.
中川秀一 2016. 書評 田園回帰の過去・現在・未来―移住者と創る新しい農山村―. 地理学評論 89(6)：360-362.
中川秀一 2018. 農村空間の商品化と『田園回帰』. 地理 63(6)：48.
中川秀一 2020. 田園回帰とコモン化からみた入会林野の位相. 東日本入会・山村研究会報 12：3-12.
中川秀一・磯田 弦・宮地忠幸 2017. スコットランドにおける共有地創出の取り組み.『2018年度日本地理学会春季学術大会予稿集』.
中島峰広 1999.『日本の棚田―保全への取り組み―』古今書院.
中島峰広 2015.『棚田保全の歩み―文化的景観と棚田オーナー制度―』古今書院.
西野寿章 2013. 農村空間の商品化における内発性. 田林 明編『商品化する日本の農村空間』349-358. 農林統計出版.
春山成子 2001. 棚田を機軸とした農村・都市交流の創造. 農村計画学会誌 20(3)：186-190.
広井良典 2015.『ポスト資本主義―科学・人間・社会の未来―』岩波書店.
藤山 浩 2015.『田園回帰1%戦略―地元に人と仕事を取り戻す―』農山漁村文化協会.
増田寛也編著 2014.『地方消滅―東京一極集中が招く人口急減―』中央公論.
万年野党事務局 2014.「田園回帰」が始まった 子育て世代も都市から田舎に移住 「地方創生」へのうねりになるか［田園回帰］.『現代ビジネスプレミアム』講談社. http://gendai.ismedia.jp/articles/-/40394（最終確認日：2020年10月26日）
Best, S. 1989. The Commodification of Reality and the Reality of Commodification: Jean Baudrillard and Post-modernism. *Current Perspectives in Social Theory* 19: 23-51.

Cloke, P. 1993. The Countryside as Commodity: New Spaces for Rural Leisure. In *Leisure and the environment: essays in honour of Professor J. A. Patmore*, ed. S. Glyptis. London Belhaven.

Harding, G. 1968. The Tragedy of the Commons. *Science* 162(3859): 1243–1248. DOI: 10.1126/science.162.3859.1243（最終確認日：2020 年 10 月 26 日）

Harvey, D. 2012. *Rebel Cities: From the Right to the City to the Urban Revolution.* New Left Books Ltd. D. ハーヴェイ著，森田成也・大屋定晴・中村好孝・新井大輔訳 2013.『反乱する都市―資本のアーバナイゼーションと都市の再創造―』作品社.

National Research Council 2002. *The Drama of the Commons.* Washington, DC: The National Academies Press. DOI：10.17226.10287．全米研究評議会編，茂木愛一郎・三俣　学・泉　留維監訳 2012.『コモンズのドラマ―持続可能な資源管理論の 15 年―』知泉書館.

Ostrom, E. 1990. *Governing the commons: The evolution of institutions for collective action.* Cambridge University Press.

Rennie, F., Nakagawa, S. and Isoda, Y. 2021. *Common land ownership and the reorganization of rural settlement systems in Lewis and Harris, Scotland.*（publishing soon）.

Woods, M. 2011. *Rural.* London and New York: Routledge. マイケル・ウッズ著，高柳長直・中川秀一監訳 2019.『ルーラル―農村とは何か―』農林統計出版.

社会連帯経済と「田園回帰」との接点を探る

08

1 「もう一つの経済」への問いかけと「田園回帰」

この章では，私たちが普段イメージするような「経済」とは異なる「もう一つの経済」という角度から，「田園回帰」の社会・経済的な意味を考えてみたい。資本主義の変化という大きな文脈の中で，「田園回帰」現象が新しい社会・経済の登場を示唆するものなのかどうかという論点を探る。

「田園回帰」は，いわゆる「増田レポート」(2014)[1] 以降，「まち・ひと・しごと創生本部」が創設されて政策的にも強力な後押しを得ることで，広く認識されるようになってきた。そこには，立場や考え方の違い（たとえば，増田レポートに対する批判）があるし，大都市圏からの移住という地理的な移動として「田園回帰」を捉えた場合，実際には様々なタイプの動機に基づく動向が含まれる。

しかし本章で着目したいのは，この現象が，通常の「経済」の常識にはとらわれない，新しい暮らし方や働き方，人との関係の作り方の模索を含んでいるように思われる点である。それは，経済成長を最優先しない，そして場合によってはお金をもうけることを目的としないような活動を含む「なりわい」の立て方である。

ところで，そもそも通常の「経済」とはどのようなものを指すのだろうか。人によって具体的なイメージは異なるかもしれないが，一般論としては，資本主義制度のもとでの市場経済のことであると言って良いだろう。資本主義とは，ここでは人々を否応なく無際限な富の蓄積へと駆り立てる仕組みくらいに理解しておきた

1）日本創成会議・人口減少問題検討分科会の報告「成長を続ける二一世紀のために「ストップ少子化・地方元気戦略」」のこと。将来推計人口に基づき「消滅可能性都市」を発表したことで話題を呼んだ。

い[2]。この意味で，経済成長は資本主義経済において欠くことのできない本質的な要素であると言える。そこでは企業は，熾烈な市場競争の圧力のもと，より多くの利益を求めて世界の津々浦々に進出し，あらゆるものを商品化し，人件費をはじめ諸種のコストを低下させ，従業員の労働への自発的コミットメントを引き出そうとする。第二次大戦後の高度成長期には，企業が利益を働き手に適正に分配したことで，経済成長が社会的な平等の促進と両立することができたが，今日に続く1990年代以降の局面においては，社会・経済・環境の持続可能性が危ぶまれるほどにまで，「経済」が生活の基盤や環境を破壊し，「社会」や「自然」と対立するようになっている。日本でも2000年代以降，ワーキング・プアなど低賃金・不安定就労の増加，労働条件の悪化，「やりがい搾取」，経済格差の増大などが問題視されてきたように，暮らしの基盤が掘り崩されている。

これに対し，「田園回帰」の現象は，必ずしも私的利益の追求を主目的とせず，人々の間のつながりや暮らしの基盤，あるいは自然環境等を修復・維持するような活動を多く含む。藻谷浩介らの「里山資本主義」論（藻谷・NHK広島取材班 2013）は，この点を資本主義の新しい可能性として捉えて，大きな反響を呼んだ。藻谷浩介とNHKの取材班は，地方の生活者をめぐって取材調査を行い，その成果を「里山資本主義」という表現で捉えた。そして，NHKのドキュメンタリーや新書などのメディアを用いて，直感的に理解しやすい形で発信したのである。藻谷[3]によると，「里山というのは，周囲の住民が“ほどよく”利用することで，自然が循環再生を重ねてきた空間だ。そこに学んだのが里山資本主義で，共生と循環再生をキーワードに，“ほどよく”儲けつつも，事業と社会が継続していくことの方を儲け以上に重視する」。経済成長にプライオリティは置かないが必ずしも否定もせず，節度ある資本主義を提唱する立場である。ただし，この議論では事例紹介が中心で，「里山資本主義」とはどのような仕組みによって機能する経済であるのか，といったことが明らかにされてはいない。

本章では，今後この問題を深く考えていくための参考材料として，フランスで2000年代に活発化してきた（社会）連帯経済（Économie（Sociale et）Solidaire）

2）『資本主義の新たな精神』の著者であるボルタンスキーとシャペロ（2013）によると，資本主義とは，「形式上は平和的な手段による，資本の無際限な蓄積という要求である」。

3）藻谷浩介「儲かるだけじゃ続かない⁉ 農家が目指すべき「里山資本主義」とは」『Agri Journal』（2019年4月1日）https://agrijournal.jp/aj-market/43938/（最終確認日：2020年10月26日）。

の理論・実践を紹介する。そして試論的に，連帯経済と田園回帰の接点について考えを巡らしてみたい。なお，本章では連帯経済と社会連帯経済という二つの表現を用いている。前者は一般的呼称，後者はフランスの制度的呼称という違いがあるが，ここでは読みやすさに配慮して基本的に同義として扱う。また，原語がフランス語の組織名や制度名に関しては，英語ではなくフランス語のカタカナ表記としている。

連帯経済は，環境破壊，社会的紐帯の崩壊，不平等の拡大など，今日の資本主義のもつ限界を深刻に受け止め，より持続的な「もう一つの経済」を作ろうとする試みである。日本では連帯経済は馴染みの薄い言葉であり，具体的なイメージが湧きにくいかもしれない[4)]。簡単に表現するなら，それは私的利益の追求ではなく，誰でもアクセスできるような何らかの社会的な有用性（社会的効用）を追求することに主眼を置く経済である。さしあたり，生協などの協同組合やNPOなどの非営利組織，貧困者に融資など金融手段を提供するマイクロ・ファイナンスやコーヒー農家に適正な利益配分を行うフェアトレードなど，ビジネスの手法で社会課題を解決するソーシャル・ビジネスやソーシャル・イノベーションを主軸とする経済をイメージするとわかりやすい（池本・松井編著 2015）。

連帯経済は，必ずしも「儲け」を生み出さないような活動も「経済」の範疇に捉えている点で，資本主義というよりポスト資本主義とも言える要素を含むが，実態としては，里山資本主義として紹介されている活動と近い。ただし，連帯経済ならではの固有の特徴が存在することは強調しておく必要がある。たとえば，企業は社会的効用（有用性）を生み出すだけではなく，民主的なガヴァナンス（統治）の機構を備えていなくてはならない。特定の人が株式を多く所有しているからといって独断的に意思決定できるわけではなく，従業員・地域社会・顧客などさまざまなステークホルダー（利害関係者）が自由かつ自発的に「声」をあげ，企業経営に参加できる必要がある。さらに連帯経済は，そうした企業の集まりをただ単に意味するだけではなく，それが一つの仕組みを持った経済，特に地域経済であろうとする点に大きな特徴がある。

4）学術書としては，ラヴィル編（2012）が連帯経済に関するまとまった著作となっている。近年では，連帯経済の平易な概説（廣田 2016）や，連帯金融を扱ったアルティ（2016）も訳出されるなど，徐々に紹介が進んでいる。特定地域にフォーカスした優れた研究として，ラテンアメリカ諸国の連帯経済の実態を描いた幡谷編（2019）も得られている。また，立見・筒井（2018）は，一般読者向けに，連帯経済の視点から日本における近年の田園回帰現象の意味を検討したものである。

連帯経済は世界各地で取り組みが開始されているが（廣田 2016），特にスペイン，フランス，ブラジルなど南欧や南米といったラテン語系の諸国（幡谷編 2019；工藤 2016；鈴木 2017）で活発な展開を見せている。このうち，本章が参考にするフランスでは，2014 年に社会連帯経済関連法（以下，ＥＳＳ《ウーエスエス》関連法）が成立し，政策的支援が本格化しているほか，多くの研究者が関与し，理論的な考察も深められている。1990 年代以降，社会的経済，連帯経済，社会的起業家といった異なる概念が徐々に融合し，2000 年代に入って，これらを包含するカテゴリーとして社会連帯経済（ESS《ウーエスエス》）が使用されるようになった経緯がある（立見 2018；立見・筒井 2018）。国民経済全体における位置付けを見ても，社会連帯経済は GDP の 10%，民間雇用の 10.5%から 12.7%ほどを占める。また 2010 年から 2015 年の間に，民間雇用全体の増加が 7%であったのに対し，ESS では 26%の増加を示すなど（Lacroix et Slitine 2016）比重が高まりつつある。

以下では，2 節において，今日主流の経済との関わりでなぜ連帯経済に期待が寄せられ活性化しているのかを考えた上で，連帯経済の基本的な考え方について示す。3 節から 5 節ではさらに，ESS 関連法の具体的な内容と連帯経済を担う組織形態について詳述する。6 節では，連帯経済と日本の田園回帰現象の類似ならびに相違点について若干の検討を加えることにしたい。

2　資本主義の変化と連帯経済

連帯経済が，特に 2000 年代に入って，世界規模で多くの人たちから期待を寄せられるようになってきたのはなぜだろうか。もちろん，この背景には，失業や貧困などの社会的排除や環境破壊など現代資本主義が引き起こす問題の深刻化がある。しかし連帯経済は，より正確には何を問題とし，どのようにその乗り越えを図ろうとしているのだろうか。この問題を考える上で，資本主義システムの今日的な特徴を振り返ってみるのが有益である。

現代資本主義の特徴を考える上で，フランスの社会学者であるボルタンスキーとシャペロの『資本主義の新たな精神』（2013）が参考になる。彼らの議論によると，資本主義が機能するためには，人々を「資本の無際限の蓄積」の過程へと参加させる規範的な支柱，すなわち「精神」を常に必要とする。規範とは，「……べき」という意識を生み出すような暗黙的なルールを指す。資本主義の精神は，規範の性質上，資本主義への参加を正当化するとともに，道徳的に資本主義に歯止めをかけるものである。

「精神」の中身は時代とともに変化するが，現在に至る1990年代以降の資本主義を支えるのは，自由で自律した個人間の出会いと結合を重視する結合主義的な規範である[5)]。そこでは，人々の結合を可能にする豊富な社会的ネットワークの保有，モノや人間の個性（他とは違う特異性）や真正性（本物であること）といったものが重要視される。

工業からサービス産業へと産業の主軸が移行し，またイノベーション（革新）や創造性の重要性が高まるにつれて，労働は肉体労働よりもますます知識創造や感情の操作など頭脳や感覚を使ったもの（非物質的労働）となり，働き手には自発的な問題解決が求められるようになっている。アイデアや知識の生産においては仕事の境界を定めることが難しく，生活時間と労働時間の境界が融解する（悩める漫画家や研究者のように，いつ何時アイデアが生まれるかわからない）。分業・協業も企業の垣根を超えたネットワークを通じて，プロジェクト型で組織されるようになっているが，どこまでが仕事上の付き合いでどこまでが友人など私的な関係なのかも曖昧になる。こうした今日的な生産活動の特徴は，自由で自律した諸個人による結合主義的な規範によって支えられているとされる。

ところで，ボルタンスキーとシャペロにおいて，資本主義が変容する上で批判が演じる役割が大きい[6)]。そして，今日に続く精神は，フォーディズムと呼ばれる戦後の高度成長を支えた資本主義レジームに対する批判から生じた。フォーディズムとは，福祉国家を背景とした，大量生産・大量消費を基調とした社会経済システムを指し，経済成長と社会的平等の両立を可能にするものだった。歴史的に見て，資本主義に向けられてきた批判には，大きく「芸術家的批判」と「社会的批判」があり，フォーディズムにおける生活保障等の安全性や分配の平等性は，後者の社会的批判に応えたものであった。これに対し，フォーディズムが終焉へと向かう1960年代後半，当時の資本主義に向けられたのは主に芸術家的批判であった。

芸術家的批判は，19世紀以来，芸術家や研究者が主張してきた自由，解放，真正

5）ボルタンスキーとシャペロはマネジメント関連文献の分析からこうした規範（＝慣行）を抽出し，「プロジェクト志向のシテ（Cité par projet）」と名付けている。シテとは彼らの独特な用語だが，さしあたり規範的な規則と置き換えて差し支えない。

6）ただし，資本主義を支える諸装置が変容する上で，批判と正当化を経由しないような，よりローカルでミクロな実践である移動（déplacement）もまた重要な役割を果たす。

性の要求であり，個人を縛るあらゆる制約からの解放の観点から資本主義を批判する。しかし芸術家的批判は1980年代を通じて今日の資本主義を支える規範として取り込まれ，今日に続く「精神」の形成を導いたとされる。

今日の資本主義は，かくして，個人を様々なしがらみから解き放ち，自由と裁量，そして他に代替できないような個性，そして自発的な参加と結合による自律的統治などの欲求に応えるように組織されているが，他方で，労働者組織の弱体化に伴いかつての社会的批判が後退したことで，フォーディズム期のような資本と労働の妥協（たとえば，団体交渉制度による賃金アップ）を通じた分配の公平性は失われ，企業／産業の「フレキシビリティ（柔軟性）」と引き換えに雇用は不安定化し次の雇用先を見つけるための「エンプロイヤビリティ（雇用されうる能力）」が鍵となる[7)]。そして経済／地域間格差や社会的排除の問題が深刻さを増している。1980年代以降のフランスを特徴づけるのは，経済と社会の両立をめぐるこうした困難な状況であり，これが「もう一つの経済」として社会連帯経済が生み出され，広がりを見せる背景となっている。

ところで，知識・感情の生産と非物質的労働に着目しながら新たなマクロ経済の仕組みを分析するアプローチに認知資本主義論がある。この見方によると，現代資本主義においては，労働への自発的参加がいっそう要請されることに加えて，利潤は，レントの性格を帯びる（山本編 2016）[8)]。レントとは，もともと土地を独占的に所有することで得られる地代の意味であり，ある特定の資産に対する私的所有者の独占に基づくものである（ハーヴェイ 2013: 157）。現代においては共通の知識基盤，ポピュラー文化，場所の個性など本来は誰のものでもなく誰にでも開かれた共通の資源から，アイデアやイメージを引き出し，あるいはそうした資源そのものを知的財産権などを通じて私的に所有することで利潤を得ることが増大している。

共通の資源はここでは「コモン（common）」と呼ばれ，鍵概念の一つとされて

7）フォーディズムの右肩上がりの成長期には需要が増大し，作ればモノが売れる時代だった。企業にとっては，製品を規格化して大量生産を行うことで，規模の経済効果で生産費用を下げ，コスト競争力を高めることが重要だった。しかし，フォーディズムが終焉し市場が細分化され変化しやすくなったことで，企業は自社の製造工程の一部を外注化し，正規の労働力を非正規雇用にすることで，生産量の変動や売れ残り等のリスク・不確実性に対処するようになる。非正規雇用の増大によって，労働条件の悪化が深刻化する。

8）こうした観点は主に認知資本主義論に依拠している。

いる。しかし，コモンの私的領有（囲い込み）は人々がそこにアクセスする権利を奪うだけではなく，マクロ経済の観点からも大きな問題を含む。知的財産権が過剰に主張され，知識・技術の占有が進めば，知識の普及が阻害され生産性の上昇に悪影響を及ぼすからである[9]。そして，これは企業レベルでの利益や競争力の問題を超えて，「一国レベルのイノベーションに関わる問題となりつつある」（内藤 2016: 40）。

以上整理すると，現代資本主義は，個人の個性と自由・自律・結合の尊重を精神としながら，他方で，不平等の拡大，コモンの過度な私的領有などが経済成長を阻み社会基盤を突き崩す危険を併せ持つと言って良い。連帯経済論をリードしてきたジャン=ルイ・ラヴィルの言葉を借りれば，1960年代の批判を取り込んだ「新たな精神」は，個人の自己実現や自己表現の要求を高め，それが快楽主義とエゴイズムを賛美する市場の勝利をもたらした。そしてラヴィルは，これに関して，ビヤン・コマン（bien commun）が忘却されてしまったことが問題であるとする。ビヤン・コマンとは共通善と共通財という二重の意味を持つ言葉で，ここでいうコモンとも重なりを持つコンセプトである。

ラヴィルに限らず，この数年間の連帯経済の議論の中で，コモンやビヤン・コマンといった言葉への言及が増加しており[10]，自由で自律した個人の参加と討議を通じて，コモン／ビヤン・コマンを特定し，生産・維持する経済として社会連帯経済を表現するようになっている。すなわち，現代資本主義が本来コモンであるものを私的に領有し突き崩す経済であるとすれば，連帯経済は反対にコモンの民主的な仕組みによる維持・生産へと向けられた経済として理解されるのである。

なお，ここで言うコモン／ビヤン・コマンは，伝統社会に根付いた自然環境などの物的資源だけではなく，「オープン・アクセス」のフリーソフトや雑誌，あるいはオープンライセンスを付与されたクリエイティブ・コモンズ[11]などの開かれた知識・情報資源，さらにはコモンにアクセスするための権利（労働・文化・平等とい

9）たとえば大学であれば，近年，海外学術雑誌の高騰による財政の圧迫が問題視されている。学術雑誌が出版社の利益のために高額化すれば，知識の共有が阻害され，研究活動が停滞するであろう。

10）ラテンアメリカの連帯経済の展開を明らかにした幡谷編（2019）のサブタイトル「コモン・グッドの再生をめざして」が端的に示すように，フランス以外でもコモンもしくはビヤン・コマンが鍵概念となっている。なお，ビヤン・コマンに対応する英語表記がコモン・グッドである。

った一般的権利）までも含むものである。コモンとビヤン・コマンの厳密な関係については別途検討が必要だが，本章ではおよそ類似の概念として捉えた上で，文脈的にあえて区別する必要がない限りは上述の資本主義分析の文脈を意識してシンプルにコモンと表記することにしたい。

ところで，現代資本主義と連帯経済は完全に分断されているかというと必ずしもそうは言い切れない。連帯経済もまた現代資本主義と同様に，芸術家的批判，すなわち個人の自由・自律・特異性を重視しているためである。しかし，連帯経済は，相互扶助的（互酬的）な連帯や社会的公正といった価値（共通善＝ビヤン・コマン）を重視し，現代資本主義とは対照的に，コモンの維持・拡大に寄与する経済を目指す。再度ラヴィルを引用すれば，結局，「資本主義の新たな精神は，「連帯の新たな精神」を排除することはなかった」（Laville 2016: 237）のであり，連帯経済は，自由や自律を求める芸術家的批判だけではなく，安全性や公正など社会的批判にも応える経済として実践を通じて構想され，構築されてきたと考えることができる[12)]。

3　連帯経済の諸概念

上述したように，連帯経済は，民主主義の原理によって経済を統治し，コモンの維持・拡大をめざす。連帯経済はもともとは，就労支援など社会的包摂に貢献する非営利部門の活動が中心であった。フランスにおいて，そうした部門は，「社会的経済」と呼ばれ，統計カテゴリーとしては，協同組合・アソシアシオン[13)]・共済組

11）クリエイティブ・コモンズ・ライセンスは，2002年にアメリカの法学者ローレンス・レッシグらによって考案されたオープンライセンスで，「著作権を保持しつつ一部を解放する」ことに主眼を置くことで著作物の流通を促進することを目的とする（長谷川 2015）。

12）1968年に端を発する「芸術家的批判」は，「社会的批判」と完全には切り離されてはいなかった。ラヴィルによると，ボルタンスキーとシャペロの議論は企業を対象としたものであって，それ以外での展開には注視していない。たとえばアンテルミタン（不定期労働者）の運動は，「芸術家的批判」と「社会的批判」をまさに接合したものであった。また，アートと芸術分野では，創造性と連帯が「もう一つの経済」の要求へと結びついている。これを踏まえれば，ラヴィルがいう社会連帯経済を支える民主的連帯，あるいは新たなアソシアシオン主義とは，こうした二つの批判を接合したものであると解することもできよう。

13）1901年のアソシアシオン法によって規定される組織である。基本的には日本のNPOのようなイメージだが，多様な活動を含む。

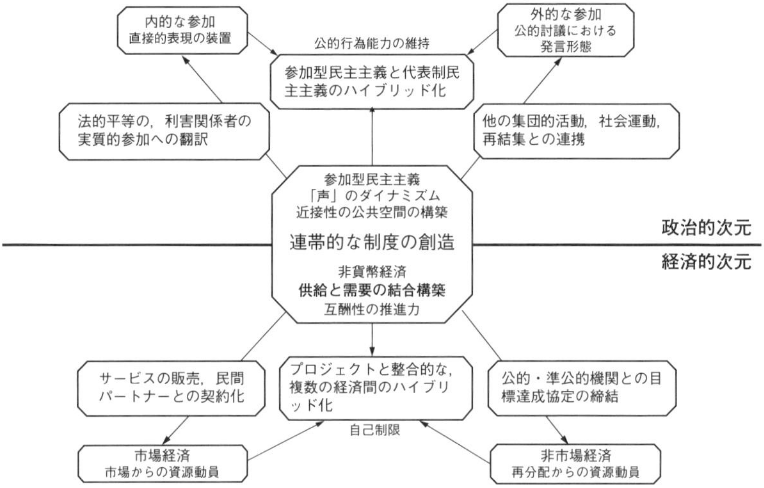

図 8-1　連帯経済の概念図式

出典：Laville（2016）。

合・財団等から定義される。しかし，2014 年の ESS 関連法以降，市場経済との接続が強調されるようになり，連帯経済は社会的経済に加えて，条件を満たした営利企業と同様の法人資格を持つ企業も含むようになっている。協同組合であるが法人形態は株式会社や有限会社の形態をとるものや，通常の株式会社等だが被雇用者が資本の過半数を所有し，「民主的で利益を目的としない会社」などの条件を満たした企業である。なかでも，次節で詳述する，SCIC《シック》（Société Coopérative d'Intérêt Collectif：集合的利益のための協同組合会社）や SCOP《スコップ》（Société Coopérative et Participative：協働・参加会社）は連帯経済の特徴を端的に示す組織形態になっている。

まず，Laville（2016）の整理に従って理論的に連帯経済の仕組みを理解しておきたい。図 8-1 が示すように，連帯経済は二つの次元から構成される。すなわち，政治的次元と経済的次元である。この図式によると，連帯経済は政治的次元に由来する参加型民主主義によって各人が開かれた場[14]で「声」を上げることによって，経済を統治する仕組みである。通常の市場機構においては買い手は購入しないことに

14）図 8-1 のように，ラヴィルの議論では公共空間（espace public）という表現が用いられている。ここでは，読者の理解を考慮して，開かれた場とした。

表 8-1　経済行動の多元性

経済行動／弁別基準	市場	再分配	互酬性
特徴的な制度	資本主義的企業	国家 行政組織体 準公的組織	社会連帯経済 アソシアシオン
提供のタイプ	財・サービスの購入	補助金 協約	贈与 ボランティア
アクターと交換対象との関係	財の間での等価性の対称的関係	集権的権威を持つ階層的関係	人々と対称的集団の関係
支配的原理	個人的利益－利得	一般利益－義務	贈与と対抗贈与
時間	交換の直接性	持続的関係	社会関係ネットワークの持続的緊密化

出典：Gardin（2013: 119）の表より。

よって，すなわち「退出」によって意見表明するのとは対照的である[15]。連帯経済においては，そして企業もまた，参加型民主主義を機能させるための開かれた場でなくてはならない。

生産と交換においては，互酬性を（規範的な）価値としながら，市場経済と非市場経済の両方から資源が動員される。ラヴィルの議論に限らず，連帯経済においては，歴史的に見て経済は（特に資本主義における）市場原理だけではなく，互酬性と再分配という原理によっても成立してきたと考える（表 8-1）。連帯経済は，互酬性の原理を推進力としながら，市場と再分配からも資源を動員し組み合わせるハイブリッド（異種混交的）な経済であることを大きな特徴とする。そこでは，企業は利益追求を目的とはしないが，利益を生み出すことはできる。すなわち，それが，経営の安定と長期での経済的持続性を担保するための手段であって，目的ではないことが重要である。

市場経済において財・サービスを販売する場合でも，その生産が，「供給と需要の結合構築」となっていることが重要である[16]。こうした「互酬性を推進力として，社会サービスを立案するという新しいやり方」（ラヴィル編 2012: 108）は，近隣サービス（service de proximité）と呼ばれる。Proximité《プロキシミテ》は近さ（近接性）を指す言

15)「声」（発言）と「退出」（離脱）は，政治経済学者アルバート・ハーシュマンの用語である。

葉だが，それは時間・空間的な意味以外に，個人の主観的な近しさの感覚を含む[17]。

これは，財・サービスの性質決定が，生産者だけではなく，買い手も含めて決定される仕組みである。この過程において，売り手と買い手の間でさまざまな討議がなされ，質的情報がやりとりされることで，何が連帯的であるのかということが特定されていく。たとえば，SCICでは，コモンに寄与する財を生産するだけではなく，被雇用者をはじめ，さまざまなステークホルダー（顧客，ユーザー，サプライヤー）や第三者的なアクター（地方自治体，ボランティア，金融機関，等々）によって資本保有される。一人一票の原則による討議を通じてガヴァナンスされることで，企業自体が公共空間としての性格を帯びる。政治的次元における価値をめぐる討議と合意の過程が，連帯経済にとって重要となる。

連帯経済においては，かくして，公共空間の成立を前提に「需要と供給の結合構築」を通じてコモン／ビヤン・コマンが特定され，維持・生産される。図8-2は，連帯経済の実際のアクターにも参照されている，コモン／ビヤン・コマンの概念図である。ここではコモンとビヤン・コマンは同義として扱われており，そこには，知識，公共空間，自然資源，健康と良き生，ヒトゲノム（遺伝子情報）などが広く含まれている。ただし，図からわかるように，そうした資源は，その利用者と特定のガヴァナンス・ルールを伴って初めて，ビヤン・コマンとなることが強調されている（Coriat ed. 2015）。前節までの議論に戻れば，これらのコモンを私的所有権を通じて捕獲・収奪するのが現代資本主義の特徴であるとするならば，連帯経済は対照的に民主的ガヴァナンスに基づくその維持・拡大を目指す。

フランスにおいて，GDPに代わる新しい豊かさ指標づくりの代表的論者としても知られるジャン・ガドレーもまた，社会的効用に加えて，近年，ビヤン・コマン（共通財／善）の概念に言及するようになっている[18]。ガドレーによると，ビヤン・コマンは，集合的な資源／遺産（自然という共通財，ポピュラー文化，知識

16）さしあたり，宇仁（2003）がいうアソシエーション的調整が，「供給と需要の結合構築」のための補完的な理解を与えてくれるように思われる。「市場的調整と比べると，やり取りされる情報の量は非常に多くなる。価格という単一の数値に還元可能な生産コスト情報だけでなく，数量に還元できない質的情報が数多くあるからである。したがって，アソシエーション的調整の発展はこの多種の情報のやり取りを可能にするコミュニケーション技術の発展にも，ある程度依存する」（174）。そのためには，おそらく地理的距離の克服が重要である。ICT技術の活用に加えて，連帯経済において重視される公共空間の構築が，この点でも役割を果たすように見える。

17）近隣サービスの説明は，北島（2007; 2016）に詳しい。

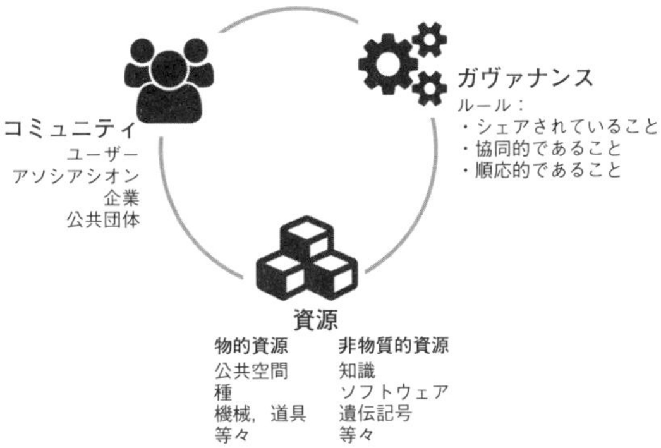

図 8-2　コモン／ビヤン・コマンの概念図

出典：La chambre des communs の HP 図より筆者作成。
http://chambredescommuns.org（最終確認日：2020 年 10 月 26 日）

……）や，さらには，社会生活上のもの（societal）と普遍的権利（男女の平等，労働者の安全性，健康など）の「質」を指すとする。これらはいずれも，人々の価値判断に委ねられ，共同で管理されるべき集合的資源である。かくして，ビヤン・コマンをめぐって争点となるのが，価値（共通善）の共有とそれに基づく「性質決定（qualification）」の作業である。共通財は，決して自然なものではなく，集団での「性質決定」を経て，しばしば利害対立を伴いつつ，はじめて財として特定されるものである。ビヤン・コマンは，社会的構築物で，その質は集団によって承認され価値づけられたものである。

なお，ビヤン・コマンを制度化する際には，所有権，占有，責任の問題とも関わることから社会的コンフリクトを伴うことになる。たとえば日本である文化景観をコモンとして保全しようとする際に，それぞれの土地・建物の所有者や利用者の（少なくとも短期的な）私的利益との対立が生じるかもしれない。コンフリクトを解決する上で，その景観をコモンとして性質決定する集団的な作業が必要であり，それを可能にする共通善への合意と，その過程を支えるような制度的枠組みが必要

18）Gadray, J. 2013. Les biens communs: une notion au service des projets de l'ESS ?（「共通財－社会連帯経済プロジェクトに役立つ概念か？」）, in Blogs. Alternatives-Economiques. https://blogs.alternatives-economiques.fr/gadrey/2013/11/24/les-biens-communs-une-notion-au-service-des-projets-de-l-ess（最終確認日：2020 年 10 月 26 日）

となる。社会連帯経済においては，後述するように，社会連帯企業やPTCE《ペーテーセーウー》（Pôles Territoriaux de Coopération Économique：経済協力のための領域拠点）のような諸制度が，開かれた場の存在を担保し，共通善＝ビヤン・コマンへの合意をサポートすると考えることができる。

4 連帯経済の制度的仕組み：社会連帯経済関連法

フランスでは，社会的経済，連帯経済，社会的起業家という3つの異なる概念が，しばしば緊張関係を持ちながら並存してきた。ところが，2000年代以降，それらが徐々に接近し，社会連帯経済という一つの呼称へと収斂していく。この背景には，経済学者であり緑の党の政治家であるアラン・リピエッツ（A. Lipietz）[19]の報告書や，閣外大臣のアスコエの主導で開始された州レベルでの議論・調査があった[20]。また学術的にも，ラヴィルが，2001年の『社会的経済国際レビュー（RECMA）』掲載論文（「社会連帯経済に向けて？」）（Laville 2001）において，統合概念として社会連帯経済を評価したことの意味も大きい。

そして，2014年には，社会連帯経済関連法が成立し，社会連帯経済が法的な正当性を得ることになる。社会連帯経済はこの法律以降，社会的経済に属する企業に加えて，条件を満たした通常の会社を含み，社会的経済のような非市場領域と市場経済との接続が促進されるようになった[21]。同法では，社会的効用（有用性）を追求し，次のような諸原則を共有する企業が，社会連帯企業を名乗ることができる。

19）リピエッツは経済学者として，フランスの制度経済学であるレギュラシオン理論を牽引した人物である。

20）1999年，社会党ジョスパン首相の複数与党政権が誕生する。その際，緑の党のリピエッツは，フランスのすべての州で大規模な研究集会を開催し，社会連帯経済に関する報告書を作成して政府に提出した。この過程で様々な立場の異なるアクターが合意し，社会経済連帯法の提案がなされたが，実際に採択されるには至らなかった。閣外大臣のアスコエは，新しい協同組合SCICに関する法律を成立させるにとどまった。この報告書は，リピエッツ（2011）『サードセクター――「新しい公共」と「新しい経済」』藤原書店として訳出されている。原題は，*Pour le tiers secteur. L'économie sociale et solidaire: pourquoi et comment*（『サードセクターに向けて―社会連帯経済：なぜ，またいかにして』）。

21）同法の要点は，社会連帯経済州会議所全国評議会（CNCRESS《セーエヌクレス》）が発行する次の冊子に詳しい。CNCRESS 2016. *Économie sociale et solidaire: Loi du 31 juillet 2014*, CNCRESS.

①利益の単なる配分以外の目的を追求すること。

②民主的なガヴァナンス。それは，企業経営の基本ルールを定めた定款 statut によって定義・組織され，出資者（会員），従業員，企業成果に関わるステークホルダーへの情報提供と彼らの参加を定めていること。その表現は，単に，資本への貢献や資金面での貢献の総額と結びつけられてはならない。

③経営が次の原則と一致していること。

a）利益の大半が，企業活動の維持ないしは発展の目的に充当されること。

b）分割不能な法定準備金が分配不能であること。つまり，法定の割合で利益を準備金として企業内部に留保しなくてはならず，それは分割も分配もできない。

社会連帯経済は，こうした利益配分以外の目的，民主的ガヴァナンス，責任ある経営という三条件を満たした企業から構成され，そしてその活動は，財やサービスの生産，流通，消費といった広く経済を構成する諸過程を含むものである。そしてこれらの条件を満たし，社会連帯経済企業として承認されることで，投資公共銀行 la BPI[22] や商業銀行の社会連帯経済向け資金，さらには政府や自治体による公共需要へのアクセスといった恩恵を享受することができる。

このうち，（参加型の）民主的ガヴァナンスは，社会連帯経済にとって，組織の意思決定をめぐる権力のあり方を規定する重要な問題である。社会的経済に属する企業は「一人一票の原則」を採用しており，この条件を満たす。また，2014 年の ESS 関連法以降に連帯経済のアクターとして承認されるようになった商事会社（société commerciale）（商法によって法的資格が与えられる）については，社会的効用を定義し，社会的目的を保証する「防御柵」を策定せねばならない。また，企業内の報酬格差に上限を設け，「一人一票の原則」を遵守している。社会的経済の企業が，商事会社の形態で子会社を設立することも多い。最後に，地域との持続的なつながりだが，通常の営利企業がほとんどの場合，同定した顧客を満足させることにとどまるのに対して，社会連帯企業は地域のニーズや雇用創出を重視するのである。

そして社会連帯経済は，社会的効用を追求し参加型あるいは民主的ガヴァナンス

22）企業の資金調達を支援するために 2013 年に設立され，各州に設置されている。企業の設立，発展，国内・国際市場での競争力の向上などを資金面からサポートする公的投資銀行である。

に基づく以外にも，「特殊な経済モデル」を採用し，企業活動が地域に根付いているといった特徴をあわせ持つことも忘れてはならない（Lacroix et Slitine 2016)。これは前節で述べた，異なるタイプの経済（互酬性・市場・再分配）に由来するハイブリッドな資源の組み合わせや，近隣サービスに代表される近接性の重視といった連帯経済の特徴に対応するものである。

以上述べてきたような社会連帯経済の法的枠組みを改めて図式的に示したものが，図 8-3 である。まず想定されるアクターとして，社会的経済を構成する組織と商事会社との区別がある。いずれも上述した三条件を満たさなくてはならないが，社会的経済の企業は，その定義上，当初から条件を満たし社会連帯経済に帰属しているとみなされる。社会連帯経済関連法ではさらに，第 11 条において，特定の社会的課題に取り組む，とりわけ強い社会的効用を生み出す企業に対して，「社会的効用を持つ連帯企業（Entreprise Solidaire d’Utilité Sociale)」認証を付与する仕組みを設けている。これが，その頭文字を取って「ESUS《エジュス》」認証と呼ばれる制度である。ただし，この認証を取得するためには，国と社会保険提携をしている企業（経済活動を通じた参入企業，住居・社会的再参入センター，等々）を除き，次のような追加条件を満たすことが必要である。

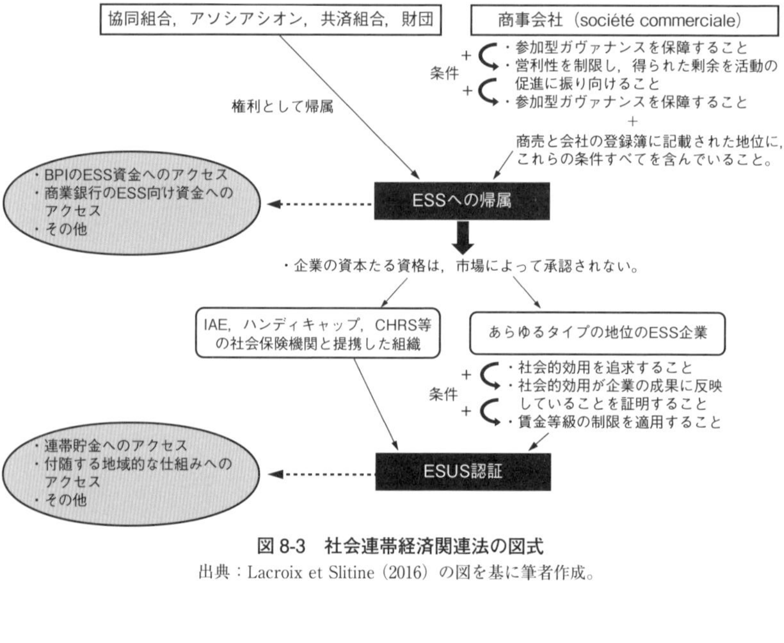

図 8-3　社会連帯経済関連法の図式

出典：Lacroix et Slitine（2016）の図を基に筆者作成。

すなわち，第一に，社会的効用を主たる目的として追求しなくてはならない。第二に，社会的効用の点から導出される責務が，収支の会計，あるいは企業の金銭的収益性に対して大きな影響力を持たなくてはいけない。第三に，企業内の報酬格差に上限が設けられていなくてはならない（①上位5名の従業員もしくは経営陣の平均賃金が最低賃金もしくは従業者への平均支給額の7倍を超えてはならない，②前者の報酬は，最低水準にある年間報酬の10倍という上限を超えてはならない）。第四に，企業の資本証券を金融市場において取引してはならない。最後に，上記の第一から第三の項目が企業の定款に明記されていなくてはならない，ということである。

ESS企業は，ESUS認証を取得することによって，いくつかの恩恵を得ることが可能になる。たとえば，それによって，「連帯貯蓄」から資金調達を行うことができるようになる。連帯貯蓄とは，銀行や保険会社等の金融機関あるいは連帯企業が，自身のお金に社会的意味を付与したいと考える従業員や個人から集める貯蓄のことを指す。連帯貯蓄には3つの方法があり，第一に，社会連帯経済の活動に対して自身の貯金からの直接投資すること，第二に，銀行や保険関連の商品を通じて，企業ないしはアソシアシオンに寄付をすること，第三に自身の従業者貯蓄の一部を連帯の目的に振り向けること，である。したがって，「連帯貯蓄は，連帯的な投資家，連帯的な寄付者，あるいは連帯的な従業者」（Larpin 2011: 21）によって支えられているものである[23)]。

加えて，ESS関連法第13条では，公的機関は社会的観点を重視して購入すべきことが明記されており，この認証を取得することでESS企業は公的市場にアクセスすることが可能となる。国家と地方自治体による財ならびにサービスの購買額は年間でGDPの15%に相当する2,000億ユーロに達するが，このうち，社会的理由に基づくものは，現状では公的市場の6.1%にすぎない。倫理的な観点から公的発注を行うことでESSを促進することが企図されている。ESUS認証は，「多くの領域におけるとりわけ困難な経済モデルに融資すること」（Lacroix et Slitine 2016: 21）が企図された制度である。

23）連帯貯蓄は，連帯金融とも呼ばれる。アルティ（2016）の訳者である尾上修悟は，訳者序文において，連帯金融を次のように簡潔に特徴付けている。「連帯金融は，とりわけ失業などによって周縁に追いやられ社会的に排除された人々に向けて，共同参加する集団により貯蓄を収集し，それによる信用供与を行う一方で，資本－リスクの解消や借り手のフォロー・サポートを行う取引全体を表している」（xiii）。

5 社会連帯経済企業と地域発展：SCOP，SCIC，そしてPTCE

以下では，連帯経済の特徴である民主的ガヴァナンスと資源のハイブリッドな動員に適した制度としてSCOP《スコップ》／SCIC《シック》について詳しく検討しておきたい。さらにそれを踏まえて，地域レベルでのソーシャル・イノベーションを促進するためのコンセプトとしてPTCEについても紹介する。

5-1 SCOP / SCIC

社会連帯経済企業の特徴的な形態として，互酬性と市場という二つの原理を横断するような，協同組合会社がある。協同組合会社には，大きく，SCOP（協同・参加会社）とSCIC（集合的利益のための協同組合会社）という組織形態が存在する。前者のSCOPは，従業員が大半の資本を保有することでガヴァナンスの権力を共有することを重視するのに対して，後者のSCICは，従業員のほか生産者，顧客・ユーザー・サプライヤーなどの受益者，さらに地方自治体，ボランティア，アソシアシオンなどの第三者といった，複数のステークホルダーによってガヴァナンスされる。

協同組合会社の代表組織であるC G《セージェー》 Scop《スコップ》（la Confédération Générale des Scop：Scop総同盟）によると，SCOPとSCIC等を合計した協同組合会社の総数は，2017年時点で3,177社で，57,700人の雇用を抱える。このうち，SCOPが最も多く2,366社，SCICが741社，その他が70社という内訳となっている。協同組合会社は，企業数としては3,000社程度に過ぎないのだが，市場経済におけるオルタナティブな経営の可能性を象徴していると言う点でインパクトは小さくなく，量的にも，SCICが対前年比（2017／2016）で15.6%の増加を示すなど急速に拡大しつつある。

協同組合会社の事業分野としては，建築業，製造業，サービス業が，三大活動セクターとなっている。協同組合会社の運動は，建築業と製造業を中心に歴史的に展開されてきたこともあり，現在でもこの二分野における売上が最も大きい。協同組合会社全体では，総売上額50億ユーロ，5年間の企業生存率は通常の企業で全国平均が60%であるのに対して67%となっている。CG Scopでは，協同組合会社の民主的経営が，企業の持続可能性に結びついていると捉える。

なお，協同組合会社の設立に関しては，当初から協同組合会社として創業する企業だけではなく，他の組織形態からの移行も少なくない。35%の企業が他の組織形態からの移行であり，健全経営の企業からの移行が14%，経営難の企業からの移行が10%，商業的事業を展開するアソシアシオンないしは協同組合からの移行が10%となっている。商事会社（société commerciale）からの移行については，いずれもSCOPの形態をとることが多い。以下では，SCOPとSCICについて，それぞれ詳しく見ていこう。

SCICはSCOPに比べると新しい形態だが，2001年に法的に定義されて以降(2001年7月17日の法律第2001-624号)，急速に発展してきた。SCICの最大の特徴は，従業者，製造業者，サービス受給者，第三者など多様なタイプの人（自然人あるいは法人）を共通の経済プロジェクトに関与させることができる仕組みにある。ある特定の地域内において多様なステークホルダー，たとえば原料の供給者と流通業者等を共通の経済プロジェクトへと参加させるようなガヴァナンスが特徴である。各ステークホルダーの出資比率に関しては，特定の利益集団が単体で過半数を占めて強い発言力を持つことができないように上限が定められている。地域発展にとって地方自治体の事業参加は重要な要件で，事実，全国の34%のSCICにおいて，一つないしは複数の地方公共団体が資本参加している。ただし，地域公共団体にも上限が定められており，SCICの資本を50%までしか保有することはできない[24)]。

5-2　「経済協力のための領域拠点（PTCE）」

ESSは「もう一つの経済」を生み出そうとする運動であるが，地理的観点からみるとそれは，諸種の近接性を重視し，「もう一つの地域経済」の構築を目指す試みでもある。連帯経済を特徴付ける「需要と供給の結合構築」は，なによりも近隣サービスを念頭に置くものであった。また地域政策の側も，2014年のESS関連法成立以降，体系的にESSを取り込むようになっている[25)]。

次のような「地域会議（conférence territoriale）」(ESS関連法第7条，後述の

---

24) 代表的なSCICとしては次のようなものがある。「Urban Coop」は不動産開発業者で住民参加型で入手しやすい不動産の開発を手がける企業である。「AlterEos」は紙文書の電子アーカイブ化等を行う事業を展開する。リール市に隣接したトゥルコワン市に拠点を置き，従業者数330名のうち85%を障がい者が占めているが，従業者の95%が正規雇用である。そのほか，カーシェアリング事業を展開する「citiz」，文化事業（顔料の原料オークルと色彩の教育）の「ôkhra」，創造的な農村農業の振興と移住を促進する「ciap」，個人住宅のリノベーションを通じてグリーンエネルギーの普及を目指す「Savécom」などを挙げることができる。

25) 社会連帯経済を推進する手段として，地域的補完通貨もまたESS関連法によって明文化されている。

NOTRe 法第 2 条）は，域内の関連諸アクターの連携を目的に，かくして制定されたものである。

まず，政策的には，商工会議所の連帯経済版のような存在で，ESS 関連法にも明記された連帯経済の支援機関である「社会連帯経済の州会議所（CRESS《クレス》：Chambre Régionale de l'Économie Sociale et Solidaire)」が州別の組織であるように，基本的な単位としては州が重要である。ESS 関連法第 7 条で定められているとおり，州は，CRESS，社会連帯経済のアクター，支援組織と協力して，ESS の州戦略を策定することになる。また州レベルにおいては，国の代表者である県知事[26]と州議会議長は，ESS 関連の地域政策の成果，手段，方向性に関して，少なくとも 2 年ごとに地域会議を組織する必要がある（第 8 条)。上述の ESUS 認証交付の評価もまたここでの議論の対象となる。さらに，そうした議論の結果は，とりわけ，「経済発展・イノベーション・国際化に関する州計画（SRDEII)」を中心に，具体的な政策提言へと結びつけられることになる。SRDII とは，2015 年に施行された NOTRe《ノートル》（共和国の新しい領域的組織（Nouvelle Organisation Territoriale de la République））法（第 2 条）によって定められたもので，州の発展計画の中核をなすものである。そして，その中で，ESS 発展の方向性もまた定められる。

このように ESS は，実態として州レベルで推進されているという意味で，「もう一つの地域経済」であると言えるのだが，特に地域（領域）概念を強調した制度も存在する。ESS 関連法第 9 条で定められた「経済協力のための領域拠点（PTCE)」はとりわけ興味深い試みである。

Lacroix et Slitine（2016）によると，PTCE が着想された背景には，産業政策の分野で世界的に影響を及ぼしてきたマイケル・ポーターのクラスター論や，フランスにおけるベルナール・ペクールらの「近接性の経済」[27]など経済地理学的研究の影響がある。それらは，ローカルに形成されるアクター間のネットワーク（クラス

26）フランスにおける県知事はプレフェと呼ばれ，フランスの中央集権制に関わる特殊な存在でナポレオン以降，1980 年代の地方分権改革に至るまで，県は国の完全な出先機関であった。

27）この潮流は，近接性学派とも呼ばれる（Bouba-Olga et al. 2008)。彼らは近接性という概念を地理的観点だけではなく，組織的近接性や制度的近接性という形で拡張し，それらの相互関連から地理的集積（あるいは産業クラスター）の意味を理解しようとする。複数の理論的な立場を含むが，大きな特徴としては，企業間のコーディネーション（調整）とイノベーションを促進するような地理的集積の利益が，地理的近接性，ルーティン・規則などの類似性／共有（＝近接性）によって支えられると考える点にあると言って良い。

ター）や近接性が，イノベーションや雇用創出を促進すると考えるものである。産業政策の領域においては，こうした議論に基づき，2005年から「競争力の極」と呼ばれる政策（フランス版産業クラスター政策）を展開してきた。これは，特定の地理的範囲に立地する企業や諸機関を結びつけることで，経済的イノベーションの促進と経済成長の達成を目指すものである。これに対して，PTCEは，社会連帯経済企業を中心に，中小企業，自治体，研究機関，教育機関など域内の多様なアクターが日常的に協働し，社会的・技術的に新奇なイノベーションを起こす枠組みとして構想されたものである。

2013年に国によってPTCEの募集が開始され，第一回目で23件が採択され3年間の補助金が交付された。PTCEは地域のアクターが結集し協働するための枠組みであり，実際の活動領域や目的は多様である。たとえば，農業，文化，ツーリズム，リサイクル，失業対策，社会的包摂，地域活性化，競争力の強化，遺産や環境の保全など，さまざまである。なお，PTCEは多様なタイプの公共団体によって支援されうるが，資金面では州が果たす役割が大きい。

なお，社会連帯経済の推進に向けた自治体の取り組みとしては，SCICやPTCEへの参加に加えて，RTES《エールテーウーエス》（連帯経済のための地方公共団体間ネットワーク（Le Réseau des collectivités Territoriales pour une Economie Solidaire））の果たす役割もある。「社会連帯経済の発展に向けた憲章」を尊重する公共団体（州，県，基礎自治体であるコミューン，自治体連合）が集まり，情報交換や意思決定の調整等を行っている。2020年現在で，およそ130以上の地方公共団体がこのネットワークに加盟している。

6　連帯経済と「田園回帰」：田園回帰から「もう一つの経済」へ

6-1　資本主義，豊穣化の経済，そして田園回帰

ここまで，特にコモン／ビヤン・コマン概念にフォーカスしながら，連帯経済の諸特徴について見てきた。現代資本主義がコモンからレントを得るためにその基盤を突き崩す傾向を持つのに対して，連帯経済は，生産・流通・消費に至る経済の仕組みを可視化し，コモンとは何かを特定し，民主的なガヴァナンスに基づくコモンの維持・生産を目指すのである。

最後に，連帯経済と日本の「田園回帰」現象との若干の比較考察を試みてみたい。「田園回帰」についても，移住者によるソーシャル・ビジネスは多く報告されてい

るし，移住者と受け入れ側の住民による，お金を介さないような物々交換やサービスの交換が，移住者や受け入れ側の生活を支えていることは知られている。これは，本書の各章でも指摘されているとおりである。また，岡山県真庭市のように，再生可能エネルギーと林業（さらに景観）の再生など，地域社会にとってコモンを拡大する活動は，随所で生まれつつある。その意味で，コモンの生産に向けられた，小さな経済の芽が生まれているように見える。

田園回帰現象が有する新規性は，冒頭で述べた里山資本主義論のように，新しいタイプの節度ある資本主義としても理解されうる。ただし，本章における理解に基づけば，資本主義のもとで人々は無尽蔵の富の蓄積過程へと否応なく参加することになるが，「田園回帰」における新たな経済の芽の担い手たちはそうした人物像とは大きく異なる。むしろ，コモン／ビヤン・コマンの生産・維持へと向かっており，資本主義の定義には収まらない活動を展開している。

仮に構図を単純化して，現代資本主義 vs. 連帯経済の視座から田園回帰現象の意味を考えた時，結局，「田園回帰」は，二面性を持ちながら進行しているように見える。すなわち，現状において「田園回帰」は，おそらく，資本主義的な活動のフロンティアと，連帯経済のような「もう一つの経済」の萌芽という二つの顔をあわせ持つ。

『地域経済学研究』の企画特集「『地域の価値』を考える」の企画趣旨において，除本（2020）は，本章2節でも述べたような認知資本主義の今日的局面においてコミュニケーションを通じた知識・情動の生産・消費が価値生産の主軸になってきたことを踏まえながら，2014年以降の地方創生政策を直接的契機として，「地域の価値」への言及が増えていることを強調する。そしてこの背景には，ダークツーリズムのように負の側面とみなされてきた要素を含めて地域の（真正な）「差異」・「意味」が「地域の価値」として認識され，商品化され，消費される傾向を強めている事実がある。

この点に関して，中川（2018）は，都市への農村の従属的関係のもとでの「農村空間の商品化」を問題視し，「田園回帰」もまたこうした潮流の中で生じている現象として捉える。そして，農村空間の商品化に対して，小田切・橋口編著（2018）の提起する「新しい内発的農村発展論」のように，農村の内発性の回復が必要であるとする。

ところで，こうした地域の商品化はなぜ生じるのだろうか。ボルタンスキーとエスケレによると，現代資本主義における富の生産方法は「豊穣化の経済」として特徴付けられる（Boltanski et Esquerre 2017；立見 2019）。今日，財に価値を付与する方法は工業経済の時代とは大きく異なっている。工業製品の場合，品質は数値で計測可能な形で提示され，製品の価値は時間とともに減少する。これに対し，「豊穣化の経済」においては，過去に価値を失ったすでにあるものがある特定のパースペクティヴから「コレクション」の中に置かれ，価値付与される。これはコレクション形態による価値づけと呼ばれる。ここで言うコレクションは，さしあたり，モノとモノを関連づける文脈のようなものと理解しておきたい。たとえば，陶器であれば民藝運動のコレクションの中に位置付けられることで他のモノと差異化されるとともに特定の固有性（価値）を獲得しうる。古民家やエリアのリノベーションもそうしたコレクションにおけるすでにあるモノの豊穣化の典型例である。

現代の経済は，こうしたコレクション（あるいはストーリー性）の構築と，すでにあるモノの豊穣化にますます依拠するようになっている。こうした議論を踏まえると，地域は域内の諸資源（自然・文化・産業・歴史等々）を再発見し再結合することで容易にコレクションを構築できる格好の素材であることがわかる。かくして，「農村空間の商品化」のように，地域は現代経済における価値づけの主要トピックとなる。

しかし，「地域の価値」，あるいは田園回帰研究との関連では小田切（2014）が述べる環境・文化・地域の絆（社会関係資本）などの「重要な地域的価値」は，「農村空間の商品化」へと完全に還元されてしまうわけではないだろう。田園回帰現象には，上述の除本の議論に戻れば，「商品形態を通じたコミットメントもあれば，地方への移住や「農村回帰」のように，資本主義体制内に完全には回収しきれない，より「ラディカルな」価値観の転換と行動」（除本 2020: 5）も含まれることを見逃してはならない。佐無田（2020）もまた，同企画特集所収の論考において，「ローカル志向」の高まりの背後には２つの潮流が混在しているとする。一つは地域の魅力を商品化する経済活動の広がりであるが，もう一つは，「環境や文化，人とのつながりやお金で評価されない仕事のやりがいといった地域の「生活の質」を求める人々」（佐無田 2020: 43）の増加である。

「豊穣化の経済」は，地域の商品化の動因となるだけではなく，工業経済の時代に衰退を余儀なくされた諸地域に「再生」の可能性を与えるとともに，コレクション（ストーリー）に含まれる規範的価値を通じて，人々の意識に変化を及ぼしうる（あるいは変化を促進する）。そこでは，人とのつながりやお金では評価されない仕事のやりがいなども，一方では商品の価値の根拠となる真正性として回収されるのであろうが，他方では主流の経済に疑問を投げかけ変化させる，あるいは「もう一つの経済」へと向かう動力となりうる。たとえば，小田切（2019）は，農村と何らかの形で関わろうとする関係人口，とりわけ若者を中心とした層の一部が，農村部に新しいライフスタイルとビジネスを見出していることを重視している。小田切が指摘するように，彼らが「「都市と農村のごちゃまぜ」をあるべき社会として展望」（小田切 2019: 218）しているとすれば，ここに田園回帰現象と連帯経済との接点あるいは連続性を見いだすことができるだろう。

6-2　田園回帰から連帯経済へ？

「田園回帰」の議論において，小田切や筒井らによって提唱されてきた「なりわい」という概念は，主流の経済における農村空間の商品化には縮減されないような，「田園回帰」の重要な一断面を捉えたものである。それは，私的利益にとどまらない個人の動機と，地域コミュニティとのインタラクションの中で，地域で共有されるべき様々な財やサービスの生産に関わる活動を生み出しつつ，それらを組み合わせて生活の糧を得ていく活動を明らかにしている（立見・筒井 2018；筒井 2019)。

「なりわい」が地域資源の活用によって成り立つ活動である点で，それは不可避的に地域への影響を含みうる（6 章参照)。なりわいの活動を通じて，移住者のヨソモノ視点で地域資源が発見され，評価され，価値づけられ，イノベーティブな仕方で利用されることで，地域に新たななりわいが創出されたり，地域の社会関係に変化がもたらされたりする。移住者の視点は，特定の暮らし方，繋がり方，働き方の価値観と不可分で，上述の議論を踏まえれば，そうした特定の価値観をパースペクティヴとして，コレクション形態において地域資源を価値づける活動であると言える。さらに，そこで価値づけられる地域資源は，コモンとしての性格を持ちうる。彼らの活動は，私的利益の追求ではなく互酬性を推進力とし，さらに物々（あるいはサービスとサービスの）交換などの非貨幣経済と，市場での財・サービスの販売や補助金（再分配）の利用などを組み合わせる点で，連帯経済と類似性がある。

移住者によるなりわいづくりは，「地域資源と結びついた就業」，「起業」，そして「継業」にタイプ分けされる（筒井ほか 2014)。6 章でも描いたように，なかでも継業は，地域コミュニティが必要とする共通財の生産を引き継ぐ，すなわちコモンの生産へと向かう活動である点で注目に値する。継業は中小企業等の事業承継に似た言葉だが，事業承継が基本的には市場経済領域における事象であるのに対し，むしろ互酬性の原理に基づくものである。それは，連帯経済における近隣サービスがそうであるように，サービスの利用者である住民とのコミュニケーションのなかで，地域社会が必要とする資源をコモンとして特定し，移住者が引き継ぐ活動である。

ところで，なりわいづくりは，上述の3タイプに分類できるにせよ，それらを完全に切り分けてとらえるべきではない。特に起業は，現状では，起業者個人の動機付けが強く地域のコモンと両立しづらい難しさもあるが，人口減少や後継者不足に悩む地域の課題解決につながるソーシャル・イノベーションの担い手としての役割が期待される。地域コミュニティによってすでに認識されたニーズに対応するだけではなく，「都市と農村のごちゃまぜ」の中で既存の常識そのものを作り変え，人々の対話の中でコモンそのものを再定義していく際の一つの推進力となることが望ましい。そのためには，起業と継業が重複を強めることが有益である。

実際，移住者は複数のタイプの活動を組み合わせながら，多業型でなりわいを立てていることが少なくない。多業型のなりわいは，人的ネットワークの中で人々が結合し，地域資源を組み合わせ利用しながら，コモンを生み出す活動であるという点で，プロジェクトとネットワークを通じて人々が結合する現代資本主義における協業と分業のあり方に似る。しかし連帯経済と同様に，それは互酬性の原理を基盤とし，コモンの収奪ではなくその維持拡大に寄与する傾向を持つ。

コモンの維持・生産という点で連帯経済と「田園回帰」との類似性を強調したが，最後に，連帯経済と日本の農山村社会の現状との距離感についても指摘しておきたい。「田園回帰」がもし「もう一つの経済」としての可能性を宿すのであれば，農山村社会の側もまた変化を必要とする。連帯経済は，基本的に近接性に基づくローカルな経済であるが，グローバルに開かれたネットワークを重視するとともに，より一般性の高い価値（共通善＝ビヤン・コマン）を強く意識している。これに対し，日

28）メンバー間の共通利益のみの追求は，NIMBY《ニンビー》運動（Not In My Back Yard：基地や原発などの迷惑施設は必要だが私の裏庭には作らないで）のような排他性や利己性へと通じる恐れがある。

29）たとえば広島県「鞆の浦」の埋め立て架橋計画をめぐる景観論争の事例は，今現在の地域住民の経済的利益や関心のみで，景観は破壊されてはならないことを示している。この事例では，景観が「歴史的景観」として一般性を高め，「国民の財産」すなわちコモンとして性質決定された。なお，事業主体の県は2016年に敗訴し，開発計画を白紙に戻した。

30）たとえば，共有地の草刈り作業に男性ではなく女性が出た場合には半人前とみなして賦課金を求める規則があったり，伝統行事であるお祭りの神輿に男児しか乗れないなどのジェンダー間の不平等は，一般的な価値から到底正当化されないだろう。

本の農村社会のように，伝統社会に由来する強いコミュニティは，コモンをあくまでも所属メンバー間の共通利益と同一視することが多い[28]。しかし，たとえば里山のような文化景観の維持や，環境やエネルギーの問題は，当事者のみの問題にとどまるものではなく[29]，よりグローバルな価値と連動するものである。また，伝統社会は，一般的に，女性よりも男性に，個人よりも集団に，若者よりも年配者に優越性を与える。そして，コミュニティの共有空間をコモンとすると，その維持・使用の規則もまた，多くの場合，そうした社会秩序の原理と不可分に結びついている[30]。そこでは，限られたメンバー間で承認された特定の有力者の意見が優先され，連帯経済において重視されるような，自由な個人が自律的に結合し，開かれた場を通じて共通財／善＝ビヤン・コマンに合意するといった民主的ガヴァナンスは成立しない。

Coriat ed.（2015）によると，コモンがコモンであるためには，コモンへの開かれたアクセス権とコモンを維持管理する民主的ガヴァナンスがセットで確立されていなくてはならない。立見・長尾（2013）が指摘するように，グローバル資本主義の引き起こす問題が顕在化するにつれてローカルなコミュニティへの期待が高まってきたが，コミュニティは万能な解決策ではない。連帯経済におけるコモンの強調は，伝統社会への回帰を決して意味するわけではなく，それを乗り越えるような新たな社会の展望と結びつけられなくてはならないと言える。

以上，駆け足に，連帯経済を参考に「田園回帰」の「もう一つの経済」としての側面について考えてきた。互酬性に基づく活動，私的利益の追求ではないコモンあるいはビヤン・コマンの生産という点に関して，連帯経済との間に共通性を持つと言える。ただし，前掲図8-1の図式を踏まえるならば，「供給と需要の結合構築」として共通財の中身を決定する過程に課題が残されているように見える。それはとりわけ政治的次元において，共通善の共有をめぐる，民主主義的な参加と討議を可能にする公共空間をいかに構築し，また公的な制度化を試みるのかという問題であろう。

フランスの社会連帯経済の実践では，社会連帯経済企業が法的に明確に定義され，特に地域発展に適した形態としてSCICとPTCEという仕組みが存在することはすでに述べた。日本における田園回帰現象では，実態として，コモンの生産へと向かう活動が観察されるものの，その担い手となる組織形態については制度的に整備されてはいない。今後の展開に期待したい。

（立見淳哉）

【文　献】

アルティ，A. 著，尾上修悟訳 2016.『「連帯金融」の世界─欧州における金融の社会化運動─』ミネルヴァ書房. Artis, A. 2013. *Introduction à la finance solidaire*. Grenoble: Presses Universitaires de Grenoble.
池本幸生・松井範惇編著 2015.『連帯経済とソーシャル・ビジネス─貧困削減，富の再分配のためのケイパビリティ・アプローチ─』明石書店.
宇仁宏幸 2003. 現代資本主義におけるアソシエーション的調整. 田端　稔・白川真澄・大藪龍介・松田　博編著『アソシエーション革命へ─理論・構想・実践─』169–196. 社会評論社.
小田切徳美 2014.『農山村は消滅しない』岩波新書.
小田切徳美 2019. 農村問題の理論と政策─再生への展望─. 田代洋一・田畑　保編『食料・農業・農村の政策課題』173–219. 筑波書房.
小田切徳美・橋口卓也編著 2018.『内発的農村発展論─理論と実践─』農林統計出版.
北島健一 2007. 連帯経済論の展開方向─就労支援組織からハイブリッド化経済へ─. 西川潤・生活経済政策研究所編著『連帯経済─グローバリゼーションへの対案─』59–85. 明石書店.
北島健一 2016. 連帯経済と社会的経済─アプローチ上の差異に焦点をあてて─. 政策科学 23(3)：15–32.
工藤律子 2016.『雇用なしで生きる─スペイン発「もう一つの生き方」への挑戦─』岩波書店.
佐無田光 2020.「地域の価値」の地域政策論試論. 地域経済学研究 38：43–59.
鈴木美和子 2017. ソーシャルデザイン─地域文化の回復─. 小池洋一・田村梨花編『抵抗と創造の森アマゾン─持続的な開発と民衆の運動─』現代企画室.
立見淳哉 2018. フランスにおける社会連帯経済の展開─「もう一つの経済」に向けた試み─. 経営研究 69(2)：19–39.
立見淳哉 2019.『産業集積と制度の地理学─経済調整と価値づけの装置を考える─』ナカニシヤ出版.
立見淳哉・筒井一伸 2018. 田園回帰と連帯経済の接点をさぐる. 地理 63(6)：55–61.
立見淳哉・長尾謙吉 2013. グローバル化，格差，コミュニティ─コンヴァンシオン理論を通した展望─. 經濟學雜誌 113(4)：85–103.
筒井一伸 2019. 農山村での継業と社会連帯経済. 家中　茂・藤井　正・小野達也・山下博樹編著『新版　地域政策入門─地域創造の時代に─』230–233. ミネルヴァ書房.
筒井一伸・嵩　和雄・佐久間康富著，小田切徳美監修 2014.『移住者の地域起業による農山村再生』筑波書房.
内藤敦之 2016. 認知資本主義─マクロレジームとしての特徴と不安定性─. 山本泰三編『認知資本主義─21 世紀のポリティカル・エコノミー─』29–55. ナカニシヤ出版.
中川秀一 2018. 農村空間の商品化と「田園回帰」. 地理 63(6)：48–54.
長谷川世一 2015. 日本におけるクリエイティブ・コモンズ・ライセンスの実際. 情報管理 58(5)：343–352.
幡谷則子編 2019.『ラテンアメリカの連帯経済─コモン・グッドの再生をめざして─』上

智大学出版.

ハーヴェイ，D. 著，森田成也・大屋定晴・中村好孝・新井大輔訳 2013.『反乱する都市―資本のアーバナイゼーションと都市の再創造―』作品社. Harvey, D, 2012. *Rebel cities: From the right to the city to the urban revolution*. London: Verso Books.

廣田裕之 2016.『社会的連帯経済入門―みんなが幸せに生活できる経済システムとは―』集広舎.

ボルタンスキー，L.・シャペロ，E. 著，三浦直希・海老塚明・川野英二・白鳥義彦・須田文明・立見淳哉訳 2013.『資本主義の新たな精神』ナカニシヤ出版. Boltanski, L. et Chiapello, E. 1999. *Le nouvel esprit du capitalisme*. Paris: Gallimard.

藻谷浩介・NHK 広島取材班 2013.『里山資本主義―日本経済は「安心の原理」で動く―』角川書店.

山本泰三編 2016.『認知資本主義―21 世紀のポリティカル・エコノミー―』ナカニシヤ出版.

除本理史 2020. 現代資本主義と「地域の価値」―水俣の地域再生を事例として―. 地域経済学研究 38：1–16.

ラヴィル，J-L. 編，北島健一・鈴木　岳・中村佳裕訳 2012.『連帯経済―その国際的射程―』生活書院. Laville, J-L. ed. 2007. *L'Économie solidaire: Une perspective internationale*. Hachette Littératures.

リピエッツ，A. 著，井上泰夫訳 2011.『サードセクター―「新しい公共」と「新しい経済」―』藤原書店. Lipietz, A. 2001. *Pour le tiers secteur: L'économie sociale et solidaire: pourquoi et comment*. Paris: La Découverte.

Boltanski, L. et Esquerre, A. 2017. *Enrichissement: Une critique de la merchandise*. Paris: Gallimard.

Bouba-Olga, O., Carrincazeaux, C. et Coris, M. 2008. La proximité, 15 ans déjà!. *Economie régionale et urbaine* 3: 280–287.

Coriat, B. ed. 2015. *Le retour des communs: La crise de l'idéologie propriétaire*. Paris: Les Liens qui Libèrent.

Gardin, L. 2013. L'approche socio-économique des associations. In *La gouvernance des associations: Économie, sociologie, gestion*. ed. C. Hoarau et J-L. Laville, 115–135. Toulouse: érès.

Lacroix, G., et Slitine, R. 2016. *L'économie sociale et soidaire*. Paris: PUF.

Larpin, L. 2011. *L'epargne solidaire poche pour les nuls*. Paris: First.

Laville, J.-L. 2001. Vers une économie sociale et solidaire?. *RECMA* 281: 39–53.

Laville, J-L. 2016. *L'économie sociale et solidaire: Pratique, théorie, bébats* (*nouvelle édition*). Paris: Editions du Seuil.

田園回帰とネオ内発的発展

09

1 ネオ内発的発展からみる田園回帰

本書では田園回帰という社会潮流の実態，その現実から生み出されてきた新しい考え方やモデルを通して，地域づくり論的田園回帰の位相を提示してきた。そして「連帯経済」,「農村空間の商品化」という概念から田園回帰を理解するアプローチを紹介した。そこで本章では都市農村関係論的田園回帰を考察するために重要な論点である「ネオ内発的発展論」の議論を概観したうえで,「社会連帯経済」における「資本主義の新たな精神」の議論,「内と外をつなぐ地域資源」と「住み継がれる集落」との関係，そして最後に，改めてコミュニティベースの地域づくりの重要性について確認をしたい。

繰り返しになるが本書で強調してきた都市から農山村への移住は，数的な意味での移住者数の多い少ないという観点ではなく，移住をしてきた人々が農山村という地域にどのような影響を及ぼしてきたか，及ぼし得るかという観点であった。言い換えれば，農山村の地域づくりへの影響であり，この点を意識して地域づくり論的田園回帰という表現をしてきた。

ところで農山村の歴史を振り返ると，地域の外部の力による外来型の地域振興から，地域の内発性や内部の力を重視してきた内発的発展へのシフトがあった。過疎問題に対して地方自治体を中心として，企業誘致など外部資本を導入して産業振興を図ってきた一方で，地方自治の本旨の観点から，地域住民を主体として，地域の特性を活かした地域振興を模索する動きがある。とりわけ地方財政学の分野では地域住民を主体として，地域の特性を活かした発展方法であるとされている「内発的発展」の理論的，実証的な研究蓄積が行われてきた。1975年にスウェーデンのダグ・ハマーショルド財団が国連経済特別総会に提出した報告書において初めて使用された内発的発展という言葉であるが，日本では鶴見・川田編（1989）や宮本（1980）が内発的発展という言葉を取り入れた。とりわけ地域振興に焦点をあてて政策論としての「内発的発展論」として理論化を試みたのは地方財政学においてであり，保母（1996）が内発的発展論と日本の農山村の関係を明らかにした。

中川ほか（2013）は，日本における内発的発展論は，西欧における近代化による開発に対するオルタナティブとしての発展論のアナロジーとして，国内における中央政府主導の開発政策に対するオルタナティブを探求する「運動論」（筒井 1999）として展開してきたとする。そして内発的発展論は人口減少社会に突入した今日，国土形成のあり方を考える上で改めて注目を浴びている。それはミクロスケールでの農山村社会の持続性の議論だけではなく，国土空間をめぐるマクロスケールのコンフリクトとも無縁ではない。政策論において常に存在し続ける「農村たたみ論」への対抗軸としての新しい内発的発展論（ネオ内発的発展論）のあり方の模索が強調されることにも如実にあらわれている。

ネオ内発的発展論におけるひとつの主張は外部アクターとの連携であり，地域外部との交流やネットワークの持つ意味への関心から，イギリス農村のネオ内発的発展論においては，そうした実践的取り組みの理論的な整理が学際的に進められている（安藤・ロウ編 2012）[1]。その背景として情報技術の急速な発展，各地に散らばる血縁関係や多国籍企業といった社会的関係の広がりにより，内部完結した自立的な存在と想定されてきた農村が，都市とのつながりの中で生み出される「関係性の空間」として出現してきたことにある（村上 2012: xiii–xxiii）。そして関係性を読み解く枠組みをネットワークという概念，特に「アクターネットワーク理論」に求める。

小田切・橋口編著（2018）は日本的な文脈でのネオ内発的発展にアプローチした研究といえ，宮口（1998）の地域づくり論における「交流」の意義を参照にしつつ，日本の内発的発展の道筋は「内発的」といえども人的な要素をはじめとして外部アクターの存在が強調されてきたとする（小田切 2018: 15）。ただし保母（1996）も述べる通り内発的発展論においても，内部“だけ”に傾斜した「閉鎖的自立」を強調する地域主義ではなく，農山村の自律的意思による都市との連携も内発的発展の構

1）杉山ほか（2016）によると，日本においてもネオ内発的発展論の紹介が進んだとし，安藤・ロウ編（2012）のほか，EU の文脈で発展してきたネオ内発的発展論を日本においてどう参考にするべきか議論する必要性の指摘（梶田 2015）などがある。

成要素に含まれるとする（保母 1996: 144–146）。都市と農山村のフラット化（松永 2015）が進む今日的視点での地域的特徴を背景にした外部との連携の基本的な考え方として新しいネットワークづくりが志向されるのである。この点を踏まえると都市との連携のためのネットワークを強調したのがネオ内発的発展の一つの特徴ともいえよう。Lowe et al.（2019）は外来型開発（トップダウン型開発），内発的発展（ボトムアップ型発展）との比較でネオ内発的発展をネットワーク型発展として表 9-1 のようにその特徴をまとめている。

ネオ内発的発展においては農村が内外の力によってどのように形成されるかを認識し，農村の発展には異なる役割を果たす異なる種類の主体が必要であることを前提に，都市と農村，ローカルとグローバルのネットワークを原動力とする。同時に知識の源泉を場所に基づく「ヴァナキュラー」な専門知識[2]に求め，内部の地域資源を動員し，外部からの圧力と機会への反応のためにローカルな能力を構築することを焦点に農村発展が目指され，コミュニティとともに進める活動やアクションリサーチ，そして学際的／「超」学際的研究との相互作用を通じて成し遂げることが目指される。そして消費視点の地域資源ではなく，生産に重きを置いた地域資源活用とその志向（生産主義的機能の再出現）が農村の機能として見られるとする。

これを踏まえて本書における田園回帰の議論とネオ内発的発展との関係を記したものが図 9-1 である。2 章や 3 章で人口として数的に把握される「移住者」の実態は，農山村コミュニティに新たな主体が生まれるということに他ならない。その際に機能をしている地方移住を促進する外部とのネットワーク（例えば 4 章で示した，市町村から県，そして東京や大阪にある NPO などとのネットワーク）が表 9-1 で示したネオ内発的発展の原動力とも読み解けよう。農山村の新しい主体となった移住者は空き家再生（5 章）やなりわいづくり（6 章）を通して地域資源の活用を展開していくが，そこには農山村コミュニティ（既存の地域住民）との関係性の上に成り立つ実態があり，最終的には農山村の持続性につながる観点がある。これは，農村開発の焦点としての「内部の地域資源を動員し，外部からの圧力と機会への反応のためにローカルな能力を構築すること」といえる。その理解のためのアプロー

2）ヴァナキュラー（vernacular）とは言葉や建築様式などがその土地や共同体に「特有」ないし「固有」であることを意味するが，Lowe et al.（2019）は，農村住民や農村の専門家の知識の源泉の分析から，単にローカルな地域における知識という意味ではなく，ヴァナキュラーな専門知識は本質的にハイブリッドであり，ローカルな地域の内と外にある経験やスキル，知識の融合によって構成されるとする。

チの一つが農村空間の商品化（7章）であり，農村の機能は「消費主義のモザイク化と生産主義機能の（再）出現」となる。また社会連帯経済（8章）の議論に則ると，地域づくり論的田園回帰を通して指向される地域資源活用は，関わる主体（ステークホルダー）の中での共通財（共通善）の創出ともいえ，知の源泉（場所に基づく「ヴァナキュラー」な専門知識）への指向性ともいえよう。それは6章のなりわいづくりもさることながら5章で議論された場所に基づく「ヴァナキュラー」な知が還流しやすい地域社会の中にある空き家の意義の議論とも結びつく。

そしてもう一つ指摘をしたいのが本書の執筆者をはじめ，コミュニティ志向の研究主体と場所に基づく「ヴァナキュラー」な専門知識に基づきコミュニティとともに進める活動とアクションリサーチ，学際的／「超」学際的な農村開発研究に焦点をあてる知識の往還ネットワークの存在が指摘される。本書の内容はもとより本書で引用をしている研究の中には，この知識の往還を志向しているものもあるので，ぜひとも原著も参考にしていただきたい。そして都市農村関係論的田園回帰（図1-1）で指摘した，「都市と農山村の関係に関わる理論・理念・政策」の一つがネオ

表 9-1　農村発展のモデル

	外来型開発（トップダウン型開発）	内発的発展（ボトムアップ型発展）	ネオ内発的発展（ネットワーク型発展）
基本原理	規模の経済と集中の経済	持続的発展のためのローカルな（自然的，人間的，文化的）資源の活用	場所に基づくローカリティの潜在力の識別と活用，社会・空間的正義
原動力	都市の成長の極	ローカルなイニシアティブと活動	ローカルとグローバルのネットワークと都市農村のフロー，多様なスケール／部門からなるガヴァナンスを通した外部との相互関係
農村の機能	食料をはじめとする，拡大する都市経済への一次産品の生産	多様なサービス経済	消費主義のモザイク化と生産主義機能の（再）出現
主たる農村発展の課題	低い生産性と周辺性	経済活動に参加する地域やグループの限られた能力	ローカリティと外部の力の間の不平等な関係と制度，気候変化と経済危機
農村発展の焦点	農業の近代化，労働と資本の移動性の促進	能力開発（スキル，制度，社会基盤），排除の克服	内部の地域資源を動員し，外部からの圧力と機会への反応のためにローカルな能力の構築
農村発展研究の焦点	農業経済学，ケインズ主義的経済モデルと実証主義	農村社会学と農村地理学，解釈的アプローチと事例研究	コミュニティとともに進める活動やアクションリサーチ・学際的／「超」学際的研究
知識の源泉	学術研究と外部専門家	ローカルなコミュニティ	場所に基づく「ヴァナキュラーな専門知」

出典：Lowe et al.（2019）を参考に簡略化して作成。

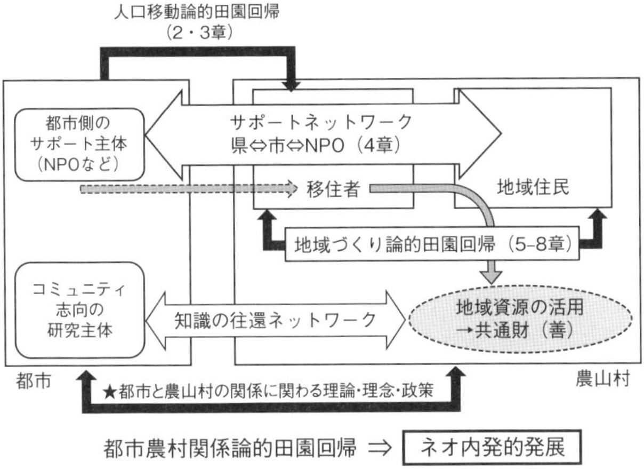

図 9-1　田園回帰とネオ内発的発展

出典：筆者作成。

内発的発展であることを理解していただけるのではなかろうか。さらに重要なことは，このネットワークを活かすのはあくまでも農山村側のコミュニティであり，その地域づくり志向の強化が何よりも重要なのである。

2　ネオ内発的発展と連帯経済

8章でも述べたが，田園回帰現象には現代資本主義と連帯経済のような「もう一つの経済」の萌芽という異なる二つの方向性を見いだすことができる。移住者のなりわいを特徴付ける諸要素，たとえば多業型の働き方は，現代資本主義におけるプロジェクトとネットワークによるつながり方と働き方を想起させるし，個人のライフスタイル志向（特異性や真正性の重視を含む）の高さや，個人が自己に投資し起業家志向を強めることなども主流の社会経済の動向と軸を一にしているように見える（山本編 2016）。ボルタンスキー・シャペロ（2013）『資本主義の新たな精神』において描かれたような世界が，日本においては，農山村の変化の中に端的に発現しているようでもある。結局，この観点からすると，都市と農山村のフラット化は，地理的差異を超えたそれらの現代資本主義の精神への収斂として理解することもできる。

また，現代資本主義においては，農山村に限らず，地域は価値の生産のますます重要な舞台となっている。ボルタンスキーとエスケレが『豊穣化の経済』の中で提示したように，先進諸国においては，価値の生産は，すでにあるものの豊穣化に依拠する傾向を強めている（Boltanski et Esquerre 2017; 立見 2019）。これは彼らが「コレクション形態」と呼ぶ価値づけの様式である。ここで言う価値づけとは，人やモノを特定の観点から評価し，テストし，その性質を決定する作業とほぼ同義と考えて良い（立見 2019）。この作業を経てはじめて経済的交換が可能になるのであり，あらゆる財がなんらかの形態（フォルム）で事前に（市場交換に先立って，あるいはその最中で）価値づけられている。

価値づけの形態は複数存在するが，コレクション形態においては，自然・文化・素材など地域資源を「発見」し，結びつけ，文脈（コレクション）を構築し，対象物をその中で定位することで評価＝価値づける。空き家のリノベーションとその連鎖による地域の再生は，コレクション形態における価値づけの典型であると言える。地域は，固有の歴史・文化・自然・立地等々に満ちており，新たなパースペクティブから域内の諸資源を（再）結合し，コレクションを構築する上の格好の素材なのである。

そこでは，人口が流出し衰退を余儀なくされてきた「ネガティブ」な経緯も場所の真正性や特異性を支える要素となりうる。かくして構築された地域というコレクション（文脈）の中で，真正で身体を通じた経験が価値づけられ商品化される。田舎暮らしの体験，自然の体感，顔の見える人間関係，等々である。音楽業界で音楽配信のデジタル化に伴ってライブの価値が増加したように，身体を通じた真正な経験が価値を持つ。「農村空間の商品化」が語られるのは，こうした価値づけ様式の変化という背景においてである。

しかしながら，「豊穣化の経済」は，地域を商品化し消費する経済的基礎を提供するだけではなく，他方で衰退地域に活性化の可能性も与える。人口流出に悩む農山村や脱工業化の中で衰退した古い工業地域が，この時代においては，地域の特異性を高めることで豊穣化されるようになっているのである。もちろん，それによって農村空間が商品化されることの問題も生じるわけであるが，同時に，「もう一つの経済」の発展も後押しされている面がある。本書で期待するのは，とりわけこの後者の観点である。

場所の真正性を支える要素，たとえば農山村における顔の見える関係や互酬的な人間関係は，商品の価値を支えるだけではなく，そこから横溢し，人々の価値観を変化させる作用も持ちうる。資本主義の精神は，自由／自律／真正性／個性／ネットワーク／結合の重視によって特徴付けられるが，資本主義への参加を正当化するだけではなく，資本主義への疑念の論拠をも提供しているのかもしれない。たとえば，真正性を追求すれば，その商品化への疑念もまた増大するという矛盾がある。結局，今日の農山村は，商品化の対象になると同時に，現代資本主義への疑念を抱き，「もう一つの経済」の可能性を探る人たちを引きつける舞台となっていると考えることができる。そうして，田園回帰現象において，連帯経済ほどには明確な形になっているとは言えないが，資本蓄積（GDP の成長）よりもコモンの生産・ケアへと方向付けられた活動が展開されている。

ただし，8 章でも触れたように，現状では，伝統社会に由来する入会地的なものと，連帯経済等で議論されているコモンとが峻別されていない。「もう一つの経済」は，懐古的なものではなく，伝統社会と同一視されるものではない。本書の観点からすれば，コモンは共通善（皆にとって良いこと）でなくてはならず，特定の個人や集団のみに限定されるものではない。連帯経済においては，コモンに自由にアクセスできる権利とコモンの民主的なガヴァナンスが担保されていない限り，その資源はコモンとしては正当化されないと言える。この点は日本の農村社会に課せられた課題として指摘することができる。

ネオ内発的発展の視点，現代資本主義と「豊穣化の経済」，連帯経済といったここまでに述べてきた議論を改めて関連づけると図 9-2 のようになる。

まずヨコ軸は，地域の諸資源を結合し，コレクションを構築し，地域を豊穣化する上で，主導権を持つ主体の区別である。ここでは，内発的発展論の論点を踏まえて，地域の内部と外部で主体を分けている。地域内のアクターに主導権を与えるのが内発的発展の視座であり，外部のアクターが主導権を握ることを危惧するのが農村空間の商品化に関する議論である。なお，ネオ内発的発展論においては外部とのネットワークがいっそう強調される一方，地域の主導権の中身として，評価を支える知識のあり方が問題とされる（外来型開発において「客観的」知識を有する外部の専門家が知識を提供するのとは対照的である）などの特徴がある。

これに対しタテ軸は，主体の動機を区別したものである。それは，現代資本主義の主流の経済におけるようにコモンを私的に領有しレントの獲得を目指すのか，あるいは，連帯経済のようにコモンの維持拡大を目指すのかという区別である。もちろん単純化のきらいはあるが，ここから 4 つの道筋が導かれる。

まず，レント（あるいは単純に私的利益の最大化）を追求する地域外のアクターが影響力を持った場合には，農村空間は過度に商品化され，（特に地価の上昇が見

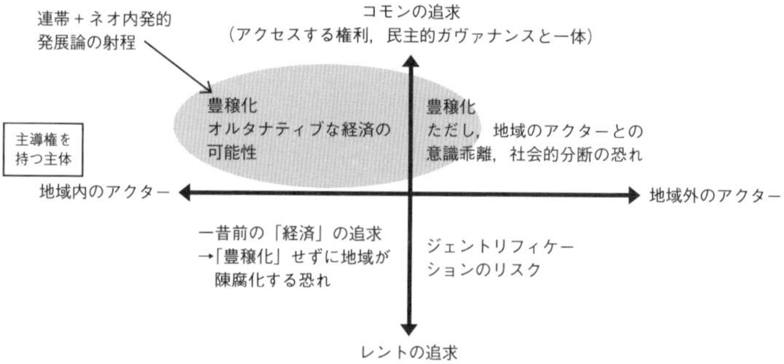

図 9-2 「豊穣化」とその主体
出典：筆者作成。

込まれるような）地域によってはジェントリフィケーションのリスクに直面するであろう。衰退地区が富裕化し貧困層が排除されるというジェントリフィケーションは，元々は大都市の現象だが，近年では農村部でもルーラル・ジェントリフィケーションについて語られるようになってきている。ただし，持ち家が多い日本の農山村では都市と同じような形で住民の排除が起きるとは限らないが，少なくとも商店の廃業や場所のアイデンティティの喪失などが生じる可能性はある。他方で，地域外のアクターが主導権を持つが，コモンを追求するような動機を有している場合も分類上は考えられる。この場合，地域の住民との意識の乖離から地域社会における分断が生じる恐れがある。移住者が連帯経済的な思考を持った人物で外部との豊富なネットワークを持ち活発に活動を展開したとしても，「妥協」がなされなかったり，受け入れ側の地域社会が過度に「伝統的」である場合には，交流の回路が築かれず，こうしたケースに陥ってしまうであろう。

これに対し，地域のアクターが主導権を持ち，しかもコモンの追求を主たる動機に持つ場合，「豊穣化の経済」を支えに「もう一つの経済」を展開する道もあり得る。換言すると，これは，連帯経済とネオ内発的発展論の視座がリンクするケースであると言える。最後に，レント追求志向の地域内のアクターが影響力を持つケースである。内発的発展論では地域の内発性が強調されるが，地域内のアクターが主導権を持つことがすべて良いことであるとは限らない。文化的景観などの資源（コモン）にいわばタダ乗りをし，商業的に利用することで景観や真正性の破壊をもたらすこともあり得る。一過性には，地域内の経済循環に貢献するかもしれないが，コモンを陳腐化し，「豊穣化の経済」における資源を突き崩すことが危惧される。

二つの軸からこのような分類を行ったが，実際には，一つの地域の中で複数の動向が並存していることもあるだろう。むしろ，田園回帰の実態においては，そうした異質な動向が混在しながら地域の変化が進行していると考える方が自然である。なお，ここでは便宜的に地域の内外を区別したが，実際には何をもって地域の主体と考えるのか（地理的にどのように線引きできるのか），さらに地域の内発性の定義にも関わるが，主導権を持つとはどのようなことを指すのかといったことをより明確に特定していく必要がある。

3　地域の内と外をつなぐ地域資源

5章では，田園回帰のハードルの1つ「住まい」の観点から，移住希望者にとって利活用可能な地域資源としての「空き家」の課題と農山村の地域社会が担う役割を論じてきた。地域資源の事例として「空き家」をとらえ，地域資源を媒介に地域の内外の関係について確認したい。

地域資源を媒介に地域の内外の関係構築を考察するのは，人口減少にもかかわらず地域を「住み継いでいく」ためである。

筆者は，日本建築学会内の研究グループにおいて，「住み継がれる」という概念を検討した（山崎・佐久間編著 2017）。人口減少社会のなか，集落の限界や自治体の消滅可能性が懸念され，近年は「地方創生」政策のもと人口獲得競争ともいえる局面にある。いたずらに危機感をあおる論が展開され，地域の人々の暮らしを見通す上での不安感が助長されている。地域の人々の地道な取り組みや，地域を住み継ぐ意思を支援し，集落が住み継がれるカタチを社会で共有し，未来を展望するビジョンを描く必要があるのではないだろうか。昭和一桁世代，戦後生まれの高齢者を中心に維持されてきた，地域社会，地域空間が次世代によって「いかに住み継がれていくのか」という問いを掲げた。

まず，山崎により「縮み方のシナリオ」が示された（図9-3）。これまでの住み継ぐ主体は生活拠点を地域に置いている常住住民が前提であったが，「住んでいる人」を黄身，「ご縁」のある外部の人を白身として「目玉焼き」に例え，「住んでいる人」と地域外の主体との関係を図式化している。全国的な人口減少局面にある中で，特に何もしなければ自然減・社会減により人口が減り，地域の活動量（ご縁の総量）も減少していくことが推察される。一方，人口減少局面を受け入れつつ，「住んでいる人」が積極的に外部と連携して交流を展開することで，「住んでいる人」の人

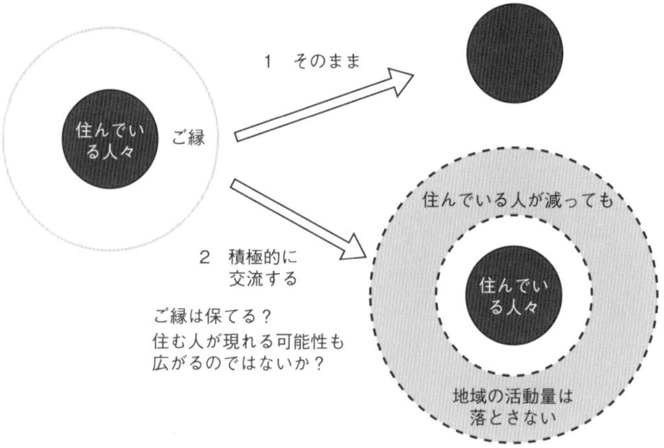

図 9-3　縮み方のシナリオ

出典：山崎・佐久間編著（2017）をもとに作成。

口が減ってもご縁の総量を落とさないようにすることができるのではないか。結果，住み継いでくれる人が現れる可能性を広げることが出来る。このシナリオによって，人口が減少しても住み継がれる集落を次世代に送り届けていくことが出来るのではないか，という仮説が「縮み方のシナリオ」である。

農山村の常住住民と地域外の主体との関係から，農山村の地域を捉えようとするまなざし自体は新しいものではない。そもそも地域は周辺との関係の中にあり続けてきたともいえるし，前述してきたようなネオ内発的発展論あるいは「共発的地域づくり」（後藤 2007）など，いずれも周囲との関係の中で地域をとらえようとしたものであるといえる。また，かつては交流人口と呼ばれ，近年は関係人口と呼ばれるような，地域外の主体と農山村の常住住民との関係についても同様である。

「縮み方のシナリオ」で仮説的に示された図式は，これまでのこうした議論を踏まえながら，住み継がれる集落のあり方を主題として，周囲との関係の中にある農山村を取り上げ，ご縁の総量の考え方を取り入れることで「住んでいる人」と地域外の主体との関係をわかりやすく示したところに特徴がある。

では，こうした「縮み方のシナリオ」によってご縁の総量を落とさないことで，どのように住み継がれる集落を展望することが可能なのか。永遠にご縁の総量を保ち続けないといけないのか。

集落を構成する居住，なりわい空間を次世代に送り届けるには，定期的な維持管

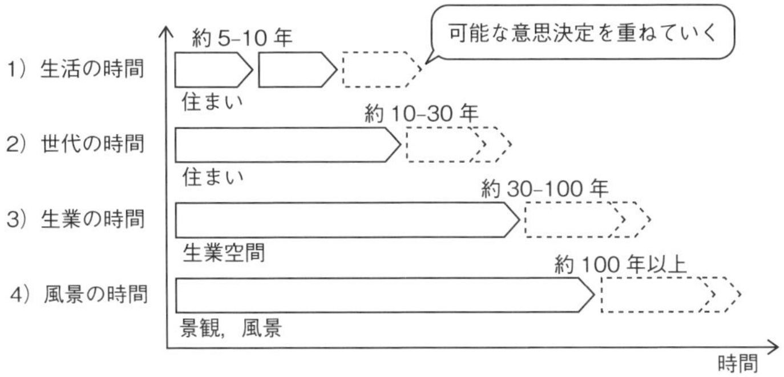

図 9-4　異なる時間軸が重層する住み継がれる対象

出典：山崎・佐久間編著（2017）をもとに作成。

理作業が欠かせない。しかし担い手の高齢化にともないその活動量は減衰していく。衰退した居住，なりわい空間を利活用可能なようにするためには，地域外住民等の多様な担い手が必要であるが，全国的な人口減少局面のなか担い手確保は容易ではない。結果，意思決定は先延ばしにされ，居住空間，なりわい空間は朽ち果てる。

一方で，近年の各地の事例からは，意思決定可能な期間に時限を区切ることで，先の見えない時代でも意思決定を可能にしている。取り組みの永続を前提とすると心理的負担が大きいが，5 年から 10 年の見通し可能な年限を設けることで取り組みへの意思決定が可能になる。こうした有限の取り組みのバトンを丁寧につないでいった結果，実現していくのが，集落が「住み継がれる」ということではないか（図 9-4）。

5 章で見たように「空き家」という地域資源の利活用を展望する際には，地域の内部だけでは完結することができない。空き家をはじめとする地域資源の所有者は地域外にいることが多い。土地や山林についても相続を繰り返し，不在地主，あるいは所有者不明土地が課題となっている。また，地域資源を利活用しようとする主体は，他出した家族や移住を希望する地域外住民である。地域資源の所有者，利用者を媒介するバトンリレーを誘導していかなければ，地域資源は利用されずそのまま朽ちていってしまう。そもそも中塚が「経営資源は商品・サービスを見据えることで，はじめて資源として認識されることが多い」（中塚 2019: 278）と論じるように，地域資源は利用されてはじめて資源になる。地域資源に関わる地域外の所有者，利用者は働きかけなくてはつながることはできない。その働きかけをするのが地域社会の役割である。ここには，フィリップ・ロウらが，「広範囲なプロセス，資源，行動を自分たちで操縦することができるように，どのようにして地域自らが能力を高めていくかにある」（ウォードほか 2012: 193）とネオ内発的発展論で論じているように，地域内の人達が地域外の力を活用しながら，地域資源を自らハンドリングしていこうとするさまを見てとることができる。

こうした地域内外との関係によって，地域資源が発見され，利活用可能になることは，地域住民の地域社会をとらえるまなざしにも変容を迫ることとなる。地域外住民によって空き家が利活用可能な資源であることを顕在化することで，地域住民は自らの地域のあり方を新しい観点からとらえることができるようになる。地域の有り様を日々更新しながら，次世代の担い手にバトンを手渡しながら地域資源が利活用されていくことが期待される。

これまで農山村集落を引っ張ってきた団塊の世代も 80 代にさしかかろうという時期にある。すでに人口だけでなく高齢化率も下がり始めている集落も出てきているが，当面は集落の人口は自然減のトレンドが続く。少人数の担い手であっても，バランスのよい世代構成になれば，「卵の黄身」の部分は小さくなっても，農山村集落の持続性は展望できるのではないか。少人数で集落空間を維持管理し，持続させていくためにも，地域内外との関係の結果，地域社会が時には変容を迫られつつ，空き家をはじめとした地域資源の所有者への地域社会からの働きかけによって，次世代の担い手が地域社会と共に地域資源を利活用することが期待される。

4 田園回帰・地域づくり・コミュニティ

田園回帰とは都市から農山村への移住も含めて，21 世紀に入って生まれてきた都市と農山村の新しい関係である。それは序章で述べた「都市農山村関係の本質的な転換」であり，都市を中心，農山村を周辺と「固定的」に把握してきた関係を考え直すことが求められる。その起点となるのが，田園回帰の現場である移住者たちが住む地域コミュニティである。

本書でみてきた通り，農山村への移住は確実に広まりつつあるが，現実には必ずしも人口増加に結びついているわけではない。にもかかわらず，数的な意味での人口の増加のみを都市から農山村への移住の意義として過度に期待をする傾向が依然として自治体担当者の中では大きい。都市から農山村への移住の促進政策を軽率に人口増加政策として位置づけることは，農山村にとっての本質的な意義を見失う恐れがある。人口は増えてはいないが新たな人の流入が進んでいる農山村が散見され

		地域外主体（都市からの移住者など）	
		強み（Su）	弱み（Wu）
地域内主体（農山村コミュニティ）	強み（Sr）	促進	補完 1（農山村→都市）
	弱み（Wr）	補完 2（都市→農山村）	課題

図 9-5　主体間関係の整理ツール（SWSW マトリックス）

出典：佐久間ほか（2011）の図 2 に加筆修正。

はじめており，元々住んでいる住民とは異なる考え方や発想，スキルをもつ新たな人材の増加に結びついている。とりわけ高齢化が進んだ農山村にとって現役世代の移住者の増加は，複数世代の人材が確保できるという意義も大きい。移住者の地域コミュニティへの関わりや移住者の持つ発想やスキルに着目して，地域づくりにとっての意義を評価する捉え方が地域づくり論的田園回帰である。

移住者の存在が地域コミュニティの中での地域づくりに活かされるためには，移住者と農山村コミュニティのそれぞれが持つ「強み」と「弱み」の特徴を把握し，それらが相互に補完しあう関係が構築できていることが重要となる。筆者らはこれまでの研究で地域外からの主体（移住者など）と地域内の主体（農山村コミュニティ）の関係を整理するツールを，マーケティング計画の策定などに用いられるツールである SWOT マトリックスを参考に開発をした（佐久間ほか 2011）。

SWOT マトリックスは，一つの主体の内部環境と外部環境の関係性を明示することを目的としているが，筆者らは外部環境の代わりに別の主体の内部環境を配置することによって二つの主体，すなわち移住者（都市住民）の持つ強み（Su），弱み（Wu）と農山村コミュニティの持つ強み（Sr），弱み（Wr）の関係性を視覚的に整理して，明示する SWSW マトリックス（図 9-5）を設計した。このマトリックスにおいては次の関係が視覚的に明示される。まず Su × Sr であらわした特徴から双方の強みがあいまった「促進関係」を見いだすことができる。また Sr × Wu および Su × Wr であらわされる特徴はそれぞれ「補完関係」が把握できる。前者では農山村コミュニティが移住者を補完している関係（補完関係 1）が，後者は移住者が農山村コミュニティを補完している関係（補完関係 2）があらわされる。この二つの補完関係が見出される「相互補完」の関係が構築されていることが，地域づくり論的田園回帰の意義といえよう。最後に Wu × Wr であるが，双方の弱みの特徴

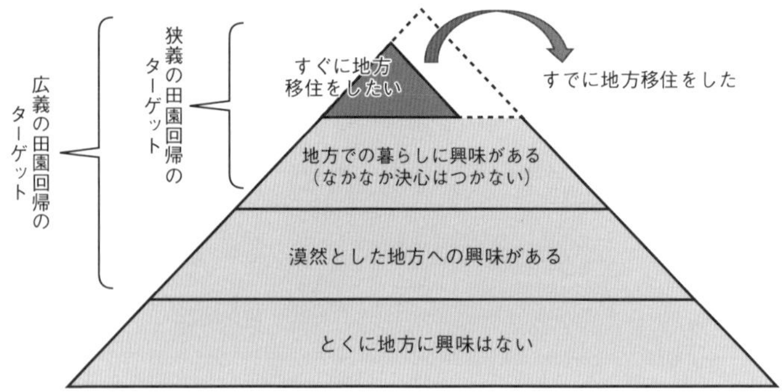

図 9-6　地方への興味の段階

出典：稲垣ほか（2014），図 13 に加筆して作成。

があらわされることから「課題」発見が可能である。つまりここにあらわされた課題をいかに補完関係に改善していくか，その方法や方策の検討が求められることとなる。SWOT マトリックスがむらづくりワークショップでも使われる分析手法であるのと同様に（中塚ほか 2007），SWSW マトリックスはコミュニティにおける田園回帰の実態を把握するワークショップ手法の一つともいえよう。

ところで農山村コミュニティの地域づくりを補完するのは移住者とは限らない。移住せずとも農山村への関心を持つ幅広い層が存在し，実際には図 9-6 のように多層構造であると理解されている。実際に生活の場を農山村へ移してしまうのが移住であり，「狭義の田園回帰」と呼ばれる。これに対して「地方での暮らしに興味がある」や「漠然とした地方への興味がある」といった，実際の移住を伴わないものの，都市の若者を中心に広がっている農山村への関心の高まりまでを含めたものが「広義の田園回帰」と定義される。この広義の田園回帰こそが昨今の潮流の中で見逃してはいけない大切なポイントである。

広義の田園回帰の層を捉える考え方として「関係人口」という概念とその政策的な可能性が注目されている。関係人口は総務省の「これからの移住・交流施策のあり方に関する検討会」の中間とりまとめ（2017 年 4 月公表）でも取り上げられているが，これに含まれる活動そのものは新しいものではなく地域に既にある様々な活動が該当する。それを整理したのが図 9-7 である。そもそも交流人口と定住人口で区分していたものを関係人口という考え方を導入して整理したものであり，ボランタリーな活動も含めて体験的な活動からはじまり，祭礼やイベントなど農山村コミュニティ活動への継続的な参加を通した協働の展開，そして地域おこし協力隊や緑

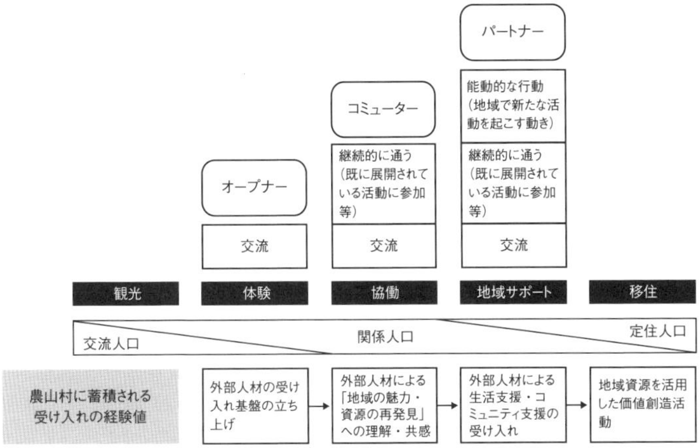

図 9-7　外部人材のタイプと地域との関係
出典：筒井（2019: 220）の図を修正して作成。

のふるさと協力隊など一定期間滞在しながら地域サポートをおこなうものが想定される。その際に重視したい基盤は都市農山村交流である。多くの農山村ではその種類や頻度の差はあれ，都市との交流活動は行っているのではないであろうか。これを担うオープナーを基本に，継続的に通うコミューター，能動的な活動を行うパートナーが協働や地域サポートを実現していく。

一方，農山村側にたってみるとそれぞれの段階は外部人材の受け入れの経験値を積み重ねることにつながる。農山村コミュニティは元来，そのコミュニティに属する人々によって地域資源を分配し利用するという営みを続けてきたために，伝統的に外部人材を受け入れることには慣れていない。しかし中塚（2019）が指摘する通り，人口減少とともに様々な地域資源が持て余され，表面的にはその地域資源へのアクセスが閉ざされていても，地域内に入ることができれば比較的自由に外部人材が利用できるようになってきている。移住者に限らず関係人口に含まれる幅広い外部人材を想定して，農山村コミュニティとの補完関係の構築を目指す必要がある。

その際に改めて強調しておきたいことは農山村コミュニティの自律性に基づく地域づくりである。筆者らはこれまでも「交流から始まる田園回帰」を提唱してきたが，農山村の地域づくりもまた「交流」が重視される。小田切（2013）は図 9-8 の地域づくりのフレームワークを提示するが，その地域づくりの目的を宮口（2007）の「時代にふさわしい新しい価値を，地域それぞれの特性の中で見出し，地域に上

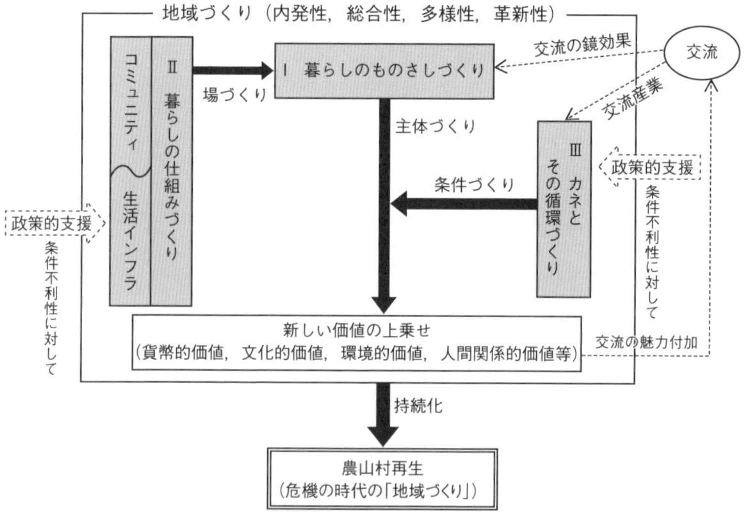

図 9-8　農山村における地域づくりのフレームワーク

出典：小田切（2013: 230）の図を転載。

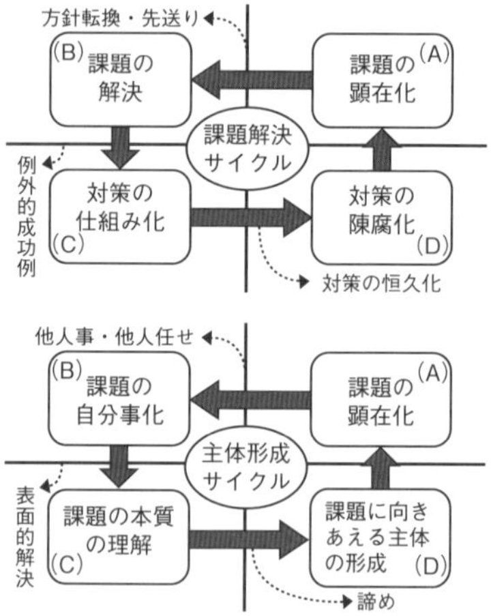

図 9-9　課題解決サイクルと主体形成サイクル

出典：上村（2018: 176）の図を転載。

3）本章は 3 人による議論に基づき 1，4 節は筒井が，2 節は立見が，3 節は佐久間が執筆をした。

乗せすること」という主張を援用し，貨幣的価値にとどまらず環境や文化，そして人間関係（社会関係資本）などの価値の上乗せも重要であることを指摘する。そして，双方向に進む「地域づくりの交流循環」に持続的な地域づくりの可能性を見出す。

地域づくりとは英語でCommunity Developmentと表記することがあることからもわかる通り，地域コミュニティが自律的に発展することが一番の主眼である。では農山村コミュニティの自律性をどう育むのか。それを意識した「プロセス重視」という視点が生まれてきており（小田切ほか2019），より具体的には上村（2018）が指摘する課題解決サイクルではなく，「（A）課題の顕在化→（B）課題の自分事化→（C）課題の本質の理解→（D）課題に向き合える主体の形成」という主体形成サイクル（図9-9）も参考になるであろう。

地理学はネオ内発的発展における農村発展に関わる研究の焦点でもある「コミュニティとともに進める活動やアクションリサーチ・学際的／「超」学際的研究」へどのようにかかわっていくのか。筒井（2018）で指摘した通り「農山村（という空間）で」の研究を志向するばかりではなく，「農山村（という空間）を」研究することが地理学の立場からは重要である。隣接分野というアカデミックな中での協働もさることながら，コミュニティとの協働志向の研究の深化は欠かせない。そのことを改めて確認しておきたい。

（1，4節：筒井一伸／2節：立見淳哉／3節：佐久間康富）[3)]

【文　献】

安藤光義・ロウ，P. 編2012.『英国農村における新たな知の地平―Centre for Rural Economyの軌跡―』農林統計出版.

稲垣文彦・阿部　巧・金子知也・日野正基・石塚直樹・小田切徳美2014.『震災復興が語る農山村再生―地域づくりの本質―』コモンズ.

ウォード，N.・アタートン，J.・キム，T.・ロウ，P.・フィリップソン，J.・トンプソン，N.著，安藤光義・小田切徳美訳2012. 大学・知識経済・「ネオ内発的農村発展」（Ward, N., Atterton, J., Kim, T., Lowe, P., Philipson, J., Thompson, N. Universities, the Knowledge Economy and 'Neo-Endogenous Rural Development）. 安藤光義・ロウ，P. 編2012.『英国農村における新たな知の地平―Centre for Rural Economyの軌跡―』189-205. 農林統計出版.

小田切徳美2013. 農山村再生の戦略と政策. 小田切徳美編著『農山村再生に挑む―理論から実践まで―』225-250. 岩波書店.

小田切徳美 2018. 農村ビジョンと内発的発展論. 小田切徳美・橋口卓也編著『内発的農村発展論―理論と実践―』1-20. 農林統計出版.

小田切徳美・橋口卓也編著 2018.『内発的農村発展論―理論と実践―』農林統計出版.

小田切徳美・平井太郎・図司直也・筒井一伸 2019.『プロセス重視の地方創生―農山村からの展望―』筑波書房.

梶田　真 2015. EU 諸国における農村開発の潮流から日本の農村開発を考える. 経済地理学年報 61：140-147.

上村靖司 2018. 課題解決と主体形成. 上村靖司・筒井一伸・沼野夏生・小西信義編著『雪かきで地域が育つ』176-177. コモンズ.

後藤春彦 2007.『景観まちづくり論』学芸出版社.

佐久間康富・図司直也・筒井一伸・海老原雄紀 2011. 都市農村交流における主体間関係の整理ツールの開発. 農村計画学会誌 29(4)：473-481.

杉山武志・栗本遥加・三宅康成 2016. 和歌山県田辺市上秋津地域のコミュニティビジネスと「ネオ内発的発展」論. 兵庫県立大学環境人間学部研究報告 18：7-18.

立見淳哉 2019.『産業集積と制度の地理学―経済調整と価値づけの装置を考える―』ナカニシヤ出版.

筒井一伸 1999. 中国地方の過疎山村における一地域振興の実態分析―内発的発展論におけるチェックポイントを用いて―. 人文地理 51：87-103.

筒井一伸 2018. 農山村をめぐる課題と政策研究. 経済地理学年報 64(5)（経済地理学の成果と課題第Ⅷ集）：52-59.

筒井一伸 2019. 都市との交流・協働による農村の地域づくり. 中塚雅也編『農業・農村の資源とマネジメント』210-226. 神戸大学出版会.

鶴見和子・川田　侃編 1989.『内発的発展論』東京大学出版会.

中川秀一・宮地忠幸・高柳長直 2013. 日本における内発的発展論と農村分野の課題―その系譜と農村地理学分野の実証研究を踏まえて―. 農村計画学会誌 32(3)：380-383.

中塚雅也 2019. 農村におけるビジネス創出とイノベーション. 中塚雅也編『農業・農村の資源とマネジメント』273-287. 神戸大学出版会.

中塚雅也・深町拓司・星野　敏 2007. SWOT 分析を応用したワークショップ手法の開発. 神戸大学大学院自然科学研究科紀要 B25：129-137.

保母武彦 1996.『内発的発展論と日本の農山村』岩波書店.

ボルタンスキー, L.・シャペロ, E. 著, 三浦直希・海老塚明・川野英二・白鳥義彦・須田文明・立見淳哉訳 2013.『資本主義の新たな精神』ナカニシヤ出版. Boltanski, L. et Chiapello, E. 1999. *Le nouvel esprit du capitalisme*. Paris: Gallimard.

松永桂子 2015.『ローカル志向の時代―働き方, 産業, 経済を考えるヒント―』光文社.

宮口侗廸 1998.『地域を活かす―過疎から多自然居住へ―』大明堂.

宮口侗廸 2007.『新・地域を活かす――地理学者の地域づくり論―』原書房.

宮本憲一 1980.『都市経済論』筑摩書房.

村上佳代 2012. 関係性としての空間―CRE が切り拓く農村研究の新たな地平―. 安藤光義・ロウ, P. 編 2012.『英国農村における新たな知の地平―Centre for Rural Economy の軌跡―』xiii-xxix. 農林統計出版.

山崎義人・佐久間康富編著 2017.『住み継がれる集落をつくる―交流・移住・通いで生き抜く地域―』学芸出版社.

山本泰三編 2016.『認知資本主義―21 世紀のポリティカル・エコノミー―』ナカニシヤ出版.

Boltanski, L. et Esquerre, A. 2017. *Enrichissement: Une critique de la merchandise*. Gallimard.

Lowe, P., Phillipson, J., Proctor, A. and Gkartzios, M. 2019. Expertise in rural development: A conceptual and empirical analysis. *World Development* 116: 28–37.

事項索引

人名索引

執筆者紹介（50音順，編者は*）

嵩 和雄（かさみ かずお）
國學院大學観光まちづくり学部准教授
1972年生まれ。東洋大学大学院工学研究科博士後期課程単位取得退学。修士（工学）。専門は都市農村交流・地域計画学。2001年より熊本県小国町に移住して都市農村交流事業に携わり，2009年にふるさと回帰支援センターに着任。副事務局長として移住者支援の全体コーディネートを行う。主な著書に『イナカをツクル』(コモンズ，2018年）など。2021年4月に國學院大學に准教授として着任，2022年4月より現職。
◉執筆担当箇所：4章

佐久間 康富（さくま やすとみ）
和歌山大学システム工学部准教授
1974年生まれ。早稲田大学大学院理工学研究科博士後期課程単位取得退学。博士（工学）。専門は都市・地域計画学。（株）環境と造形，早稲田大学教育・総合科学学術院助手，大阪市立大学大学院工学研究科講師などを経て和歌山大学に着任。主な著書に『無形学へ　かたちになる前の思考』（水曜社，2017年，共著），『住み継がれる集落をつくる』（学芸出版社，2017年，共編著），『小さな空間から都市をプランニングする』（学芸出版社，2019年，共編著），『少人数で生き抜く地域をつくる』（学芸出版社，2023年，共編著）など。
◉執筆担当箇所：5章・9章

重見 昌利（しげみ まさとし）
鳥羽市役所
1979年生まれ。愛媛県松山市出身。三重大学生物資源学部卒業。建設コンサルタント会社に就職し，その後鳥羽市役所の技術職として転職。市民協議会を運営しながら鳥羽城跡周辺の景観整備，全国的にも稀な農協と漁協が共同経営する農水産物直売所「鳥羽マルシェ」の立上げに従事。専属部署として県内市町で初となる「移住・定住係」の係長になり，移住者と地域住民をつないだ地域活性化に取り組む。
◉執筆担当箇所：4章

立見 淳哉（たてみ じゅんや）
大阪公立大学大学院経営学研究科教授
1977年生まれ。名古屋大学大学院環境学研究科修了。博士（地理学）。専門は経済地理学・産業集積論。大阪市立大学大学院創造都市研究科を経て，経営学研究科に着任。制度・慣行に着目し，現代資本主義における都市・地域産業の特質を研究。主な著書に『地域産業政策と自治体』（創風社，2009年，共編著），『産業集積と制度の地理学』（ナカニシヤ出版，2019年），『社会連帯経済と都市』（ナカニシヤ出版，2021年，共編著）など。
◉執筆担当箇所：8章・9章

筒井 一伸*（つつい かずのぶ）
鳥取大学地域学部教授
1974年生まれ。大阪市立大学大学院文学研究科地理学専攻修了。博士（文学）。専門は農村地理学・地域経済論。愛知県豊根村役場の地域間交流支援専門研究員などを経て鳥取大学地域学部に着任。農山村と都市の地域間関係のあり方を研究。主な著書に『若者と地域をつくる』（原書房，2010年，共編著），『田園回帰の過去・現在・未来』（農文協，2016年，共編著），『雪かきで地域が育つ』（コモンズ，2018年，共編著），『若者を地域の仲間に！秘訣をつかむハンドブック』（筑波書房，2021年，共編著）など。
◉執筆担当箇所：序章・1章・6章・9章

中川 秀一（なかがわ しゅういち）
明治大学商学部教授
1966年生まれ。名古屋大学大学院文学研究科博士後期課程単位取得退学。修士（文学）。専門は経済地理学・山村地域論。岐阜経済大学助教授を経て明治大学に着任。主な著書に『グローバル化に対抗する農林水産業』（農林統計出版，2010年，共編著），『現代日本の資源問題』（古今書院，2012年，共著），『内発的農村発展論』（農林統計出版，2018年，共著），『ルーラル：農村とは何か』（農林統計出版，2019年，共監訳）など。
◉執筆担当箇所：7章

山神 達也（やまがみ たつや）
和歌山大学教育学部准教授
1974年生まれ。京都大学大学院文学研究科地理学専修博士後期課程修了。博士（文学）。専門は人文地理学・地域人口論。立命館大学衣笠総合研究機構ポストドクトラルフェローなどを経て和歌山大学に着任。人口変化に着目した地域の変容過程を研究。主な論文に「日本の大都市圏における人口増加の時空間構造」（地理学評論76-4，2003年）や「人口減少期突入前後の和歌山県の人口動態」（和歌山大学紀州経済史文化史研究所紀要38，2017年）など。
◉執筆担当箇所：2章・3章

田園回帰がひらく新しい都市農山村関係
現場から理論まで

2021年　3月31日　初版第1刷発行
2023年 11月 20日　初版第2刷発行

編　者　筒井一伸
発行者　中西　良
発行所　株式会社ナカニシヤ出版
〒606-8161　京都市左京区一乗寺木ノ本町15番地
Telephone　075-723-0111
Facsimile　075-723-0095
Website　http://www.nakanishiya.co.jp/
Email　iihon-ippai@nakanishiya.co.jp
郵便振替　01030-0-13128

印刷・製本＝ファインワークス／装幀＝白沢　正

ISBN978-4-7795-1567-5